LES ÉDITIONS DE L'HOMME
À L'OCCASION DE LEUR
30e ANNIVERSAIRE

les insolences du FRÈRE UNTEL

Couverture

- Conception graphique:
  Katherine Sapon

DISTRIBUTEURS EXCLUSIFS:

- Pour le Canada:
  AGENCE DE DISTRIBUTION POPULAIRE INC.*
  955, rue Amherst, Montréal H2L 3K4 (tél.: 514-523-1182)
  * Filiale de Sogides Ltée

- Pour la France et l'Afrique:
  INTER FORUM
  13, rue de la Glacière, 75013 Paris (tél.: (1) 43-37-11-80)

- Pour la Belgique, le Portugal et les pays de l'Est:
  S. A. VANDER
  Avenue des Volontaires, 321, 1150 Bruxelles
  (tél.: (32-2) 762.98.04)

- Pour la Suisse:
  TRANSAT S.A.
  Route des Jeunes, 19, C.P. 125, 1211 Genève 26
  (tél.: (22) 42.77.40)

les *insolences du FRÈRE UNTEL

JEAN-PAUL DESBIENS

TEXTE ANNOTÉ PAR L'AUTEUR
PRÉFACE DE JACQUES HÉBERT

LES ÉDITIONS DE L'HOMME

Données de catalogage avant publication (Canada)

Desbiens, Jean-Paul, 1927 –

  Les insolences du frère Untel

  ISBN 2-7619-0793-0

  1. Canadiens-français – Québec (Province). 2. Éducation – Québec (Province). 3. Français (Langue) – Québec (Province). I. Titre

FC2919.D47 1988   971.4'004114   C88-096569-X
F1027.D47 1988

© 1988, Les Éditions de l'Homme,
Division de Sogides Ltée

Bibliothèque nationale du Québec
Dépôt légal — 4ᵉ trimestre 1988

ISBN 2-7619-0793-0

DU MÊME AUTEUR

Du Courage (De Fortitudine), présentation et traduction française du Commentaire de saint Thomas d'Aquin sur l'Éthique à Nicomaque, leçons XIV, XV, XVI, XVII, XVIII du Livre III in *Les Cahiers de Cap-Rouge*, vol. 3, n° 4, pp. 63-96, 1975.

Du Maître (De Magistro), présentation et traduction française de la q. XI du *De Veritate* de saint Thomas d'Aquin, in *Les Cahiers de Cap-Rouge*, vol. 2, n° 2, pp. 13-73, mars 1974.

Les Insolences du Frère Untel, les Éditions de l'Homme, Montréal, 1960, 158 pages. Traduit en anglais sous le titre: *The impertinences of Brother Anonymous*, par Miriam Chapin, Harvest House, Montréal, 1962, 126 pages.

Sous le soleil de la pitié, les Éditions du Jour, Montréal, 1965, 122 pages.

Sous le soleil de la pitié, les Éditions du Jour, nouvelle édition, revue et augmentée, Montréal, 1973, 167 pages. Traduit en anglais sous le titre: *For Pity's Sake*, par Frédéric Côté, Harvest House, Montréal, 1965, 134 pages.

Introduction à un examen philosophique de la psychologie de l'intelligence chez Jean Piaget, Presses universitaires de Laval et Éditions universitaires de Fribourg (Suisse), 1968, 189 pages.

Dossier Untel, les Éditions du Jour et les Cahiers de Cap-Rouge, Montréal, 1973, 329 pages.

Appartenance et liberté, Éditions Jean-Claude Larouche, Saint-Nazaire, 1983, 208 pages, illustré.

Préface de *Le Thème de notre temps* (Ortega y Gasset), 1986.

L'Actuel et l'actualité, Éditions Le Griffon d'argile, Québec, 1986, 438 pages.

Préface de *Un Cri dans le désert* (Gérard Blais), 1987.

LA PETITE HISTOIRE DES *INSOLENCES*

par Jacques Hébert

La publication des Insolences du Frère Untel fut l'une des grandes aventures de ma vie, plutôt encombrée côté aventures.

Tout a commencé le 3 novembre 1959 quand André Laurendeau publia dans *Le Devoir* une première lettre de Jean-Paul Desbiens, qui s'appelait alors le frère Pierre-Jérôme.

Cette première lettre créa un joli tumulte! Pendant des mois, tout le monde lisait et discutait les réponses outragées ou enthousiastes qui paraissaient dans *Le Devoir*. Et tout le monde attendait la prochaine lettre du Frère Untel. Il en parut une douzaine entre novembre 1959 et juin 1960. Autant de coups de tonnerre dans le ciel lourd d'un Québec au bord du grand orage.

Réagissant en citoyen autant qu'en éditeur, je voulais à tout prix que ce diable d'homme fasse encore un pas et publie un livre. N'y tenant plus, j'en discutai avec André Laurendeau qui, jusque-là, avait jalousement gardé le secret de l'identité du Frère Untel. Il hésita un moment, me fit un clin d'oeil et, sur un bout de papier il écrivit un nom et le numéro de téléphone du sanatorium du Lac-Édouard, où Jean-Paul Desbiens faisait une cure. Entre dix-neuf et vingt-cinq ans, passant d'infirmerie en sanatorium, il avait survécu à la tuberculose, maladie presque incurable à cette époque.

«La tuberculose, racontera-t-il plus tard[1], était encore considérée comme une maladie honteuse (on n'avouait pas volontiers qu'on était ou qu'on avait été tuberculeux), et que l'on soignait à peu près de la même façon qu'en 1900. Le sanatorium… on y entrait pour mourir.»

Pas tout à fait guéri, Jean-Paul Desbiens devait, de temps à autre, retourner au sanatorium, et c'est là que j'avais prévu de le rencontrer la première fois. Au téléphone, il me proposa un lieu plus agréable, le restaurant La Bastogne, en banlieue de Québec.

Le 25 juillet 1960. Une journée radieuse… Et, pour agrémenter le long voyage en auto, j'avais emmené ma petite fille de quatre ans, Pascale.

À La Bastogne, Jean-Paul Desbiens m'attendait en compagnie de Jacques Tremblay et d'un collègue et ami sûr, le frère Louis-Grégoire, qui

---

(1) *Sous le soleil de la pitié*, Éditions du Jour, Montréal, 1965.

était depuis peu son supérieur local. Nous avions bavardé un bon moment avant d'aborder le sujet de la rencontre. Et rigolé, sans aucun doute!

J'ai vite compris que j'avais devant moi un homme, un vrai, sûr de lui, de sa foi, de sa vocation, de son expérience d'éducateur et des idées qui en jaillissaient comme un geyser généreux. Mais, en même temps, un homme discret, presque étonné des remous provoqués par ses lettres au *Devoir*. Un être fort, mais timide et vulnérable, un «petit frère» à la fois ravi et inquiet de voir un «grand éditeur» lui courir après. Trop intelligent pour mettre en doute l'opportunité de son intervention fracassante dans une société qui s'était dotée du «meilleur système d'éducation au monde» et qui, par surcroît, était «en possession tranquille de la vérité». Trop intelligent aussi pour ne pas comprendre les risques que courait en 1960 un «petit frère» qui osait penser fort.

Je lui offrais quoi? Des droits d'auteur? Cela ne pouvait avoir de sens pour un religieux qui avait fait vœu de pauvreté. La notoriété? Jusqu'à un certain point, il l'avait déjà, mais il vénérait trop les livres pour ne pas en apprécier la puissance et la pérennité. Non. Sans être trop modeste, cet homme simple n'aspirait pas à la notoriété.

Entre la poire et le fromage, je me lance: «Il vous reste une chose à faire: permettre à un éditeur de rassembler dans un livre les lettres déjà parues et, peut-être, quelques-uns de vos écrits inédits.»

Il ne me répondit pas tout de suite. Peut-être faisait-il l'inventaire de ce que j'avais appelé ses «écrits inédits».

«Oui, je crois avoir en main quelques textes... Peut-être assez pour faire un livre... Pourquoi pas? Bon, d'accord!

— D'accord, ça veut dire que vous m'envoyez le manuscrit d'ici quinze jours: le lancement de votre livre aura lieu au Cercle universitaire de Montréal le 6 septembre.

— Pourquoi le 6 septembre?

— Parce que c'est la rentrée, parce qu'on ne lance pas de livre avant le 6 septembre et parce qu'il n'y a pas une minute à perdre.»

Jean-Paul Desbiens a eu un rire profond, sans doute un rire aux sonorités du Lac-Saint-Jean: j'avais gagné! Non, c'est la liberté qui venait de marquer un point.

Pour qu'il continue de rire, je me suis retourné vers ma petite fille qui nous regardait avec ses yeux immenses tout en dégustant sa glace au chocolat: «Pascale, ma belle chouette, tu n'en sais rien, mais tu viens de vivre un moment his-to-ri-que!»

Quelques jours plus tard, nous avons signé le contrat d'édition...

Au début d'août, je reçus la grande enveloppe attendue sur laquelle Jean-Paul Desbiens, gamin incorrigible, avait écrit en grosses lettres: «DANGEREUX! MANIER AVEC SOIN! DYNAMITE!» En effet...

J'avais lu le manuscrit des *Insolences du Frère Untel* d'une seule traite, jusqu'aux petites heures du matin, pleinement conscient que ce livre allait faire un malheur. À cause des idées, bien sûr, mais aussi à cause de son style unique, percutant, vrai. Jusqu'à ce jour, personne n'avait osé proclamer cette évidence: «Nos élèves parlent joual parce qu'ils pensent joual, et ils pensent joual parce qu'ils vivent joual... C'est toute notre civilisation qui est jouale.»

J'étais fébrile, je sentais que chaque page de ce manuscrit allait bouleverser à jamais notre petit monde, chaque page brûlante (MANIER AVEC SOIN!), chacune capable d'allumer un incendie purificatoire.

Il travaille «à la hache», comme il se plaît à dire. Une hache à la Léon Bloy, le démolisseur illuminé dont il a lu et relu tous les livres. Une hache qui donne la trouille aux médiocres et provoque la stupeur des bien-pensants ensoutanés, sans parler des autres. Une hache qui dérange les crânes plus qu'elle ne les fend, qui dérange *énorme*, comme aurait dit Céline, un autre de ses inquiétants amis.

Ah! il parle de ses racines rugueuses, de son père sage, pauvre et illettré, de la modestie de son petit milieu, celui des frères enseignants, mais à chaque ligne il bondit avec la souplesse d'un ouistiti, il fait mille cabrioles et nous laisse voir qu'il a une «tête bien faite» et qu'il a lu avec passion absolument tous les livres disponibles dans toutes les infirmeries, tous les hôpitaux et tous les sanatoriums du Québec!

Comme il est magnifique quand il se cabre et devient le gavroche inspiré que nous aimons, quand il donne ses grands coups de hache dans les idées reçues! Et vlan! Et vlan! Oui, magnifique. Et puis, tout à coup, il a le sentiment d'avoir dépassé les bornes, peut-être, sait-on jamais, «calme-toi, mon petit lapin bleu!» Alors, il reprend sa phrase et lance en l'air chacun des mots, il les rattrape au vol sans jamais en laisser échapper un seul, il nous épate — il le sait! — avec ses prouesses de jongleur, ce qui l'amuse, mais quand même un peu moins que les coups de hache.

———

Peu de temps avant la publication des *Insolences*, Jean-Paul Desbiens avait reçu des supérieurs de sa communauté l'injonction formelle de cesser toute activité publique et, *surtout*, de ne plus écrire de lettres aux journaux. On ne se doutait pas qu'un livre — quelle horreur! — serait bientôt sous presse. En religieux obéissant, il finit par s'en ouvrir aux plus hautes autorités des frères maristes. On lui donna aussitôt l'ordre d'empêcher, par tous les moyens, la parution du livre. La mort dans l'âme, il prit le premier train pour Montréal avec la ferme intention de m'en convaincre.

Vers 8 h du soir, je le rencontrai dans sa petite chambre de l'hôtel La Salle, rue Drummond. L'homme était triste, épuisé, déchiré.

Il a bien failli m'ébranler en invoquant l'argument suprême: si le livre paraissait, il serait sans doute expulsé de sa communauté, et cela il ne le voulait absolument pas.

Je m'étais pris d'amitié pour Jean-Paul Desbiens — ce n'est pas difficile! — et je savais l'authenticité de sa vocation religieuse. Sa réputation était déjà considérable, mais le livre allait lui donner de nouvelles lettres de créance, lui ouvrir bien des portes, même dans le Québec fermé des années 60. Oui, sauf que rien ne lui importait autant que d'être un «petit frère».

Mais comment pouvais-je oublier la conversation que nous avions eue, peu de semaines auparavant? Jusqu'à la dernière minute — je le savais, il le savait — on pouvait lui interdire la publication des *Insolences*. Sans doute, il avait signé un contrat d'édition, c'est-à-dire que le manuscrit appartenait aux Éditions de l'Homme. Mais si on insistait? En 1960, quand l'Église insistait…

«Mes supérieurs n'ont pas autorité sur vous, m'avait-il dit. Quoi qu'ils fassent, rien ne vous empêcherait de publier le livre.

— Et cela ne vous embêterait pas? Et si vous-même, obéissant à un ordre, veniez me supplier de stopper la publication?

— Même alors, vous devriez publier.

— D'accord!»

Or voilà que j'étais en train de vivre le pire des scénarios: avec un pouvoir de conviction étonnant, Jean-Paul Desbiens me *suppliait*. Il argumentait ferme, il faisait appel à ma conscience de catholique.

Je lui rappelai l'entente conclue, le verre de gin et tout…

«Mais les choses ont changé. Maintenant, je sais que je risque d'être expulsé de ma communauté…»

En fin de soirée, je le quittais sans lui dire ni oui ni non. Il a dû mal dormir. Pas plus mal que moi! Le livre était déjà sous presse mais, à la maison, j'avais un jeu d'épreuves. J'ai passé la nuit à les relire, ce qui me confirma dans ma décision: ce texte extraordinaire devait être publié, coûte que coûte.

Un seul passage me gênait. Prodigieusement. Je l'avais relu vingt fois: «Je n'ai aucune envie de *démoiner*. À l'usage des jeunes générations, j'explique que démoiner, dans notre argot communautaire, cela signifie retourner à la vie séculière. Je n'ai aucune envie de démoiner. Je le dis sans fanfaronnade; je le dis avec une certaine humilité. Avec la grâce de Dieu et la tolérance de Sainte Marie (et de mes supérieurs), j'entends bien mourir frère; Frère Untel pour l'éternité.»

Le lendemain, vers dix heures, Jean-Paul Desbiens se présente à mon bureau des Éditions de l'Homme, rue Lagauchetière, cette fois accompagné de l'assistant général des frères maristes, dont le siège est à Rome. J'écoute le plaidoyer de l'un et de l'autre, distrait par le bruit des presses, mon bureau n'étant séparé de l'imprimerie que par un mur léger. Mes interlocuteurs ne s'en doutaient pas, mais on était en train d'imprimer les *Insolences* à dix mille exemplaires. Nous étions le 23 août et le lancement était toujours prévu pour le 6 septembre.

À un moment donné, Jean-Paul Desbiens sort de sa poche une lettre et me demande de la lire. Elle ne comporte qu'un seul paragraphe:

«Je suis obligé, en conscience, de vous demander de suspendre définitivement la publication du livre projeté: *Les Insolences du Frère Untel*.

— Je réfléchirai…»

En fait, ma décision était prise, je cherchais à gagner du temps, à éviter que la communauté ne fasse appel à l'autorité du cardinal Léger, sinon du pape!

Le supérieur de Jean-Paul Desbiens insista pour que nous allions rencontrer le propriétaire de la maison, Edgar Lespérance: nous nous étions mis d'accord la veille, et Lespérance conclut, lui aussi, qu'il réfléchirait… Pendant que les presses continueraient de gémir!

Quelques jours plus tard, je reçois la visite de l'assistant général. Je me suis dit: «Après celui-là, pas de doute, c'est le cardinal!» Je l'écoute, je tergiverse, j'utilise tous les arguments, y compris l'argument financier:

«Frère, rendez-vous compte! Nous avons signé un contrat en toute bonne foi, le manuscrit appartient aux Éditions de l'Homme, et nous avons déjà engagé des frais considérables.

— Combien?

— Heu… Au moins 7 000 $, répondis-je, au pifomètre.

— Alors, je vous fais un chèque.»

Je n'avais pas prévu le coup.

«Heu… Je ne suis pas absolument sûr du chiffre que je viens

d'avancer... Permettez-moi de faire des calculs plus précis... Une journée ou deux?

— Je vous téléphone demain matin. Vous avez de l'estime pour le frère Pierre-Jérôme, je le sais. Mais je regrette de vous dire que, si le livre paraît, cela risque d'entraîner pour lui des conséquences graves.»

C'était clair. Je regardai dans les yeux ce grand patron des frères maristes du Canada et je me demandai comment il pourrait, en conscience, prendre une pareille décision et briser la vie d'un religieux dont la vocation ne faisait pas l'ombre d'un doute. Je lui en voulais d'avoir réussi à me replonger dans l'angoisse. Je me débattais: «Après tout, il a brandi son carnet de chèques! Il veut nous acheter, à n'importe quel prix! Je ne mange pas de ce pain-là!»

Plus tard, j'ai compris que l'homme réagissait en bon père de famille: un de ses fils avait fait une gaffe énorme, et il trouvait normal et moral de payer les pots cassés. Le lendemain, il oublierait tout cela et pardonnerait aux uns et aux autres.

Le lendemain, les dix mille exemplaires des *Insolences* étaient imprimés, reliés, mis dans des cartons, prêts à aller empoisonner tout le Québec!

«Je n'ai aucune envie de *démoiner*.»

Sacré Frère Untel, il ne lâche jamais, il ne nous lâche jamais la conscience! Oui, oui, il est encore possible de détruire les dix mille exemplaires.

«Je n'ai aucune envie de *démoiner*.»

Je consulte mes amis, ceux qui avaient été le plus vivement touchés par les lettres du Frère Untel et qui souhaitaient autant que moi la parution du livre: André Laurendeau, Gérard Pelletier, Jacques Tremblay, J.-Z.-Léon Patenaude, peut-être aussi Pierre Elliott Trudeau, l'abbé Gérard Dion.

Dans l'espoir de vaincre mes derniers scrupules, on me recommande de consulter un canoniste, mais pas n'importe lequel: l'immense chanoine Racicot, le curé «rouge» de Longueuil. Je cours lui raconter toute l'affaire, de *A* à *Z*: «Calme ta petite conscience, me dit-il, de sa voix bourrue. Ne fais pas l'idiot et publie le livre. Compte sur moi: je serai au lancement, le 6 septembre, et je servirai de paratonnerre au Frère Untel.»

Pour Jean-Paul Desbiens, pour son supérieur immédiat, et pour l'assistant général, je réfléchissais toujours, mais les dix mille exemplaires des *Insolences* étaient en train d'être distribués dans toutes les librairies (il y en avait vingt-cinq, à l'époque...) et les principaux dépôts de journaux du Québec. On ne pouvait plus me joindre au téléphone.

J'étais loin de me douter que cent mille autres exemplaires allaient être imprimés au cours des mois à venir, brisant tous les records de l'édition canadienne.

Le soir du lancement, au vieux Cercle universitaire de la rue Sherbrooke, le Tout-Montréal était là. Beaucoup d'électricité dans l'air. Nous sentions qu'il ne s'agissait pas d'un lancement comme les autres. Ce que nous ignorions encore, c'est que la «Révolution tranquille» — l'expression même restait à inventer! — était commencée. Ce 6 septembre 1960, enfin la liberté avait eu le dernier mot.

Il convenait qu'André Laurendeau, rédacteur en chef du *Devoir*, le vrai père du Frère Untel, le préfacier des *Insolences*, fût le porte-parole de l'auteur, forcément absent. Devant la presse, il avait été égal à lui-même, c'est-à-dire intelligent, sensible et chaleureux. À Alma, Jean-Paul Desbiens écoutait la radio avec quelques frères de sa communauté. La parution du livre faisait la manchette, et l'auteur eut la surprise d'entendre à CKAC une interview d'André Laurendeau.

Le lendemain, je crois, je téléphonai à Jean-Paul Desbiens. J'avais franchement peur de sa réaction, mais il eut vite fait de me rassurer: «Croyez-moi, j'étais sincère quand je vous ai imploré de ne pas publier les *Insolences*. Vous en avez décidé *malgré moi*. Sans doute avez-vous eu raison...»

L'événement eut un tel retentissement qu'il paraissait dorénavant inconcevable que le «petit frère» soit invité à «démoiner». Cinq ans plus tard[1], Jean-Paul Desbiens faisait le point:

«J'étais content que le livre fût sorti, mais fort inquiet quant aux réactions éventuelles. Les jours qui suivirent, il y eut de nombreux articles dans les journaux. J'en recevais de partout, de même qu'un volumineux courrier auquel je n'avais pas le temps de répondre. Cela devait continuer sans interruption pendant toute cette année scolaire. Justement, il fallait faire la classe. J'enseignais pour la première fois la philosophie au niveau terminal du cours classique. Les élèves furent parfaits, c'est-à-dire parfaitement naturels.

«Dès avant la publication des *Insolences*, j'étais sous le coup d'une interdiction absolue d'écrire ou de parler publiquement. Cela compliquait ma vie: d'une part, j'étais assailli de demandes de toutes sortes venant de journalistes, de Radio-Canada, de divers organismes; d'autre part, je n'avais aucune possibilité d'«administrer» le Frère Untel. Je vois bien maintenant que ce dernier pouvait se passer de moi.»

---

(1) *Sous le soleil de la pitié*, Éditions du Jour, Montréal, 1965.

Les événements se précipitèrent. Le cardinal Léger, dont nous avions eu bien tort de craindre les foudres, demanda à voir le Frère Untel et réussit à convaincre le provincial des maristes de permettre à son illustre «petit frère» de s'expliquer à la télévision de Radio-Canada: tout le Québec, qui avait lu ou était en train de lire les *Insolences*, put enfin voir et entendre l'auteur, à la fois modeste et imperturbable, gauche et merveilleux. Plus important, le geste du cardinal aurait dû le réhabiliter, le blanchir, le sauver peut-être… Pas tout à fait. Peu de temps après, le Frère Untel était formellement condamné par la Sacrée Congrégation des Religieux à Rome.

«Je n'ai aucune envie de *démoiner*.»

Jean-Paul Desbiens en donna une nouvelle preuve: envoyé en pénitence dans la Ville éternelle, il y vécut trois ans en reclus silencieux, à l'ombre de la réprobation romaine.

Un jour, je lui rendis visite dans la sinistre banlieue de Rome où il habitait une quelconque maison des frères maristes, pour ainsi dire en résidence surveillée. Il avait réussi à s'en échapper un moment, je n'ai jamais su sous quel prétexte, et nous nous étions réfugiés dans un restaurant du quartier. Nous avions trinqué au gin, boisson rare en ces lieux, et nous avions bouffé des pâtes et bu du chianti jusqu'à 4 h de l'après-midi. Et, bras dessus, bras dessous, à cause du chianti mais aussi à cause de l'amitié, nous avions repris le chemin de sa résidence. Je le vois encore, joyeux et léger, m'envoyant la main, par-derrière les barreaux de la grille.

«Salut, Untel! Salut, mon frère! Merci d'être un homme vrai, un homme libre, un «petit frère» qui ne *démoinera* jamais!»

Automne 1988.

Je conviens qu'il n'est pas facile d'admirer un homme vivant.

ALAIN.

à MICHEL GOLANECK
à ANDRÉ LAURENDEAU

JUSTIFICATION DES DÉDICACES*

Dédier un volume de ce genre, c'est déjà une demi-incongruité. Si, de plus, ce volume paraît aux Éditions de l'Homme, ça devient encore plus incongru. Enfin, dédier cet ouvrage à deux hommes, c'est proprement détonnant. Je m'explique.

Les Éditions de l'Homme ne font pas dans le super-fin. Les beaux esprits et les petites gueules d'amour n'y trouvent pas leur compte. On sait ça. D'habitude, on dédie une oeuvre considérable à quelqu'un que l'on veut honorer. Ainsi, on dédie l'oeuvre d'une vie à un vieux maître, ou à une jeune maîtresse. C'est admis. Mais dédier des insolences, ça dépasse l'entendement.

Pourquoi Michel Golaneck? Michel Golaneck est un Ukrainien né au Canada. Il est présentement infirmier au sanatorium du Lac-Édouard, après avoir été longtemps malade à l'hôpital Laval, où il a d'ailleurs fini par laisser un poumon. Je l'ai connu au sanatorium, où j'ai moi-même étiré les six plus belles années de ma jeunesse. Voilà qui explique un peu mes instincts de boxeur. Michel est un homme très doux et très humble, bien qu'il parle constamment, en bon Russe, d'expédier des gens dans l'Ungava et de mitrailler les irrécupérables. Il n'a qu'une passion: la justice. Il sait à peine lire et écrire, ce qui ne l'empêche pas de penser solide. Mon père aussi ne sait ni lire ni écrire. Il n'est pas moins intelligent pour autant. Ici, au Québec, nous ne sommes guère que la deuxième génération à savoir lire et écrire. Et encore nous lisons fort peu et nous écrivons tous plus ou moins joual, sauf M. Victor Barbeau et le Frère Clément Lockquell, l'un des plus raffinés de nos intellectuels, d'après le Père d'Anjou, qui s'y connaît en raffinements.

Michel et moi, nous avons passé des dizaines d'heures à parler de la «chose sociale», comme disent les snobs. Il a, sur la question, des idées qu'il croit communistes parce qu'il ignore le christianisme: Michel est ce que j'appellerais, faute de mieux, un agnostique. Il

---

Justification des dédicaces

À l'époque, je n'avais pas noté que les mots insolence et insolite ont une racine commune qui signifie: inaccoutumé.

Michel Golaneck est mort en 1965 ou 1966. J'étais alors fonctionnaire au ministère de l'Éducation. L'infirmière qui était de service un certain après-midi a tenté de me joindre. Tôt dans la soirée, je l'ai rappelée. Il était trop tard. Michel était mort dans le courant de cet après-midi-là.

Je suis allé au salon funéraire: une petite salle, rue Saint-Jean. Un ami, peut-être le propriétaire du salon, lut quelques passages de l'*Ancien Testament*. J'ai appris que Michel serait incinéré. La chose était rare, à ce moment-là.

André Laurendeau est mort le 1er juin 1968. Je lui avais rendu visite le dimanche qui a précédé l'hémorragie cérébrale qui devait l'emporter. M. Claude Ryan m'avait invité à me joindre à l'équipe éditoriale du *Devoir* et j'avais tenu à consulter Laurendeau, dont je savais qu'il retournerait bientôt au journal. Le projet n'a pas eu de suite, mon supérieur ne m'ayant pas autorisé à accepter cette invitation. Deux ans plus tard, je me retrouvais à *La Presse...*

Double dédicace accompagnée d'une justification; préface protectrice d'un homme prestigieux; un avertissement; un genre de postface intitulée: «Encore une explication, mon Père.» Cela fait pas mal de précautions. Elles furent inutiles, comme la plupart des précautions.

ne croit pas à la résurrection de la chair; il croit plutôt que les animaux finiront par parler latin; c'est sa marotte. Je suis toutefois persuadé qu'il me précédera dans le Royaume (ce qui n'est pas encore une bien considérable performance: ma place dans le Royaume sera probablement dans la rangée Q), car il a le «coeur naturellement chrétien», comme disait Tertullien ou Bossuet, je ne sais et je n'ai pas le temps de vérifier. Un soir, il me servit, presque mot pour mot, la sortie de saint Basile contre les riches. On peut être sûr, pourtant, que Michel n'a jamais lu une ligne de saint Basile. «Si vous avouez que ces biens vous ont été donnés par Dieu, voulez-vous que Dieu puisse être accusé d'injustice pour nous avoir distribué ses dons avec une telle inégalité? Pourquoi êtes-vous dans l'abondance tandis que votre frère est réduit à la mendicité, si ce n'est pour que vous ayez le mérite de la bonne dispensation de vos biens, et qu'il obtienne à son tour la couronne de la patience? Le pain qui demeure inutile chez vous, c'est le pain de celui qui a faim; la tunique suspendue à votre garde-robe, c'est la tunique de celui qui est nu; la chaussure qui dépérit chez vous est celle du pauvre qui va nu-pieds; l'argent que vous tenez enfoui, c'est l'argent du pauvre: vous commettez autant d'injustices que vous pourriez répandre de bienfaits.»

Je ne prétends pas honorer Michel en lui dédiant ce livre: il est au-dessus de ça. Je lui parlais du projet, cet été. Il me disait, de sa voix hésitante: «Même si tu sors ton livre, dis-toi bien que tu n'es qu'un serviteur inutile.» Je lui dédie ce volume avec humilité. Simplement pour lui signifier mon amitié.

Au commissaire Michel Golaneck, en témoignage d'amitié.

———

Pourquoi André Laurendeau? Dédier un livre à un homme aussi connu que Laurendeau, quand on n'est que le Frère Untel, ce pourrait être un geste d'arriviste. Si je le nomme au début de ce livre, c'est pour la raison que tout a commencé à cause de lui. Quand je lui écrivis pour la première fois, le 23 octobre 1959, je lui écrivais, dans mon idée, une lettre personnelle. C'est lui qui a décidé de la publier; c'est lui qui a choisi pour moi le pseudonyme sous lequel je fonctionne depuis lors. Le coup de pouce initial, sans lequel il n'y aurait rien eu, c'est lui qui l'a donné.

Par la suite, je l'ai rencontré à quelques reprises. Chaque fois ce fut pour moi un événement. On dira peut-être que je suis un peu pâmé. En vérité, j'arrive de loin; de loin géographiquement et de loin socialement: je ne suis qu'un Frère enseignant, autant dire un prolétaire de la sainte Église (version québécoise).

André Laurendeau, en un certain sens, est un enseignant. J'estime qu'il a plus fait, pour instruire les Canadiens français, que la plupart des enseignants patentés. Et surtout, il a plus fait, pour structurer les Canadiens français (instruire, c'est structurer par l'intérieur), que la plupart des politiques. C'est une deuxième raison de lui dédier ce livre traitant, en bonne partie, d'enseignement.

À André Laurendeau, en témoignage de reconnaissance.

«Combien tu nous fais défaut, pasteur
Quichottiz, pour attaquer de tes concepts dictés par l'amour, à grands
coups de lance de lumière magnanime,
ces mensonges empestés, pour délivrer
les pauvres galériens de l'esprit, même
s'ils doivent te lapider; car ils te lapideront, sois-en sûr, si tu brises les
chaînes de la couardise qui les retient
prisonniers, ils te lapideront.

«Ils te lapideront. Les galériens de
l'esprit lapident ceux qui brisent les
chaînes qui les garrottent. Et c'est précisément pour cela, parce que tu seras
lapidé, qu'il faut les délivrer. Le premier usage qu'ils feront de leur liberté,
c'est de lapider le libérateur.»

MIGUEL DE UNAMUNO,
*La vie de Don Quichotte
et Sancho Pança.*

Préface*

À *force d'être attaqué, et parfois louangé, le journaliste devient moins sensible aux réactions des autres. Il a la couenne épaisse. Pourtant...*

Je me souviens d'une lettre reçue l'automne dernier, après un billet assez aigre sur la langue que parlent les jeunes. C'était d'un petit Frère et d'une région lointaine. Il y avait là, en même temps qu'un bonheur d'expression assez rare, un accent humain qui m'a rejoint. Nous l'avons publiée. Ainsi est né Frère Un Tel.

Pourquoi l'avoir baptisé Frère Un Tel? Je crois m'en souvenir.

D'abord pas une seconde je n'ai pensé qu'il pouvait s'agir d'une fraude: cet homme était, de toute évidence, un enseignant, qui met jour après jour la main à la pâte, qui garde la fraîcheur de ses intentions, mais qui avoue que c'est dur et que la pâte résiste. En un sens il était donc un Frère anonyme, le premier venu, n'importe lequel de l'armée des Frères. Mais en même temps, ce personnage, il l'était admirablement: il incarnait les meilleurs d'entre les siens. Il était une voix pour tous ceux qui travaillent dans l'ombre et le silence, ceux que nous n'entendrons jamais. C'est-à-dire: Frère Un Tel.

Depuis, nous nous sommes rencontrés deux fois. Je puis rassurer les douteux: il s'agit d'un Frère en chair et en os, membre d'une communauté précise, chargé d'une fonction régulière dans une ville de province. C'est un homme enthousiaste et simple. Il aime les choses et les mots savoureux. Je crois qu'il aime son métier, les garçons qu'on lui confie et dont il parle parfois rudement, et même les autorités, cibles privilégiées de ses insolences; mais son goût instinctif le porte vers les gens simples, et peut-être en particulier les vieilles gens qui ne sont pas sortis de l'obscurité. J'ai mieux compris en lisant dans ce livre ses confidences (trop brèves) sur ses origines. Il a gardé de la naïveté, mais un peu roublarde. Il a souffert.

Préface

Le 26 octobre 1959, Laurendeau m'écrivait: «Merci pour votre lettre du 23 octobre. Je l'aime assez pour la publier sans que vous nous y autorisiez: mais soyez sans crainte, votre nom n'y sera pas, non plus que la référence à votre ville.»

Notons d'abord qu'en ces temps bénis une lettre ordinaire pouvait se rendre de Chicoutimi à Montréal en trois jours.

Je rappelle ici que, dans mon intention, j'avais écrit une lettre personnelle à Laurendeau, et non pas une «Lettre au *Devoir*». Je n'envisageais aucune suite. Il était en effet interdit à un religieux de publier quoi que ce fût sans autorisation. Laurendeau connaissait cette disposition des règlements. Laurendeau écrivait Un Tel. J'ai signé toutes mes lettres au *Devoir* de cette façon. C'est au moment de la publication des *Insolences* que j'ai choisi d'écrire Untel. Contrairement à ce qu'on a pu croire, ma véritable identité a été rapidement connue dans mon entourage immédiat et même au-delà. C'est ainsi qu'en mai, plusieurs mois avant la publication des *Insolences,* M. Guy Viau, qui animait alors avec Louise Simard l'émission *Fémina,* m'avait facilement joint et j'avais participé à une entrevue à Radio-Canada, à Montréal.

Quelques mois plus tard, je fus invité chez les Laurendeau. Toujours avec la préoccupation de me protéger, Laurendeau m'avait dit: «Vous êtes provisoirement connu, presque célèbre. Mais attendez-vous à retomber dans l'oubli. Préparez-vous-y.» Il me disait encore: «Les intellectuels sont présentement avec vous; ils y sont bien obligés, le courant est trop fort. Mais ils ne vous aiment pas: vous êtes trop peuple.» Je n'ai jamais oublié ces avertissements.

...son goût du réel et sa limpidité.

Le goût du réel, certes. La limpidité? Je dispose de trop de mots pour prétendre à la limpidité. Trop de mots lus, trop de mots parlés. «Unifie mon coeur, Seigneur, pour qu'il te craigne.» (Ps 86)

L'attitude qui, me semble-t-il, lui convient le mieux, et qui lui permet en tout cas d'aller au bout de lui-même, c'est celle du fils, soumis quand même, qui se plaint des sécheresses d'une autorité trop ritualiste et trop lointaine. La déception, qu'il ressent très vivement, ne le rend pas amer, et s'il a parfois des mots lestes, c'est sans perdre le sens du sacré. Au reste, il a gardé sa bonne humeur: je le reconnais bien dans le portrait qu'il trace de lui-même.

Le voici lancé dans l'aventure de la notoriété: je lui souhaite de garder son goût du réel et sa limpidité*.

ANDRÉ LAURENDEAU.

Avertissement

> *On ne consulte que l'oreille, parce qu'on manque de coeur.*
>
> PASCAL, *Pensées.*

C'est à la hache que je travaille. Remarquez que je n'aime pas ça. Je suis plutôt délicat par tempérament, aimant les morts, le fromage d'Oka et le café-brandy. Mais enfin, le temps n'est pas aux nuances, au pays de Québec. Quand tout le monde parle joual, ce n'est pas le moment de surveiller ses ne ... pas et ses ne ... que. Si un homme est en train de dormir dans sa maison en feu, on ne le réveille pas au son de la petite sérénade nocturne de Mozart. On lui hurle de se réveiller, et s'il dort trop dur, on le taloche aller-retour.

Les membres de l'Académie canadienne-française et de la Société royale itou perdraient leur temps à déplorer mes excès de langage et le désordre de mes paragraphes. J'écris avec une hache (hé! hé! quelle métaphore! c'est une incohérence de métaphore que tu viens de commettre, mon petit Frère, c'est assez grave. Tu blâmes les élèves qui en font et tu veux nous passer celle-là?). «Qu'on se le tienne pour dit!» comme écrivait M. Ls-Ph. Roy, j'écris avec une hache. On fignolera plus tard, quand les curés et les ministres ne parleront plus joual.

Il est bien entendu que j'ai surmonté une fois pour toutes la tentation du perfectionnisme. Le perfectionnisme consiste à préférer le néant à l'imperfection; c'est un autre nom de l'angélisme. On n'a jamais les mains sales quand on n'a pas de mains. Disons encore que j'accepte lucidement de faire du provisoire. Mes textes ne sont pas des devoirs d'académiciens; mes textes sont des actions*. Et toute action est plus ou moins sale: toute action est désespérante. On sait ça.

Déblayer n'est pas oeuvrer; il faut pourtant commencer par déblayer; et avant même de déblayer, il

...mes textes sont des actions.
Un texte est une action s'il vise à provoquer une action et non pas une détente. Un texte est une action quand celui qui écrit se met à découvert et abaisse ses gardes. «Je jette des mots au-devant de moi pour qu'ils me tirent. Il faudra bien un jour les suivre.» (Jean Sulivan, *Joie errante*, Folio, 1988)

...heure du Moyen Âge.

Je n'ai rien contre le Moyen Âge «énorme et délicat», comme disait Verlaine. Et au nom de quoi en aurais-je contre le Moyen Âge? Après tout, il s'agit là d'une étiquette que le Moyen Âge ne s'est pas collée lui-même sur le front. Saint Thomas parlait des modernes. Il y avait des modernes en ce temps-là, c'est-à-dire des récents, des contemporains, des modes, des modèles, des modérés, des qui méditaient: *tous* mots qui s'égaillent à partir de la même racine.

Je n'entreprends pas de nouvelles *Insolences*: je ne suis plus assez innocent et point encore assez vieux. J'entreprends une modeste méditation. Toujours la même racine.

faut démolir. Saint Léon Bloy se déclarait entrepreneur en démolition. Je relaye Léon Bloy, génie en moins (il faut bien que je dise ça, mais je n'en crois rien), à cinquante ans de distance, comme il convient dans un pays où l'on vit avec un retard de deux révolutions et demie: horloge d'Amérique, heure du Moyen Âge*.

Dernière remarque: je récuse d'avance toute critique de ce travail qui ne porterait que sur la forme. Je ne méprise pas la forme. Je sais parfaitement bien qu'il ne suffit pas de ne pas avoir de forme pour avoir du fond. Je sais aussi que la forme est gardienne du fond; je sais enfin que rien ne dure, même qui a du fond, qui n'a pas de forme. Mais enfin, je récuse toute critique qui s'en tiendrait à la forme. On se rabat sur la forme quand on est trop compromis, ou trop mou, ou trop rusé pour s'attaquer au fond. J'écris du mieux que je peux, sans verser dans l'esthétisme pour lui-même. Mes textes sont des actions, je le répète. Je ne suis pas un acrobate de haute voltige.

Il y avait de la mauvaise foi à faire semblant de croire que le plus important dans ce que j'écris, c'est la forme. Les pharisiens (et toutes les activités humaines, y compris l'activité du critique littéraire, nourrissent leur pharisaïsme domestique) sont d'abord des formalistes. On leur dit qu'ils sont pourris, et ils nous répondent que notre langage est irrecevable parce que trop brutal. Relever un anglicisme ou une impropriété de terme dans un texte qui descend le joual, ce serait peut-être habile, mais ce ne serait pas sérieux. Il faut être malhonnête pour faire le délicat quant au ton (cantoton) d'articles mettant en question l'atmosphère religieuse au Canada français. Faire des remarques sur le ton d'un article, c'est une manière jésuite d'escamoter le vrai problème soulevé par l'article.

Ici, un psychiatre à la petite semaine fera remarquer que je me sens faible, côté forme, et que je veux me couvrir à bon compte. Le psychiatre aurait tort: je suis en pleine forme.

PREMIÈRE PARTIE

FRÈRE UNTEL DÉMOLIT

Ce qu'ils nomment vie spirituelle, par un étrange abus du dictionnaire, est un programme d'études fort compliqué et diligemment enchevêtré par de spécieux marchands de soupe ascétique, en vue de concourir à l'abolition de la nature humaine. La devise culminante des maîtres et répétiteurs paraît être le mot DISCRÉTION, comme dans les agences matrimoniales. Toute action, toute pensée non prévue par le programme, c'est-à-dire toute impulsion naturelle et spontanée, quelque magnanime qu'elle soit, est regardée comme indiscrète et pouvant entraîner une réprobatrice radiation.

LÉON BLOY, *Le Désespéré**.

1

ÉCHEC DE NOTRE ENSEIGNEMENT DU FRANÇAIS

Nous sommes fièrement vaincus, archivaincus de coeur et d'esprit! Nous jouissons comme des vaincus et nous travaillons comme des vaincus. Nous rions, nous pleurons, nous aimons, nous spéculons, nous écrivons et nous chantons comme des vaincus. Toute notre vie intellectuelle et morale s'explique par ce seul fait que nous sommes de lâches et déshonorés vaincus.

LÉON BLOY.

La langue jouale*

Le 21 octobre 1959, André Laurendeau publiait une «Actualité» dans *Le Devoir,* où il qualifiait le parler des écoliers canadiens-français de «parler joual». C'est donc lui, et non pas moi, qui a inventé ce nom. Le nom est d'ailleurs fort bien choisi. Il y a proportion entre la chose et le nom qui la désigne. Le mot est odieux et la chose est odieuse. Le mot joual est une espèce de description ramassée de ce que c'est que le parler joual: parler joual, c'est précisément dire joual au lieu de cheval. C'est parler comme on peut supposer que les chevaux parleraient s'ils n'avaient pas déjà opté pour le silence et le sourire de Fernandel.

Nos élèves parlent joual, écrivent joual et ne veulent pas parler ni écrire autrement. Le joual est leur langue. Les choses se sont détériorées à tel point qu'ils ne savent même plus déceler une faute qu'on leur

La langue jouale

Où en est le parler joual? Depuis trente ans, Dieu sait que je me suis fait poser cette question, en privé, en public, en panel, en ondes, en images. Comme si j'étais l'étalon de la langue! Certes, nous avons surmonté la «paralysie de l'expression». Mais l'avons-nous vaincue? Ce n'est plus la peur qui nous bloque. Qui a peur de qui, au Québec? Qui est empêché de dire ce qui lui passe par la tête? Il suffit bien de constater la vogue des tribunes téléphoniques (lignes ouvertes) pour se convaincre que n'importe qui peut dire n'importe quoi. Le problème, c'est qu'on n'a pas grand-chose à dire quand on n'est pas éclusé. Quand on ne s'est pas éclusé soi-même. Quand on n'a jamais pris la peine de se recueillir. «Se recueillir»: ces vieux mots disent tout. La qualité de la langue est fonction de la richesse de la vie intérieure. Sollicités de tous bords, éclatés de bruit et de clignotants, les jeunes s'aperçoivent, vers vingt ans, qu'ils n'ont rien à dire. Et d'autant moins, qu'on les a depuis vingt ans invités à «créer», à «s'exprimer», sans les avoir contraints à imiter. Alain disait qu'«on apprend la politique en copiant des dépêches». Que veut dire le mot «dépêche»? On apprend sa langue en prenant des dictées; en apprenant La Fontaine par coeur; en lisant les maîtres.

Ma question était: où en est le parler joual? La dissipation du joual a été remplacée par une confusion molle et prétentieuse. La plupart des propos que vous entendez en circulant dans les corridors d'une école, en écoutant la radio, en regardant la télévision, en subissant une homélie ne résistent pas à l'analyse. Celui qui dit: «T'sais j'veux dire?» ne sait pas ce qu'il dit et n'attend aucune réponse. Il parle dans l'amnios de l'irresponsabilité. Le lieu où personne ne répond à personne. On sort de là par un cri, quand on en sort. On en sort de moins en moins, au Québec. Je ne sais plus qui a dit: «J'irais au bout du monde pour un bout de conversation.» Mais la conversation est exigeante. Elle est même épuisante. Elle exige bien autre chose qu'une complicité provisoire et fugitive. Elle exige l'amitié. Aristote disait que la politique est ordonnée à l'amitié; finalisée par l'amitié. Soyons réalistes, toutefois. L'amitié était sans doute aussi rare du temps d'Aristote que maintenant.

...ils savent encore identifier la faute.

Plus maintenant. Maintenant, ils écrivent au son. Personne ne sait plus quoi penser de ce phénomène. On accuse la télévision ou, plus généralement, la mode de l'audio-visuel. Je l'ai fait. Mais à quoi bon?

Il est toutefois de nouveau question de la dictée. On en donne à la télévision. Excellent pour les cotes d'écoute, par définition. Aux États-Unis, les grandes corporations financent des concours d'épellation pour leurs cadres supérieurs (Cf. *Newsweek*, 4 juillet 1988). Les dirigeants en ont assez des notes de service *«unclear, imprecise»*. À l'ère de la communication, on se rend compte que ce qui passe pour de la communication *«is a lot of rambling garbage»*. «Ce monde du frottement, du bavardage, de la camaraderie tous azimuts, c'est le monde du commerce, exactement le contraire de la communication personnelle: tout circule, mais rien ne passe.» (Jean-Marie Domenach, *Ce que je crois*, Grasset, 1978, p. 271)

À un tout autre niveau, de Gaulle disait à Malraux qu'il «faudra bien en

pointe du bout du crayon en circulant entre les bureaux. «L'homme que je parle», «nous allons se déshabiller», etc. ne les hérisse pas. Cela leur semble même élégant. Pour les fautes d'orthographe, c'est un peu différent; si on leur signale du bout du crayon une faute d'accord ou l'omission d'un *s*, ils savent encore identifier la faute*. Le vice est donc profond: il est au niveau de la syntaxe. Il est aussi au niveau de la prononciation: sur vingt élèves à qui vous demandez leur nom, au début d'une classe, il ne s'en trouvera pas plus de deux ou trois dont vous saisirez le nom du premier coup. Vous devrez faire répéter les autres. Ils disent leur nom comme on avoue une impureté.

Le joual est une langue désossée: les consonnes sont toutes escamotées, un peu comme dans les langues que parlent (je suppose, d'après certains disques) les danseuses des Îles-sous-le-vent: oula-oula-alao-alao. On dit: «chu pas apable», au lieu de: je ne suis pas capable; on dit: «l'coach m'enweille cri les mit du gôleur», au lieu de: le moniteur m'envoie chercher les gants du gardien, etc. Remarquez que je n'arrive pas à signifier phonétiquement le parler joual. Le joual ne se prête pas à une fixation écrite. Le joual est une décomposition; on ne fixe pas une décomposition, à moins de s'appeler Edgar Poe. Vous savez: le conte où il parle de l'hypnotiseur qui avait réussi à *geler* la décomposition d'un cadavre. C'est un bijou de conte, dans le genre horrible.

Cette absence de langue qu'est le joual est un cas de notre inexistence, à nous, les Canadiens français. On n'étudiera jamais assez le langage. Le langage est le lieu de toutes les significations. Notre inaptitude à nous affirmer, notre refus de l'avenir, notre obsession du passé, tout cela se reflète dans le joual, qui est vraiment notre langue. Je signale en passant l'abondance, dans notre parler, des locutions négatives. Au lieu de dire qu'une femme est belle, on dit qu'elle n'est pas laide; au lieu de dire qu'un élève est intelligent, on dit qu'il n'est pas bête; au lieu de dire qu'on se porte bien, on dit que ça va pas pire, etc.

J'ai lu dans ma classe, au moment où elle est parue, l'«Actualité» de Laurendeau. Les élèves ont reconnu qu'ils parlaient joual. L'un d'eux, presque fier, m'a même dit: «On est fondateurs d'une nouvelle langue!»* Ils ne voient donc pas la nécessité d'en changer. «Tout le monde parle comme ça», me répondaient-ils. Ou encore: «On fait rire de nous autres si on parle autrement que les autres»; ou encore, et c'est diabolique comme objection: «Pourquoi se forcer pour parler autrement, on se comprend.» Il n'est pas si facile que ça, pour un professeur, sous le coup de l'improvisation, de répondre à cette dernière remarque, qui m'a véritablement été faite cette après-midi-là.

Bien sûr qu'entre jouaux, ils se comprennent. La question est de savoir si on peut faire sa vie entre jouaux. Aussi longtemps qu'il ne s'agit que d'échanger des remarques sur la température ou le sport, aussi longtemps qu'il ne s'agit de parler que du cul, le joual suffit amplement. Pour échanger entre primitifs, une langue de primitif suffit; les animaux se contentent de quelques cris. Mais si l'on veut accéder au dialogue humain, le joual ne suffit plus. Pour peinturer une grange, on peut se contenter, à la rigueur, d'un bout de planche trempé dans de la chaux; mais, pour peindre la Joconde, il faut des instruments plus fins.

On est amené ainsi au coeur du problème, qui est un problème de civilisation*. Nos élèves parlent joual parce qu'ils pensent joual, et ils pensent joual parce qu'ils vivent joual, comme tout le monde par ici. Vivre joual, c'est rock'n'roll et hot-dog, party et balade en auto, etc. C'est toute notre civilisation qui est jouale. On ne réglera rien en agissant au niveau du langage lui-même (concours, campagnes de bon parler français, congrès, etc.). C'est au niveau de la civilisation qu'il faut agir. Cela est vite dit mais, en fait, quand on réfléchit au problème et qu'on en arrive à la question: quoi faire? on est désespéré. Quoi faire? Que peut un instituteur, du fond de son école, pour enrayer la déroute? Tous ses efforts sont dérisoires. Tout ce qu'il gagne est aussitôt perdu. Dès quatre heures de l'après-midi,

revenir à savoir ce qu'on pense». (André Malraux, *Les chênes qu'on abat...*, Gallimard, 1971)

La pensée ne tolère pas la confusion. Il va falloir réapprendre la politesse et l'orthographe. Je pourrais bien écrire: ortografe, ou ortaugraffe. Ce serait une impolitesse. Une bousculade des esprits. Surveillez l'orthographe et la ponctualité: ce sont les contreforts des civilisations. Plus haut, plus loin, on peut tout se permettre. Mais il faut commencer par là, et s'y tenir longuement.

«On est fondateurs d'une nouvelle langue!»

Cinq ou six ans plus tard, il se trouvait toute une école de pensée pour soutenir qu'effectivement le joual devait être notre langue. Et, symétriquement, que le français correct et le respect de l'orthographe devaient être dénoncés au nom de la lutte des classes. Des professeurs d'université, des écrivains, des penseurs de fond de cour prétendirent que la libération des pauvres devait passer par l'abaissement de la langue. (Voir l'article «Joual» à la page 901 de *Français Plus*)

...un problème de civilisation.

Mon Dieu! Je ne me privais pas. Qu'est-ce qu'une civilisation? Une culture? Combien y a-t-il eu de civilisations? Combien y a-t-il *encore* de cultures? La civilisation, c'est «la différence entre ce qu'un être apporte en naissant et ce qu'il y trouve» (Maurras). Depuis Ampère, l'électricité est un élément de cette différence. Lénine disait: «La révolution, c'est les Soviets plus l'électricité.» La culture, c'est ce que l'on dégage d'une civilisation. Il faut d'abord s'en dégager. La civilisation résulte de la force. Cette force autorise la culture. La culture, ensuite, nie la civilisation qui l'a permise. On appelle ça la décadence.

C'est nos commerçants qui affichent...

Eh bien! Trente ans plus tard, on en est encore à débattre la question de l'affichage. Je souhaitais l'intervention de l'État pour protéger la langue. L'État est intervenu. Je devrais plutôt dire: un gouvernement est intervenu. Un autre gouvernement s'est mis à branler dans le manche, avec le résultat que l'on voit déjà et qu'on n'a pas fini de voir.

il commence d'avoir tort. C'est toute la civilisation qui le nie; nie ce qu'il défend, piétine ou ridiculise ce qu'il prône. Je ne suis point vieux, point trop grincheux, j'aime l'enseignement, et pourtant, je trouve désespérant d'enseigner le français.

Direz-vous que je remonte au déluge si je rappelle ici le mot de Bergson sur la nécessité d'un supplément d'âme? Nous vivons joual par pauvreté d'âme et nous parlons joual par voie de conséquence. Je pose qu'il n'y a aucune différence substantielle entre la dégradation du langage et la désaffection vis-à-vis des libertés fondamentales que révélait l'enquête du *Maclean's* parue au mois d'octobre 1959. Quand on a renoncé aux libertés fondamentales, comme il semble que la jeunesse a fait, en pratique, sinon en théorie (le mot liberté est toujours bien porté), on renonce facilement à la syntaxe. Et les apôtres de la démocratie, comme les apôtres du bon langage, font figure de doux maniaques. Nos gens n'admirent que machines et technique; ils ne sont impressionnés que par l'argent et le cossu; les grâces de la syntaxe ne les atteignent pas. Je me flatte de parler un français correct; je ne dis pas élégant, je dis correct. Mes élèves n'en parlent pas moins joual: je ne les impressionne pas. J'ai plutôt l'impression que je leur échappe par moments. Pour me faire comprendre d'eux, je dois souvent recourir à l'une ou l'autre de leurs expressions jouales. Nous parlons littéralement deux langues, eux et moi. Et je suis le seul à parler les deux.

Quoi faire? C'est toute la société canadienne-française qui abandonne. C'est nos commerçants qui affichent* des raisons sociales anglaises. Et voyez les panneaux-réclames tout le long de nos routes. Nous sommes une race servile. Nous avons eu les reins cassés, il y a deux siècles, et ça paraît.

Signe: le Gouvernement, via divers organismes, patronne des cours du soir. Les cours les plus courus sont les cours d'anglais. On ne sait jamais assez d'anglais. Tout le monde veut apprendre l'anglais. Il n'est évidemment pas question d'organiser des cours de français. Entre jouaux, le joual suffit. Nous sommes une race servile. Mais qu'est-ce que ça donne de voir ça? Voir clair et mourir. Beau sort. Avoir raison et mourir.

Signe: la comptabilité s'enseigne en anglais, avec des manuels anglais, dans la catholique province de Québec, où le système d'enseignement est le meilleur au monde. L'essentiel c'est le ciel, ce n'est pas le français. On peut se sauver en joual. Dès lors...

Joseph Malègue dit quelque part (je sais où, mais je ne veux pas paraître pédant; on peut avoir du génie et être modeste): «*En un danger mortel au corps, les hommes tranchent tout lien, bouleversent vie, carrière, viennent au sanatorium deux ans, trois ans. Tout, disent-ils, plutôt que la mort.*» N'en sommes-nous pas là? Quoi faire? Quand je pense (si toutefois je pense), je pense liberté; quand je veux agir, c'est le dirigisme qui pointe l'oreille. Il n'est d'action que despotique. Pour nous guérir, il nous faudrait des mesures énergiques. La hache! la hache!* c'est à la hache qu'il faut travailler:

a) contrôle absolu de la Radio et de la TV. Défense d'écrire ou de parler joual sous peine de mort;

b) destruction, en une seule nuit, par la police provinciale (la Pépée à Laurendeau), de toutes les enseignes commerciales anglaises ou jouales;

c) autorisation, pour deux ans, de tuer à bout portant tout fonctionnaire, tout ministre, tout professeur, tout curé, qui parle joual.

On n'en est pas aux nuances. Mais cela ne serait pas encore agir au niveau de la civilisation. Ferons-nous l'économie d'une crise majeure? Ferons-nous l'économie d'un péril mortel, qui nous réveillerait, mais à quel prix?

La hache! la hache!...

J'écrivais tranquillement ces énormités. J'ai cru un moment que la partie était gagnée. J'oubliais la Bêtise au front de taureau. On sait maintenant à quel niveau la radio et la télévision sont descendues. Notamment Radio-Canada. À l'époque de ma tuberculose, je me suis allaité aux mamelles de Radio-Collège. Plus tard, j'ai pu regarder même des émissions de variétés qui avaient de la qualité. Aujourd'hui, on a *Bye Bye*, une fois par année, avec droit de reprise. Et l'on a *Samedi de rire*, animé, si j'ose gaspiller ce mot, par notre pitre national: Yvon Deschamps.

La publicité, pour son compte, c'est le cas de le dire, fait dans le calembour. On n'a plus le droit qu'à «la fiente de l'esprit qui vole», comme disait Hugo. Pourtant, j'aime bien les calembours.

Chez Dupuis

C'était une référence, à l'époque. La maison est maintenant disparue.

Office provincial de la linguistique

Ainsi donc, il était question d'un office provincial de la linguistique. Je n'ai certainement pas inventé cette expression. L'office en question est devenu l'Office de la langue française, avec ses sous-organismes: la Commission de protection de la langue française; le Conseil de la langue française; la Commission de toponymie du Québec. On sait les énormes services que ces organismes ont rendus. Immense effort de clarification et de création, malgré d'inévitables bavures. En toutes hypothèses, une langue ne se décrète pas. C'est le peuple qui la fabrique. Il reste que le peuple a besoin d'être assisté et, dans certains domaines, littéralement devancé, balisé, pour ainsi dire. Pour s'en tenir au domaine de l'informatique, on sait maintenant que le Québec a contribué à enrichir la langue française. Sauf erreur, logiciel est une création québécoise, de même que didacticiel, bureautique, etc. Par contre, on risque toujours de tomber sur un esprit en cul de poule qui veut régenter l'usage. C'est ainsi qu'on a voulu imposer hambourgeois. De toute façon, quand on mange des hamburgers, on peut bien le dire n'importe comment.

Tous les textes émanant du ministère de l'Éducation ou des organismes-conseils utilisent maintenant l'expression «ordre d'enseignement» en lieu et place de «niveau». On écrit à tour de bras: l'ordre primaire, l'ordre collégial, l'ordre universitaire. Le sacrement de l'Ordre. Le mot «niveau» est pourtant si parlant, surtout dans un pays de barrages, comme le nôtre.

Un remède au niveau de la civilisation: un mot vaut bien une truite

C'est au niveau de la civilisation qu'il faut agir. Or la publicité commerciale est un fait de civilisation. C'est donc là qu'il faut frapper. Nous parlerons français aussitôt, mais pas avant, qu'il sera *snob* de parler français, et honteux de parler joual. Je veux dire que nous parlerons français quand la Radio et la TV parleront français, la TV surtout. Par entraînement, par snobisme, par la séduction du beau, par science, par tout cela ensemble, nous parlerons français aussitôt que tout nous parlera français à la TV et à la Radio. La grande école universelle moderne, c'est la publicité. Le grand maître d'école, c'est l'annonceur commercial. Gagnons la publicité, contraignons la publicité, et tout est sauvé. Voilà où il faut frapper.

Monseigneur Gosselin me faisait un jour remarquer que nos compatriotes de l'Ouest ont bien plus besoin de catalogues de *Chez Dupuis** que de livres français usagés, ou même de manuels de classe. Nos gens diront «portière d'automobile», et non «porte de char», quand tous les fabricants et tous les annonceurs diront portière. Nos gens ne songeraient pas à dire «king size», si on leur avait dit tout de suite «format géant», ou quelque chose du genre.

On pourrait aligner des centaines d'exemples. Ce n'est pas le lieu de le faire. Monsieur Gérard Dagenais s'en occupe.

Il est question d'un *Office provincial de la linguistique**. J'en suis. LA LANGUE EST UN BIEN COMMUN, et c'est à l'État comme tel de la protéger. L'État protège les orignaux, les perdrix et les truites. On a même prétendu qu'il protégeait les grues. L'État protège les parcs nationaux, et il fait bien: ce sont là des biens communs. LA LANGUE AUSSI EST UN BIEN COMMUN, et l'État devrait la protéger avec autant de rigueur. Une expression vaut bien un orignal, un mot vaut bien une truite.

L'État québécois devrait exiger, par loi, le respect

de la langue française, comme il exige, par loi, le respect des truites et des orignaux. L'État québécois devrait exiger, par loi, le respect de la langue française par les commerçants et les industriels, quant aux raisons sociales et quant à la publicité. Sauf erreur, les industries et les commerces importants doivent, un moment ou l'autre, se présenter devant le Gouvernement pour un enregistrement ou une reconnaissance légale. C'est là que le Gouvernement devrait les attendre. «Nommez-vous et annoncez-vous en français, ou bien je ne vous reconnais pas», pourrait-il leur dire en substance. Et alors, on n'aurait plus de Thivierge Électrique, de Chicoutimi Moving, de Turcotte Tire Service*, de Rita's Snack Bar, etc. Si seulement ces deux domaines, réclame commerciale et raisons sociales, étaient surveillés avec autant de soin que le parc des Laurentides, la langue serait sauvée par ici. Mais le Gouvernement sera-t-il assez *réaliste* pour agir en ce sens? On peut être *pratique* et manquer de réalisme; arrivera-t-il enfin un Gouvernement qui ne se contentera pas d'être pratique, *i.e.* dupe, en fin de compte, mais qui sera réaliste? Qui nous dira tout le mal que les *pratiques* nous ont fait, par manque de réalisme?

Les congrès, les concours de bon langage, les campagnes sont pratiquement inefficaces. Seul l'État, gardien du bien commun, peut agir efficacement au niveau de la civilisation. C'est à la civilisation de supporter la culture. L'État a la loi et la force pour lui. Nous, les instituteurs, nous n'avons que raison. C'est si peu de chose, avoir raison; ça ne sert qu'à mourir. Je suis un peu lugubre, n'est-ce pas?

Une équivoque à éviter

Il ne faudrait pas penser qu'en pourchassant le joual, les éducateurs cherchent à dépersonnaliser notre français canadien, pour le convertir arbitrairement en du français parisien, ou du français de la NRF. Je vous

On écrit ordre d'enseignement comme on écrit professeure ou écrivaine. Les volailles féministes ont réussi à ameuter les oies de la Capitale. Voici le titre d'une brochure émise sous la signature imprescriptible de M. Claude Ryan: *Ayons bons genres!* On y lit: «Le masculin n'englobe plus le féminin! Voici que s'ouvre une ère nouvelle. (...) Le Québec est à l'avant-garde de la francophonie.» Au lieu de dire: les citoyens, on doit dire: la population... On peut dire bûcheronne, mais non pas matelotte! C'est pas beau?

Turcotte Tire Service

Je lisais ça en faisant mes promenades et j'en étais tout humilié. C'était à Chicoutimi: un des derniers lieux sur cette planète où l'on parlait encore français. Trente ans après, on en est toujours à débattre la question de l'affichage. Je ne veux même pas savoir s'il s'agit d'affichage bilingue ou quadrilingue. Ce que je sais, c'est qu'une ville ou un village (et Montréal, tout compte bien fait, ce n'est qu'un gros village) se livre d'abord aux regards, comme une femme. Revenant des Europes, après trois ans d'exil, ce qui m'a le plus frappé, comme je passais par Montréal, c'est son visage barbouillé. J'avais marché dans quelques capitales. À Berlin même. Cela ne me fatiguait pas de lire, dans le métro, *Ausgang*, ni non plus, à Barcelone, *salida*.

Nous autres, ici, on s'inquiète des touristes. On veut qu'ils comprennent. On leur parle dans leur langue. Heureusement que les Cris ne circulent pas trop. Autrement, on aurait droit à l'affichage pharaonique et cunéiforme. À Fribourg (Suisse) même, quand je lisais *Apotheke*, je savais très bien qu'en ce lieu on vendait des aspirines. Et le parfait petit touriste d'Arizona ou du Kansas, y saurait pas, lui?

...l'apport canadien légitime...

Je n'ai jamais été un puriste. Quand on est le fils d'Alberta Bouchard et d'Adélard Desbiens, on n'a pas besoin de la météo pour s'instruire sur les falaises de neige, et les dépressions annonciatrices du temps. «Le temps et mon humeur ont peu de liaison.» (Pascal) Cependant, quand j'entends dire congères, j'entre en rage.

Une comparaison aussi juteuse...

Écoutons ici Domenach: «Le langage est comme l'eau: on n'en fabrique pas, on peut seulement le retraiter parce qu'il tend continuellement à se dégrader, à se salir. Installer une usine de retraitement des langages usés, voilà qui serait une belle et noble entreprise. Mais pour l'heure, le recyclage se fait en circuit fermé. Les mots ne sentent pas encore assez mauvais. (...) L'épuisement du stock métaphorique est l'une des raisons de l'appauvrissement de la communication sociale.» (Jean-Marie Domenach, *Ce que je crois*, Grasset, 1978)

cite un paragraphe, auquel je souscris entièrement, du *Programme d'Études des Écoles secondaires de la province de Québec,* édition 1958, p. 91: «*Le français s'est imprégné, durant trois siècles et demi, de la vie canadienne. Il y a nécessité de le nourrir à sa source européenne et de suivre son évolution en France, mais sans négliger l'apport canadien légitime* ni l'adaptation que le milieu impose à toute langue.*» En fils soumis de mon Père le Département de l'Instruction publique et de ma Mère la Commission scolaire, il me fait plaisir de déclarer que ce paragraphe est parfait: il tranche tout débat. Vous voyez que j'ai bon naturel. Un bon paragraphe, c'est un bon paragraphe. Nous, les éducateurs, nous savons qu'il existe telle chose qu'un apport canadien légitime. Nous ne sommes pas des chicaneurs. Dieu veuille que nous en venions un jour à fignoler. Pour l'instant, le feu est à la maison. *Primo vivere* s'applique ici également. Je veux bien que mes élèves disent *poudrerie* pour désigner une tempête de neige; ou *bordée de neige,* bien que bordée soit un terme de marine; je ne me suicide pas quand ils *débarquent* de l'autobus, ou *embarquent* dans le train, bien que débarquer et embarquer doivent rigoureusement ne se dire qu'en parlant de barque. Etc. Sauf erreur, le *Rapport Massey* consacre de judicieuses remarques à ce sujet.

Je me souviendrai toujours de ce paysan du Lac-Saint-Jean, à qui je demandais si l'autobus du Lac et l'autobus de Québec se rencontraient bien à l'heure indiquée à l'horaire. «Mon Frère, ils se rencontrent bride à bride.» Une comparaison aussi juteuse* eût réjoui Montaigne, qui ne souhaitait rien tant que de parler le français des Halles de Paris.

C'est le moment de régler son compte à une objection qu'on a faite à ceux qui s'attaquaient au joual. Voici comment monsieur Roland Girard formule la chose dans *Le Travailleur* de Worcester, Massachusetts, le 31 mars 1960: «*Juste au moment où le vieux mythe du «French Canadian Patois» commence à perdre de l'emprise sur la pensée des Anglo-Saxons,* nos cousins du Canada français lui on trouvé un remplaçant tout à fait pittoresque: le parler joual.

«*Parler joual ou ne pas parler joual, voilà le nouveau sujet de débat chez les dilettantes canadiens-français. Peu importe l'impression que l'on fasse à Toronto, New York ou Paris, pourvu qu'on puisse prouver que la langue du Québécois n'est pas le français, mais bien le joual. La bataille du joual est typique des querelles du Canada français. De l'autre côté de la (sic) quarante-cinquième parallèle, on s'exerce à une quatrième vertu théologale: le dénigrement. Parce que les étudiants de Montréal et de Québec ne parlent pas un français d'académicien, on s'empresse de les taxer de parler joual.*»

Je n'ai pas envie de commenter longuement ces deux paragraphes. On n'en finirait plus. Je dis seulement que je me moque bien de ce que diront ou ne diront pas les Torontois (premier prix: une semaine à Toronto; deuxième prix: deux semaines à Toronto; troisième prix: trois semaines à Toronto). Parlons-nous joual, oui ou non? Si nous parlons joual, cessons de faire les autruches. Il faut en guérir. Et pour en guérir, il faut accepter le diagnostic. On ne peut tout de même pas faire du porte-à-porte. Il faut utiliser la voix publique. Sale oizo, celui qui refuse de nettoyer son nid parce que des voisins risquent de le regarder faire.

Au Canada, taire de nos ailleux

J'avais déjà publié dans *Le Devoir* trois ou quatre lettres assez élaborées, auxquelles de nombreux lecteurs avaient fait écho de façon ininterrompue pendant cinq mois, quand on s'aperçut tout à coup que le Canada avait le front sein (cachez ce sein que je ne saurais voir) de flocons glorieux. Ce fut un beau tapage.

J'avais eu l'idée de faire écrire la première strophe de notre hymne national* par mes élèves (11e année commerciale), suivi en cela par plusieurs titulaires de 10e et 11e années scientifiques. Le résultat de cette

...la première strophe de notre hymne national...
J'en aurai entendu parler, de cette dictée! Le problème, c'est que si on la redonnait aujourd'hui, ce serait pire. À l'époque, on avait coutume de chanter l'*Ô Canada*, chaque semaine, le vendredi, à la rentrée de l'après-midi. Ce rituel a évidemment disparu, comme bien d'autres. Remplacé par rien, comme de bien entendu.
Quoi qu'il en soit, on obtiendrait d'aussi jolis résultats en donnant le *Notre Père* en dictée, ou les 200 premiers mots de n'importe quel article de gazette.

Au Canada…

Il n'est sans doute pas inutile de placer, ici, le texte original, en regard de la version «au son»:

«Ô Canada! Terre de nos aïeux,
Ton front est ceint de fleurons glorieux;
Car ton bras sait porter l'épée,
Il sait porter la croix!
Ton histoire est une épopée des plus brillants exploits.
Et ta valeur, de foi trempée,
Protégera nos foyers et nos droits.»

enquête éclair fut affligeant au-delà de toute attente. Nous, les professeurs, nous nous attendons à peu près à n'importe quoi, en fait d'orthographe; mais là, vraiment, nous fûmes démontés. À titre de documentaire, je reproduis ici un relevé de la version joual de notre *Ô Canada*.

Au Canada (11e)*
Taire...(8e)
de nos ailleux (11e)
Ton front est sein (9e)
ton front est sain (11e)
ton front des sains (10e)
ton front essaim de fleurons (8e)
ton front est sein de flocons (9e)
De fleurs en glorieux (11e)
et fleuri glorieux (10e)
de fleurs en orieux (10e)
de fleurs à glorieux (8e)
Quand on passe (10e)
car nos pas (8e)
quand qu'on part (9e)
quand ton pas (10e)
quand on pense (11e)
car ton corps, c'est porter l'épée (9e)
ces porter l'épée (10e)
Il s'est porté la croix (8e)
Ton histoire est une épépée (8e)
ton histoire est tu épopée (8e)
Des plus brillantes histoires (11e)
des plus brillants espoirts (11e)
Et cavaleurs (10e)
de froid trempé (9e)
de voir trembler (11e)
de foi tremper (10e)
de foie trempler (11e)
de voix tremblé (9e)
de foie trempé (8e)
de foi tremblée (11e)
de foie tremblay (11e)

Protégera nos foyers et nos voeux (11e)
protégera ton foyer et ton bras (10e)
protégera nos foyers et nos coeurs (8e)
protégera nos fois et nos droits (9e)

Candide commentait: *«Il n'y a pas lieu de s'indigner. Mais, peut-être, faudrait-il s'étonner un peu et commencer à se poser des questions? Taire de nos ailleux a peut-être un sens caché. Et cavaleurs de foi tremblée, serait-ce nous?»*

Je crois bien que ce fut à partir de ce moment-là que l'ensemble du corps professoral de la province de Québec commença de réagir. Je tenais la preuve que la tribune la mieux située d'où parler à l'ensemble des professeurs de la Province, ce n'est pas la revuette bleue appelée *Instruction publique*, mais *Le Devoir*. Tout le monde lit *Le Devoir* chez les enseignants mâles, tandis que personne ne lit sérieusement *L'Instruction publique*. *L'Instruction publique* est d'ailleurs une espèce de harem, et il faut absolument être un eunuque carabiné pour y être admis. L'eunuque nécessaire.

Je reçus, via *Le Devoir,* une lettre d'une institutrice me blâmant d'avoir ridiculisé mes élèves à la face de la Province au lieu de leur avoir *«expliqué les belles paroles de notre hymne national».*

L'objection n'était pas sérieuse. Je répondis, via *Le Devoir* toujours, que j'avais songé, bien avant qu'elle me le suggère, à expliquer l'*Ô Canada* à mes élèves. Je poursuivais: «Un professeur normal a ce réflexe normal, en face d'une ignorance aussi flagrante que celle que révélait l'expérience, d'aller à la racine du mal: l'incompréhension. J'ai donc expliqué la première strophe de l'*Ô Canada* devant tous les élèves réunis dans la salle. Je compte faire le même travail à propos de la seconde strophe: celle où l'on rencontre le «il est né d'une race fière...» Je prévois cependant que j'aurai du mal à établir que nous descendons d'une race fière: il nous en reste si peu, de la fierté.»

La réaction de mademoiselle l'Institutrice est caractéristique d'une mentalité d'assiégés. C'est Gérard Pelletier qui notait la chose, un jour, dans *Cité Libre* (quelles lectures vous avez, mon petit Frère, quelles lectures!): quiconque, au Québec, se mêle d'écrire autre chose que deux et deux égalent quatre, est un sale oiseau, un qui salit-son-nid. Au pays des assiégés, le monolithisme est de rigueur. Quiconque ne pense pas comme tout le monde prend automatiquement l'allure d'un espion à solde, d'un cinquième colonnard, d'un gros méchant loup dont les fillettes doivent se garer soigneusement.

Absence d'éducation patriotique

On parle de faiblesse en français. L'explication est incomplète. Il faudrait parler de l'absence presque complète d'éducation civique et patriotique dans nos écoles depuis une vingtaine d'années; et encore, de l'incompétence et de l'irresponsabilité d'une grande partie de notre personnel enseignant; et enfin, de l'incompétence et de l'irresponsabilité du Département de l'Instruction publique. Mais il faudrait être anticlérical, au moins, pour mettre en cause le Département. Nous avons donc le meilleur système d'enseignement au monde. Le mémoire de la J.O.C. ne le laisse pas voir; n'importe. Nous sommes cent cinquante ans en avance des autres pays, quant à l'essentiel (qui est le ciel), n'est-ce pas? La preuve que tout va bien, c'est que nous n'avons pas connu de querelles scolaires depuis 1867. Autre preuve: le Conseil de l'Instruction publique se réunit tous les cinquante-deux ans seulement. La dernière réunion avant celle de cette année remontait à 1908. Ils se réunissent pour se fêter mutuellement. Apothéose d'eux-mêmes par eux-mêmes. Mais nous avons des programmes de cauchemar et des manuels incroyables. Essayez de mettre la main sur les *Notions essentielles de philosophie* de Verhelst; vous allez voir ce que peut faire un chanoine belge qui se met à suer de la philosophie pour la gloire de Dieu (évidemment) et le salut des âmes (évidemment).

L'enquête sur l'*Ô Canada* a révélé qu'il ne se faisait plus d'éducation patriotique dans les écoles. Je crois que cette enquête en aura réveillé plusieurs. Je tiens la preuve qu'un peu partout dans la province de Québec, on s'est mis à faire écrire et à expliquer notre hymne national. C'est un début. Je tenais également la preuve, je veux le répéter, que *Le Devoir* est le meilleur moyen d'atteindre rapidement l'ensemble du corps professoral québécois.

Sacré vieux *Devoir,* fraternel vieux *Devoir,* salut! Et toi, Filion, sacré bonhomme, salut! On dit que tu commences à vieillir; que tu deviens prudent; n'importe, tu as donné un fameux coup de rame. Salut, Filion, sacré vieux Filion. Et toi, Laurendeau, si vibrant, si humain; et toute l'Équipe, salut! Oh! comme je voudrais connaître — je ne dis pas qu'il n'y en a pas; je dis que je n'en connais pas —, oh! comme je voudrais connaître un évêque de qui j'aurais envie de dire: salut, sacré vieil évêque, salut fraternel vieil évêque, salut!

2

ÉCHEC DE NOTRE SYSTÈME D'ENSEIGNEMENT

> *Voir. On pourrait dire que toute la vie est là. (...) Voir ou périr. Telle est la situation, imposée par le don mystérieux de l'existence, à tout ce qui est élément de l'Univers. Et telle est par suite, à un degré supérieur, la condition humaine.*
>
> TEILHARD DE CHARDIN,
> *Le Phénomène humain.*

On parle joual; on vit joual; on pense joual. Les rusés trouveront à cela mille explications; les délicats diront qu'il ne faut pas en parler; les petites âmes femelles diront qu'il ne faut pas faire de peine aux momans. Il est pourtant impossible d'expliquer autrement un échec aussi lamentable: le système a raté.

Faisons un peu d'histoire, ma chère. Quand on mit le Département sur pied, il y a environ un siècle, on voulait principalement éviter deux périls: la protestantisation (qu'on me passe ce mot; il est pesant, mais il est clair) et l'anglicisation. Rien à redire à cela: c'était vaillant et légitime. C'était quand même équivoque. On n'avait pas un but à atteindre; on avait un précipice à éviter. On savait où ne pas aller; on n'avait pas clairement décidé où aller. La première racine du malaise présent plonge jusque-là: le Département a été conçu comme une machine à évitement; un *tuyau d'échappement.*

On n'a jamais réussi à liquider cet héritage de confusion et de porte-à-faux. Incompétence et irresponsabilité sont les deux bâtards engendrés dès l'origine par madame la confusion et son maquereau, le porte-à-faux.

Académique est une faute de français. Il aurait fallu dire: la structure administrative et les programmes. On se souviendra peut-être qu'à l'époque, c'est le réseau scolaire privé qui était gras et prestigieux, et que le réseau scolaire public était maigre. À ce sujet, on ne peut nier que la réforme scolaire a atteint son objectif.

Le cours secondaire public

Un fruit typique de cette incompétence et de cette irresponsabilité, c'est le cours secondaire public. Tout a été improvisé, de ce côté: les programmes, les manuels, les professeurs. L'opinion réclamait un cours secondaire public. On lui a *vendu* l'étiquette, mais l'étiquette était collée sur une bouteille vide. Le mal vient non pas de la mauvaise foi, mais du manque de lucidité et du porte-à-faux. Le mal vient de ce qu'on a voulu jouer sur deux tableaux, sans jamais s'avouer qu'on jouait: d'une part, sauver le cours secondaire privé, considéré en pratique comme la réserve nationale des vocations sacerdotales; d'autre part, satisfaire l'opinion publique. Le Département s'est occupé efficacement du plan institutionnel (les collèges classiques privés); il a escamoté le plan académique* (le cours secondaire public). La solution virile, ici, exigeait que l'on distinguât (voyez-moi cet imparfait du subjonctif, comme il a grand air. Salut, imparfait du subjonctif) une fois pour toutes ces deux plans.

On a préféré jouer et improviser. Les professeurs du primaire furent hissés au secondaire, sans autres garanties que leurs années de service au primaire, sans formation, sans manuels, sans programmes.

Le cours primaire, où le but réel poursuivi par le Département coïncide sans trop de mal avec le but avoué, a toujours été l'objet de la sollicitude du Département. C'est encore là que tout se passe le moins mal.

On peut voir un signe de cette sollicitude dans le fait que les Écoles normales de filles (qui forment la majeure partie du personnel enseignant du cours primaire) sont très nombreuses et réparties sur l'ensemble du territoire de la Province, alors que les Écoles normales pour garçons, jusqu'à tout récemment, étaient au nombre de deux seulement: une à Québec et une autre à Montréal. Pour le reste, les communautés de Frères enseignants suffisaient.

C'est de haute lutte que les Frères ont littéralement arraché la permission d'improviser, eux aussi, une espèce de cours secondaire pour garçons. Tout s'est passé comme si le Département avait voulu ruiner la possibilité même d'un cours secondaire public pour garçons. En tout cas, il l'aurait voulu qu'il ne s'y serait pas pris autrement. Ce n'est pas le côté académique, c'est le côté institutionnel qui intéressait le Département. Remarquons que les critiques que nous formulons contre le cours secondaire public ne visent que sa forme actuelle. Quant à un véritable cours secondaire public, nous l'appelons de tous nos voeux.

Les programmes

L'incompétence du Département de l'Instruction publique émerge de la bouillie de programmes* dans laquelle nous nous débattons au cours secondaire. L'irresponsabilité du Département se reconnaît à ceci que, ne s'étant jamais engagé clairement à quoi que ce soit, il se réserve toujours la possibilité de triturer, de revenir en arrière, de se renier, sans qu'on puisse jamais mettre la main sur un vrai responsable. Quand on n'a de compte à rendre qu'à Dieu-le-Père, qui est aux cieux, on prend des libertés avec l'Histoire temporelle. Ce qui est quand même toujours dangereux. Mais une certaine classe, traditionnellement, manque singulièrement d'imagination.

Nous sommes en plein surréalisme.

Surréalisme départemental

Les éducateurs — disons les professeurs — du cours secondaire public vivent en plein cauchemar. Nous sommes sous la constante menace de changements de programmes. Et nous commençons à savoir ce que c'est, un changement de programme. Ce que cela implique d'improvisations. Nous savons ce que c'est que d'avoir à suivre un programme et de n'avoir les manuels à cette fin que six mois ou un an après; ou même pas du tout, comme c'est le cas en philosophie cette

...la bouillie de programmes...
Hé! on a programmé depuis ce temps-là. Récemment, les *Cahiers de l'Agora* ont publié une étude comparative des instructions qui accompagnaient les programmes de français de 1959, de 1969 et de 1979. («Pourquoi nos enfants ne savent plus écrire», n° 2, hiver 88.) Les auteurs de l'étude en «viennent vite à la conclusion que la source du mal actuel, les grands coupables, sont les programmes scolaires eux-mêmes (et la filière universitaro-technocratique qui les a concoctés). On y met en lumière l'esprit qui a présidé à leur élaboration et la conception générale que l'on s'y fait de l'enseignement de la langue maternelle. La distance qui sépare le premier des deux autres est de quelques millions d'années-lumière. Préparez-vous à une véritable descente aux enfers.»

année. Nous savons ce que c'est que de travailler sans *cause finale, i.e.* dans l'incertitude touchant la durée d'un programme. Essayez de vous imaginer l'état d'esprit d'un professeur qui prépare sa classe avec l'idée que l'an prochain peut-être, tout sera remis en question. Les abeilles se font voler leur miel à mesure qu'elles le sécrètent; les professeurs se font voler leur préparation de classe à mesure qu'ils l'écrivent.

Nous travaillons à la petite semaine, sans jamais savoir où nous allons. «Informez-vous auprès des Autorités compétentes», me dira quelqu'un. Nous y avons songé. Nous avons écrit aux Autorités compétentes. Les Autorités compétentes nous ont répondu des choses dans le genre de celles-ci: «... ces renseignements relèvent du Comité de Régie du Certificat, qui publie ses décisions dans la revue *L'Instruction publique,* quand il le juge à propos.» Savourez ce *quand-il-le-juge-à-propos.* Ça vous a un petit air protecteur et paternaliste; un petit air de dire: vous énervez pas; votre Père, qui est à Québec, sait que vous avez besoin d'informations et il vous les donnera en temps opportun, homme de peu de foi. Et c'est signé André Raymond ou Roland Vinette.

Nous sommes de bons gros naïfs, nous, les professeurs du secondaire public. Sur la foi de telles promesses, nous nous mettons à espérer. Nous nous mettons à attendre *L'Instruction publique.* Arrive *L'Instruction publique.* (Ici, si je n'étais pas Frère Untel, pieux, pur et marial, j'écrirais deux fois le mot de vous savez qui.) Dans le numéro d'avril 1960 de *L'Instruction publique,* monsieur Roland Vinette signe un poème surréaliste sous la rubrique: «Renseignements et Directives».

Il s'applique à ne rien dire, monsieur Roland Vinette. Il tourne en rond. Il est abscons. Non par incompétence ou inintelligence (nous le savons compétent et lucide et capable d'écrire en français), mais par *politique* imposée. Tout se passe comme si les Officiers du Département voulaient nous semer. Apparemment, il ne faut pas que l'on comprenne. Le Département est une machine tellement hiérarchisée, tellement centralisée, que vous n'arrivez jamais à mettre la main sur un responsable. Il faut lire la présentation du *Programme des Études secondaires,* édition 1958, de même que les idées directrices, pour se rendre compte de ce dirigisme, de ce souci de filtrage poussé jusqu'à la manie. Les informations qu'on vous distille sont tellement alambiquées que vous ne savez jamais où vous allez, si toutefois vous allez quelque part.

L'exercice de l'autorité, dans la province de Québec, c'est la pratique de la magie. En politique: le roi-nègre; pour tout le reste: les sorciers. Ils règnent par la peur et le mystère dont ils s'entourent. Plus c'est loin, plus c'est mystérieux; plus ça nous tombe dessus avec soudaineté, mieux c'est: plus ça a l'air de venir directement de Dieu-le-Père, comme le tonnerre, avant Franklin. De temps en temps, un Inspecteur d'écoles, en grand secret et moyennant promesse que nous ne dirons rien, nous annonce à l'avance quelque modification à venir. Mais ce n'est jamais qu'officieux. Et en dernière analyse, nous sommes informés en même temps que les élèves.

Ce serait tellement plus simple de nous dire franchement où nous allons. Des troupes informées sont tellement plus efficaces que des troupes sans cesse surprises. L'atmosphère de conspiration où nous sommes nous démoralise et nous agace tout ensemble. Ou bien le Département a une politique avouable, ou bien il gouverne empiriquement. S'il n'a aucune politique, il dénonce son incompétence; s'il dissimule sa politique, de crainte de la voir critiquer s'il la révélait, il dénonce son paternalisme.

Pourquoi monsieur Roland Vinette ne nous dit-il pas clairement où nous allons? Je dis: clairement. Son article dans *L'Instruction publique* est à peu près aussi limpide qu'un discours de guerre de feu Mackenzie King. Le paragraphe numéro 2 ruine le paragraphe numéro 1, et inversement. J'ai cru comprendre, toutefois, que le cours secondaire se divisera désormais en trois sections (non compris la section dite classique, dont le

Le problème des problèmes a maintenant un nom: démocratisation de l'enseignement. Tout a été dit là-dessus, par ici et ailleurs. Voir notamment: Hervé Hamon et Patrick Rotman, *Tant qu'il y aura des profs*, Seuil, 1984.

Je vis avec ce problème et j'essaie de me tenir debout dedans. J'ai déjà dit, de façon assez cartésienne, j'en conviens, qu'il fallait préférer scolariser 100 p. 100 de la population à 50 p. 100, plutôt que scolariser 50 p. 100 de la population à 100 p. 100.

Je ne sais trop comment me sortir de ce problème. Ce que je sais, par contre, c'est que n'importe quel maître, à n'importe quel niveau d'enseignement, peut toujours hausser n'importe quel élève du point 1 au point 1+. Toute ma foi pédagogique tient dans cette conviction. Ma jauge est ma jauge. Je sais d'où je suis parti; je sais à quel niveau on m'a haussé. Je ne me serais pas haussé seul.

Aussi bien, je dis à temps et à contre-temps à qui veut bien m'entendre qu'il faut prendre les élèves où ils sont et les élever un peu. Le maître, c'est celui qui élève l'élève. Non pas celui qui pleurniche sur l'impréparation de l'élève ou sa démotivation. On finit toujours par rejoindre deux ou trois êtres affamés. On n'est pas obligé de le savoir sur le coup. Une chose est sûre, cependant: un maître engendre. C'est la définition même de l'enseignement, qui est une paternité spirituelle.

statut n'est pas tellement clair): une section commerciale, une section générale, une section scientifique, qui se subdivisera à son tour en une section sciences-mathématiques et en une section sciences-lettres.

Ce que monsieur Vinette ne dit pas clairement, c'est le débouché de ce cours. Allons-nous, oui ou non, vers le système des *collèges?* Est-on en train, oui ou non, de doter la Province d'un cours public complet conduisant à toutes les facultés universitaires? Pourquoi tant de mystère?

Je voudrais que monsieur Vinette (on comprendra que je m'adresse à lui comme représentant une fonction) nous dise des choses comme celles-ci: «Mes petits enfants, nous aurons dès septembre prochain des *collèges* à tel et tel endroit (nous sommes fixés là-dessus, car nous avons de la vision, quoi que prétende Gérard Pelletier); à l'avenir, nous distribuerons ces collèges suivant tel et tel principe. Les manuels sont déjà choisis et stockés à tel endroit. Les répartitions seront autre chose qu'une simple copie des tables des matières de ces manuels. Commencez donc à les réunir: vous en aurez besoin en septembre prochain. Et nous vous promettons qu'un manuel approuvé en septembre ne sera pas révoqué en février. La chose s'est produite cette année, car Dieu-le-Père, qui est à Québec, ne disposait pas, en septembre, de toutes les informations dont il disposait en février.»

Nous aimerions aussi que monsieur Roland Vinette nous dise un peu ce qu'il entend par des expressions comme: «capacité de prolonger ses études»; «classer les élèves dans le cours qui leur convient»; «aptitudes intellectuelles», etc. Je ne me moque pas. Lui non plus. Nous savons très bien ce que cela veut dire, mais nous ne nous décidons pas à le dire clairement: 12 p. 100 d'une population, environ, peut ambitionner des études universitaires. Le problème, c'est de mettre la main sur les «bons 12 p. 100». Mais le problème des problèmes*, c'est encore autre chose, n'est-ce pas? On commence à le pressentir.

La philosophie au cours secondaire public*

Pardonnez-leur, ils ne savent que ce qu'ils font.

MOI-MÊME.

L'horaire officiel prévoyait deux heures par semaine pour la philosophie. En 12e année*, l'année scolaire compte 36 semaines (exactement 179 jours de classe pour l'année scolaire 1959-1960). On disposait donc de 72 heures cette année. En fait, dans la plupart des classes, on a réussi à affecter trois heures par semaine à la philosophie. Ce qui fait une centaine d'heures. Cela me paraît raisonnable.

Pendant ces 72 (ou ces 100) heures, on doit enseigner un peu de logique, un peu de métaphysique, un peu de philosophie des sciences, un peu de sociologie. En option B, la psychologie remplace la métaphysique.

On a beau dire: un peu de..., un peu de tout, ça fait beaucoup trop. À mon sens, on devrait supprimer la métaphysique et la psychologie. La métaphysique est déjà trop difficile pour les élèves du cours classique, de trois ans plus âgés que les nôtres, en moyenne, et qui disposent de cinq fois plus de temps. Je sais qu'on ne peut enseigner de philosophie sans faire de métaphysique. Mais il n'est pas nécessaire de faire de la métaphysique systématique. Certaines notions présupposées à toute démarche philosophique sont métaphysiques. Un bon professeur fera occasionnellement de la métaphysique, et cela suffira.

De même pour la psychologie. Les premiers mots d'un cours de philosophie relèvent de la psychologie. Des considérations générales sur la connaissance humaine sont prérequises à tout. Par ailleurs, dans la définition même de la logique, se pose la question des vertus intellectuelles: on parle de science et d'art en partant, ou bien on ne part pas. Un professeur habile donnera à cette occasion un minimum de doctrine touchant la théorie de la connaissance et la structure de l'âme humaine. Le reste, occasionnellement, comme pour la métaphysique. Demeurent donc la logique, la

La philosophie au cours secondaire public

Il faut rappeler que je parlais de la 12e année de scolarité: l'équivalent de la 1re année du collégial actuel. Il a fallu se battre pour ménager un espace à la philosophie dans les programmes des cégeps. La victoire demeure précaire. Quoi qu'il soit advenu des cours communs et obligatoires de philosophie, je maintiens qu'il s'agit là d'un précieux petit reste. Un des derniers lieux de possible gratuité. Une des occasions offertes aux jeunes êtres d'entrer en contact avec les grandes pensées, le vieil effort de l'homme de se dire lui-même à lui-même. Un des rares lieux qui soient encore offerts aux jeunes pour s'armer; pour commencer de s'armer.

En 12e année...

La 12e année de l'époque était la 5e année du niveau secondaire qui commençait lui-même après un niveau primaire de sept ans. En termes d'années de scolarité, c'était l'équivalent de la 1re année du collégial actuel. À ceci près que le collégial actuel compte 164 jours de classe, y compris les deux semaines d'examens et les semaines de vacances déguisées en «jours de lecture». À l'époque, nous faisions exactement 179 jours d'école.

Au moment de la création des cégeps, il s'en est fallu de peu pour que l'on remplace la philosophie par les sciences humaines. C'était l'âge d'or de la sociologie, dans les universités. Par ailleurs, bon nombre d'administrateurs et de professeurs des instituts de technologie (destinés à se transformer en cégeps) répugnaient à l'enseignement de la philosophie. Périodiquement, la place de la philosophie dans les programmes a été remise en question. Plusieurs facteurs expliquent cette précarité. Il y a d'abord la légèreté avec laquelle bon nombre de professeurs de philosophie ont assumé leur responsabilité. La liste serait longue des absurdités auxquelles on s'est livré sous prétexte de philosophie... Bon nombre de professeurs de philosophie se sont pris pour des philosophes. Ils se sont mis à s'enseigner eux-mêmes aux élèves au lieu de les initier aux rudiments de la philosophie. Il y a ensuite la surcharge des programmes: le temps consacré à la philosophie est considéré comme volé aux autres matières qui sont au programme.

critique des sciences et la sociologie. Il sera important* que l'on conserve cette dernière matière au programme.

Ne perdons pas de vue, s'il vous plaît, que nous sommes au cours public (les hommes du métier me comprennent), et que nous disposons de trois heures par semaine pendant 36 semaines. On ne fait pas un philosophe en 36 semaines; on fait seulement un bébé, philosophe ou pas.

La critique des sciences est ou devrait être la partie principale du programme de philosophie des 12ᵉˢ années scientifiques, car les élèves de ces classes se destinent aux études et aux carrières scientifiques, et ils sont dans un besoin urgent de quelques notions critiques en sciences. On ne devrait même faire de logique que juste assez pour aborder utilement la critique des sciences. Nos élèves sont presque tous des *scientistes* qui s'ignorent. Je ne peux m'empêcher ici de faire une remarque touchant le vocabulaire. En français, *scientiste* est un terme péjoratif, dûment enregistré comme tel dans le *Larousse*. Un scientiste est un homme qui ne jure que par les sciences expérimentales; un homme qui ne reconnaît aucune autre voie d'accès à la vérité que la voie expérimentale mathématisée. Nos élèves, suivant en cela la masse de nos journalistes, traduisent directement *scientist* par scientiste. C'est un contresens. En français, il faut traduire *scientist* par homme de science ou, mieux, par *scientifique*. Scientifique est un adjectif, mais il peut être employé substantivement, comme beaucoup d'autres adjectifs. On emploie déjà substantivement: intellectuel, pratique, spéculatif, etc. On dit: monsieur X est un intellectuel. Pourquoi ne dirait-on pas: monsieur X est un scientifique? Louis Leprince-Ringuet utilise ce mot, de même que la plupart des auteurs français qui traitent de ces questions, dont André Georges. Le *Figaro littéraire* n'emploie que ce terme. Dès 1926, Henri Bremond commençait de l'utiliser. Désormais, donc, nous dirons que monsieur Einstein est un scientifique tandis que Taine (ou Renan) n'est qu'un scientiste.

La répartition de la matière que nous imposait cette année le programme officiel est défendable. Le minimum à voir en critique des sciences doit couvrir les faits (ou les définitions), les lois et les théories. Ce qui est moins défendable, c'est le manuel imposé. Sous prétexte que le manuel de monsieur Simard, *Nature et portée de la méthode scientifique,* est trop difficile, on nous impose Renoirte: *Éléments de critique des sciences et de cosmologie.* L'ouvrage de monsieur Simard répond parfaitement à ce qu'on peut souhaiter d'un cours de critique des sciences: il comporte une partie doctrinale et un choix de textes des plus grands scientifiques; textes qu'il faut connaître, textes aussi *classiques,* en leur genre, que les oraisons de Bossuet, les extraits de Corneille ou les sonnets de Du Bellay. Émile Simard est professeur à la Faculté de Philosophie de l'Université Laval. Son seul défaut, c'est de ne pas être belge. Mais enfin, tout le monde ne peut pas être belge.

Pour ce qui est de la sociologie, un manuel adapté à nos besoins est également désirable. Cependant, celui que nous avions cette année est tout à fait tolérable. Les élèves l'aimaient bien et les professeurs itou.

Ce serait un grand malheur que de priver nos élèves des 12es années de ces deux matières. Je sais par expérience que c'est dans ces deux matières que mes élèves de cette année ont puisé les notions les plus neuves, les plus éclairantes, les plus labourantes. Il n'est pas indifférent d'introduire ou non quelques idées critiques touchant les sciences expérimentales dans les cerveaux quiets de nos jeunes gens. La plupart d'entre eux, je le dis sans mépris, en toute objectivité, comme je le leur disais en pleine face pendant l'année, sont des «Polynésiens téléphonant», pour reprendre la formule d'Alain (saint Alain, priez pour nous). En pleine lune de miel technique, qu'ils sont. Tous sous le coup de foudre scientifique. Il faut introduire un peu de critique là-dedans.

La sociologie s'impose aussi. Le manuel que nous avions cette année: *Problèmes modernes, réponses chrétiennes,* de Jean Verdier, est bien fait, à quelques adaptations près. Ainsi, il affirme, en caractères gras, qu'un bon catholique ne peut pas être un bon socialiste. Imprimatur: 1956. Cela vaut pour la France (?) sans doute; ici au pays, l'Épiscopat, dans un communiqué daté de 1953, déclarait qu'un catholique peut s'inscrire et même militer dans les rangs du parti (dit) socialiste. C'est un exemple des adaptations qu'un bon professeur ne manque pas de faire séance tenante. Le manuel de Verdier retrace rapidement l'histoire de la *question ouvrière;* analyse les réponses qui ont été faites à cette *question:* la réponse socialiste, version européenne, et la réponse marxiste; détaille la seule réponse acceptable: la solution chrétienne. Voilà, à larges traits, le programme que nous avions à couvrir cette année. Je peux vous certifier que les élèves ouvrent les yeux. Et il est urgent qu'ils les ouvrent à ces questions. Barbares télévisant et téléphonant, bien ouatés dans la technique, dont ils ne connaissent que l'aspect réconfortant: l'aspect confort, justement. Pour eux, un avion à réaction, c'est quelque chose de formidable, car ils n'ont jamais vu, même pas à travers *La 25ᵉ Heure,* qu'un avion, ça tombe aussi des bombes.

Le sophisme est bien connu, qui dit que les professeurs enseignent l'erreur ou bien embrouillent la vérité et que, dans les deux cas, ils sont nuisibles. On sait aussi que «tout ce qui peut être enseigné ne mérite pas d'être appris». Il reste à fermer boutique. Céline, Louis-Ferdinand, écrit dans le *Voyage au bout de la nuit* (ainsi donc, mon petit Frère, vous avez lu Céline? Tu lis trop, Marius, tu lis trop, et de sales bouquins encore): *«Il faudrait fermer le monde décidément pendant deux ou trois générations au moins s'il n'y avait plus de mensonges à raconter. On n'aurait plus rien à se dire ou presque.»* Je pense qu'il faudrait fermer le Département pendant deux ans, ou moins, et envoyer tout le personnel enseignant à l'école.

La crise de tout enseignement, et particulièrement de l'enseignement québécois, c'est une crise d'enseignants. Les enseignants ne savent rien*. Et ils le savent mal. (C'est pas en disant des choses aussi aimables que je vais me faire des amis et réussir dans la vie.) À l'école, tous, qu'il faudrait les envoyer. Et pour deux ans. Après, on rouvrirait boutique.

J'ai corrigé des copies d'examen de philosophie. Une question se lisait ainsi: «Quand deux idées sont-elles contradictoires? Exemple.» Sur 900 copies, environ, que j'ai corrigées, il ne s'en est pas trouvé deux douzaines qui répondissent convenablement. Tous les élèves, ou presque, confondaient allégrement contradiction et contrariété. Remarquez qu'on peut faire son salut et ignorer cette distinction. Mais enfin, il fallait l'enseigner. Et si 90 p.100 des élèves l'ignorent, c'est qu'elle n'a pas été enseignée, ou qu'elle a été mal enseignée. À moins que cette distinction ne soit définitivement hors de portée des élèves des 12es années commerciales spéciales.

Une autre question se lisait ainsi: «Quand deux termes sont-ils équivoques? Exemple.» La question est mal posée. Il ne s'agit pas de *deux* termes équivoques, mais d'*un* terme équivoque. Pourquoi deux? Pourquoi pas 113, tant qu'à y être? C'est pas seulement les enseignants qu'il faut renvoyer à l'école: c'est principalement les officiers du Département. Tous, et vivement.

Une troisième question demandait de «démontrer que nous sommes libres». Je fais remarquer ici que c'est souverainement imprudent de demander à de jeunes Québécois de démontrer qu'ils sont libres. Et s'ils le démontraient?

En fait, ils ne le démontrent pas. Ils démontrent seulement qu'ils sont doués pour répéter docilement ce qu'ils pensent qu'on veut qu'ils disent. Alors, ils nous parlent du Bon Dieu, de l'Évangile et du péché originel. La plupart des copies que j'ai corrigées mobilisaient la Révélation et le Bon Dieu pour établir que l'homme est libre. Avec le ciel et l'enfer comme fond de scène, évidemment. Si la masse de nos élèves restituent ces notions sur leurs copies, qui venaient de toutes les parties de la Province, c'est qu'on les leur a ingurgitées.

C'est démoralisés, que nous sommes...

Si l'on se rapporte à des enquêtes récentes (le *Rapport Grégoire*) ou, plus directement, à son expérience quotidienne, il semble bien que les enseignants ne sont pas moins démoralisés, ces années-ci.

D'après ce que j'en peux voir, la philosophie s'enseigne comme du catéchisme. Les bons Frères, les bonnes Soeurs, les bons laïcs s'imaginent qu'on est voltairien si on n'est pas moralisant. Aucun milieu. On confond tous les plans. C'est un cas du concubinage, chez nous, du temporel et du spirituel. Dors-tu content, Constantin? Et Maria Chapdelaine qui entend des voix: «*La troisième voix plus grande que les autres s'éleva dans le silence: la voix du pays de Québec, qui était à moitié un chant de femme et à moitié un sermon de prêtre.*» Je l'ai entendue, en filigrane, la troisième voix de Maria: le sentiment et la morale. Y a que ça qui réussisse, chez nous. Le petit air de tripes et le grand air des sept péchés capitaux.

On ne peut pas se mettre à composer un manuel de philosophie; on ne peut même pas consacrer de la réflexion au programme, si on n'est pas assuré d'un débouché. Y aura-t-il des 12es années, l'an prochain? Y aura-t-il encore de la philosophie au programme? On en est là: à se demander si tout effort sérieux n'est pas un effort pour rien. La confusion est telle, l'atmosphère de conspiration est telle, qu'on n'ose rien entreprendre. On est si peu assuré de l'avenir, en ce domaine, que l'on vit dans un climat de parousie. Les programmes sont remis en question tous les deux ans; les manuels, approuvés et désapprouvés tous les six mois. Que voulez-vous que l'on fasse? C'est démoralisés, que nous sommes*, par les contrôles abusifs, d'une part; par l'incertitude de l'avenir, d'autre part.

Les plus sages attendent passivement les ukases du Département de mon coeur; les habiles font du commerce; les imprimeurs impriment; les conspirateurs conspirent, et tout le monde improvise.

Rince-bouche

Tout va pour le pire dans le pire des mondes, pensez-vous? Erreur. Tout va très bien, madame la marquise; lisez plutôt ce texte réconfortant pour vous rincer la bouche. C'est un éditorial de la revuette bleue *L'Instruction publique*, mars 1960, p. 530, signé Cécile

Rouleau. C'est intitulé, et c'est déjà tout un programme: *pour l'enfant... pour l'adolescent... pour l'avenir...* On se prive pas.

Les éducateurs ont maintenant à leur disposition des moyens d'actions plus variés et mieux adaptés aux conditions actuelles. Nos maisons de formation pédagogique préparent admirablement bien de nombreux candidats et candidates à la carrière de l'enseignement. Le personnel en fonction peut, par des cours postscolaires, acquérir de nouvelles connaissances et un complément de formation. Ainsi, sommes-nous tous mieux préparés à accomplir notre tâche quotidienne, mais notre action ne sera vraiment efficace que si nous savons former l'homme de demain en développant l'esprit, l'intelligence et le coeur de l'enfant d'aujourd'hui. Il faut qu'il y ait croissance et que l'enfant ou l'adolescent, à tous les degrés du cours, ait l'impression de s'épanouir, selon ses possibilités propres. Il n'est pas un simple élément qui augmente un pourcentage statistique, mais une valeur qualitative pour l'école et plus tard pour le groupe de métier, la profession, la société en général...

Fermer le Département

Il faut qu'un (Département) soit ouvert ou fermé.

MUSSET.

Je suis un tendre coeur, c'est entendu. Je ne veux faire de peine à personne. Il faut pourtant fermer le Département. Je propose donc qu'on décore tous les membres du Département de l'Instruction publique de toutes les médailles qui existent, y compris la médaille du Mérite Agricole; que l'on crée même quelques médailles spéciales, comme par exemple la médaille de la Médiocrité Solennelle; qu'on assure à tous ces gens-là une retraite confortable et bien rémunérée et qu'on les renvoie ensuite à leur moman. Ça reviendrait encore meilleur marché que de les payer à nous compliquer l'existence, comme c'est le cas présentement. Car enfin, le Département a fait à loisir la preuve par neuf de son incompétence et de son irresponsabilité.

Dans une lettre que m'adressait monsieur Jacques Tremblay, peu après que j'eus publié dans *Le Devoir* mon texte sur la Grande-Peur des enseignants, je relève ceci:

La peur est la clé de voûte du Système; la peur est ce qui retarde sa désagrégation, alors que l'Histoire a déjà formulé sa condamnation définitive. Le Système en est un de privilèges moyenâgeux et, en corollaire, d'injustices sociales; de complicité entre les clercs et le pouvoir et, en corollaire, d'irresponsabilité bénie; d'angélisme béat et, en corollaire, d'incompétence arrogante; de dogmatisme exclusif et, en corollaire, d'obscurantisme. Et ce que nous retrouvons au niveau du Département de l'Instruction publique n'est que le reflet (la caricature, peut-être) de notre monde.

Incompétence: le titre d'évêque ou une nomination «au bon plaisir du lieutenant-gouverneur en conseil» sont les diplômes exigés pour devenir suprême juge en matière d'enseignement (Loi de l'I.P., art. 21); on peut n'avoir qu'un diplôme de septième année, ou ne pas en avoir du tout, et être nommé, «au bon plaisir du lieutenant-gouverneur en conseil», surintendant de l'Instruction publique (Loi de l'I.P., art. 11); par le seul fait d'être prêtre, on est qualifié pour «veiller à la bonne et efficace(!) organisation pédagogique (!) d'une école normale, en contrôler (?) l'enseignement et diriger (?) la formation intellectuelle, morale et religieuse des élèves» (Règlement du C.C., ch. XII, sec. 4, art. 195); le fait d'être «ministre du culte ou membre d'une

*corporation religieuse» peut remplacer tout di-
plôme et tout brevet d'enseignement (Loi de
l'I.P., art. 68). Le principe de l'incompétence
est inscrit noir sur blanc dans la loi de l'I.P. et
dans les Règlements du Comité catholique. Et
il serait facile d'aligner cent petits faits pour
montrer jusqu'à quel point cette incompétence
peut être arrogante. — Irresponsabilité: aucun
officier du DIP n'est élu par le peuple, et il n'y
a aucun recours démocratique possible à une
quelconque décision du DIP. — Injustice sociale: il est instructif de voir avec quelle
crainte et quelle «sage prudence» on aborde le
problème de la démocratisation de
l'enseignement (via la gratuité scolaire),
lorsque l'on sait que les économiquement
faibles, 90 p. 100 de la population du Québec,
représentent moins de 30 p. 100 de la population universitaire.*

3

IMPASSE DE LA PENSÉE CANADIENNE-FRANÇAISE

Dans des chemins que nul n'avait fou-
lés, risque tes pas.
Dans des pensées que nul n'avait pen-
sées, risque ta tête.
LANZA DEL VASTO.

L'échec de notre système d'enseignement est le reflet d'un échec, ou en tout cas, d'une paralysie de la pensée elle-même. Personne n'ose penser, au Canada français. Du moins, personne n'ose penser tout haut. L'absence de tout dialogue sérieux, dans la Province, nous stigmatise de la plus inexplicable façon. Et comme le monologue est le commencement de la folie, on comprend que s'engager à la pensée, forcément solitaire, c'est se fiancer à la folie. Le Canada français: drame de l'expression.

Ce que nous pratiquons ici, c'est la pureté par la stérilisation; l'orthodoxie par le silence; la sécurité par la répétition matérielle; on s'imagine qu'il n'y a qu'un seul moyen de marcher droit, ne jamais partir; un seul moyen de ne pas se tromper, ne rien chercher; un seul moyen de ne pas se perdre, dormir. Nous avons inventé un moyen radical de combattre les chenilles: abattre les arbres.

Cet échec de la pensée, chez nous, nous allons le saisir en son point névralgique: au coeur du Canada français; et, au coeur de ce coeur, nous allons en étudier un cas clinique: la Faculté de Philosophie.

La Faculté de mon coeur

Je suis embarrassé par ces quelques paragraphes. Je dois beaucoup à la faculté de philosophie de l'Université Laval. J'ai su, très tôt, que ces trois pages avaient blessé quelques hommes que j'estimais. Je maintiens, cependant, la phrase suivante: «Le reproche que je faisais à la faculté de philosophie de Laval [et qui résume tous mes griefs de l'époque]... c'était d'être déracinée.» C'est cela que je ressentais à l'époque. Et Dieu sait pourtant que l'époque était tranquille! Quelques années plus tard, à Fribourg (Suisse), le jour où le monde a appris l'assassinat de Kennedy, le professeur de philosophie a commencé son cours, comme s'il ne s'était rien passé. Je suis incapable d'accepter ce genre de... De quoi? De déracinement, de désinvolture, de sagesse? Je suis incapable de trancher. Je sais seulement qu'en de telles circonstances, quand on est un élève, et peu importe l'âge qu'on a, on éprouve le besoin d'entendre un écho à son propre désarroi. Il ne vint pas, ce jour-là.

Mais peut-être est-ce la fonction même d'une faculté de philosophie, que de philosopher. La philosophie, ce n'est quand même pas du journalisme. Pourtant, là où le tissu humain est déchiré, là est la place de la philosophie. Plus tard, j'ai rencontré une demi-douzaine de professeurs du cégep de Sainte-Foy qui avaient été disciples de certains des maîtres que j'avais connus un peu plus tôt qu'eux-mêmes. Ils étaient devenus des maîtres à leur tour. Mais ils ne s'étaient pas engendrés tout seuls, comme des escargots.

La Faculté de mon coeur*

J'ai déjà dit que je n'écris pas pour les petites gueules. Je vais quand même parler de philosophie. La philosophie, c'est pour tout le monde. L'homme de la rue est peut-être porté à se dire que la philosophie, ça ne le regarde pas. Pardon, Monsieur l'Homme-de-la-Rue, la philosophie vous regarde.

On se préoccupe beaucoup des retombées radioactives; on néglige les retombées philosophiques. Nous sommes continuellement aspergés de philosophie. Monsieur K., par l'entremise des agences de presse, nous injecte des doses quotidiennes de marxisme. La philosophie regarde tout le monde.

C'est au nom d'une philosophie que quatorze millions de Russes marinent en Sibérie. C'est au nom d'une philosophie que six millions de Juifs ont été gazés. La philosophie finit toujours par rejoindre les hommes, qu'ils s'en occupent ou non, et peut-être surtout s'ils ne s'en occupent pas. La philosophie regarde tout le monde et il faut que tout le monde regarde la philosophie. On se dit que la philosophie, c'est des principes en l'air, le paradis des fumistes. Seulement, un jour, c'est votre mère, ou votre ami, ou votre femme, qui sera liquidé au nom d'une certaine philosophie que vous aurez laissée proliférer sans contrôle.

Dans le *Time* du 1er août 1960, une pleine page est consacrée au biologiste Julian Huxley, qui affirme tranquillement que Dieu est une hypothèse et qu'on peut s'en passer. Le *Time* est lu par deux millions de personnes par semaine, au moins. Le même Huxley s'était adressé particulièrement à nous peu auparavant, à Radio-Canada. La philosophie regarde tout le monde.

J'ai fait mes études à la Faculté de Philosophie de l'Université Laval. Je le dis sans complaisance: il n'y a d'ailleurs pas de quoi se vanter. Monsieur Jacques Tremblay et le Frère Louis-Grégoire, qui ont assisté de très près à l'accouchement de ce volume, y ont également fait leurs études. Ceux qui diront que la Faculté de Philosophie ne tricote que des conformistes sont dans l'erreur. En ce qui me regarde, je peux dire que j'ai connu, à la Faculté de Philosophie, des hommes admirables sous plus d'un rapport, sincères, intellectuellement probes, travailleurs. J'ai été marqué par la Faculté de Philosophie, il va sans dire, et je ne me désintéresse d'aucune façon de la chose philosophique.

C'est justement parce que je m'intéresse à la philosophie que j'en fais ici le procès. Le reproche que je fais à la Faculté de Philosophie de Laval, et qui résume tous mes griefs, c'est d'être déracinée. On a l'impression que les hommes qui travaillent là, par manque de lucidité ou par instinct sécuritaire, ont refusé d'endosser une bonne partie de leurs responsabilités véritables. Ils ont comme déserté l'homme d'ici; ils se sont cantonnés, sous toutes sortes de prétextes, dans un univers clos, facile, protégé, où ils étaient sûrs de n'avoir à rendre aucun compte sérieux à personne, sinon à Parménide ou à Alfarabi, oubliant seulement que les factures de l'Histoire finissent toujours par rejoindre leurs débiteurs. On n'échappe pas aux *«diaphragmatiques trépidations des coliques de l'échéance»*, comme dit saint Léon Bloy.

Quelques-uns, parmi les professeurs de la Faculté de Philosophie de Laval, semblent mettre toute leur gloire à ne rien écrire. Leur prétexte, c'est que l'écriture matérialise trop la pensée. C'est d'ailleurs une des raisons, paraît-il, pour lesquelles Jésus-Christ n'a rien écrit. Il est vrai que leur maître à tous, monsieur saint Thomas d'Aquin, a énormément écrit. Mais justement, cela leur suffit, que Thomas ait écrit. Ils se contentent maintenant de commenter les écritures de Thomas, quand ce n'est pas les commentaires des commentaires: la racine cubique de saint Thomas.

Si ces hommes-là n'écrivent rien, ou qu'ils écrivent tellement mal que c'est comme s'ils n'écrivaient rien, il faut conclure, si on s'en rapporte à saint Thomas, qu'ils ne sont pas de bons maîtres. Saint Thomas, en effet, écrit ceci: *«Dieu, comme un maître excellent, a pris soin de nous laisser deux écrits très parfaits pour par-*

faire notre éducation; ces deux livres divins sont la Création et l'Écriture. La Création contient autant d'excellents chapitres qu'il y a de créatures.» (Opuscule IV, sermon V, pour le 2e dimanche de l'Avent, sur l'épître du jour, *Oeuvre Complète,* Vivès, t. 29, pp. 194-195.)

Notons en passant que le gros Thomas est parfaitement réconcilié avec la création. Thomas, c'est le plus gros OUI qui ait jamais été proféré par un chrétien. Oui à tout; large accueil à la luxuriante création de Dieu. Toute créature, dit-il, est un excellent chapitre nous parlant de notre Père, qui est aux Cieux (et non à Québec, contrairement à ce que je dis parfois). Toute créature, cela va du cloporte à Claude-Henri Grignon, en passant par Julia Richer.

Tout le temps que nous fûmes à la Faculté, rares furent les cours qui débouchèrent sur les problèmes contemporains et la réalité d'ici. Les principes universels avec lesquels nos professeurs flirtaient, ils ne trouvaient jamais moyen de les coupler avec la vie. Nous avons fait notre cours en pleine crise de l'éducation: forums, panels, grève des étudiants, et tout le bazar. Pas un traître mot de lumière ne remonta la rue Sainte-Famille, où Sophie exécute les gracieux et inoffensifs mouvements de sa culture métaphysique quotidienne, la petite gueuse!

De temps en temps, on faisait semblant de bretter un peu avec Bertrand Russell ou Bergson ou Maritain; mais on voyait bien que nos mousquetaires se savaient hors de portée du fleuret de Russell.

Si aucune pensée existentielle ne s'élabore à la Faculté de Philosophie, faut-il s'étonner que rien ne s'exprime ailleurs?

La confusion des genres

On remarquera sans doute que mon chapitre sur l'impasse de la pensée est à peu près aussi bref qu'un cul-de-sac. On établit un plan; on se dit: je parlerai de l'impasse de la pensée, puis je parlerai de la crise religieuse. On s'aperçoit bientôt qu'il n'y a pratiquement aucun moyen de démêler la pensée et la religion. Tout est inextricablement confondu. Comme chez les Zoulous. Le profane est sacré: on bénit les ponts et les restaurants, et du même coup, le sacré est profané, puisqu'on le mêle à tout. *Assueta vilescunt.* En joual, cela veut dire que la familiarité engendre le mépris. Voilà pourquoi il faut demeurer célibataire et n'aimer que les étoiles polaires. S'il pleut deux dimanches consécutifs, c'est en punition de l'immodestie féminine; mais s'il pleut un jour de pèlerinage, c'est pour éprouver la foi des justes.

Voyons un exemple. Il s'agit du manuel officiel de *Philosophie et Théologie de l'éducation,* en usage dans les Écoles normales de l'État. Je choisis un chapitre important: le chapitre traitant de la liberté. Le problème est expédié en 3 pages, dans un manuel de 194 pages.

Dieu respecte notre liberté. Comment concevoir que la sagesse divine ait voulu que l'être libre n'agisse pas librement? Et aucun pouvoir sur terre ne peut violer le libre arbitre de l'être humain. Dans le sillon lumineux de la croix du Christ, des martyrs ont marché au supplice sans que leurs bourreaux aient pu leur enlever la liberté intérieure de rendre témoignage à la vérité et d'aimer Dieu.

À cause de la perfection de sa nature, l'homme est libre, mais à cause de l'imperfection même de cette nature, sa liberté est imparfaite et il est naturellement exposé à commettre des actions moralement mauvaises. Le péché existe. C'est un fait indéniable. À côté de ces justes qui laissent librement leurs âmes percher sur les deux ailes étendues de la croix du Christ afin que de là elles prennent leur vol vers le ciel, à côté de ces justes, il y a l'armée des pécheurs qui librement montent sur la croix du Christ pour cracher à la figure du maître. Voilà la misère de la liberté humaine. Nous jugeons qu'il n'est pas de l'essence de la liberté, mais de son imperfection, que de pouvoir poser des actions moralement mauvaises. (p. 160)

Ce n'est pas très fort, on en conviendra, même si on n'est pas un anticlérical. On n'a pourtant rien trouvé de mieux pour alimenter les futurs professeurs de notre cours secondaire public, en une matière aussi importante que la philosophie et la théologie de l'éducation. Confusion du sacré et du profane: le volume est signé par un prêtre: Gérard Chaput, p.s.s. Donc il est excellent.

Du côté du prêtre aussi, il y a confusion: parce qu'il est prêtre, il croit volontiers que toute son activité est sacerdotale, y compris ses petites démangeaisons poétiques. Rien n'est plus fade, sirupeux, dégoûtant, que la molle facilité qui suinte des oeuvres entreprises et poursuivies d'après cette extrapolation magique. Jean Rostand met plus de soin à parler de ses grenouilles, que le Père Chaput, de la liberté.

On devrait pourtant le savoir: la confusion du sacré et du profane se solde régulièrement au détriment du sacré.

On préfère régulièrement pleurnicher sur les excès des anticléricaux.

4

CRISE DE LA RELIGION

> *Le Pater, qui est LA prière, ne demande pas que les choses se conservent; il demande que les choses arrivent. Ce n'est pas une prière bloquée sur le passé, c'est une prière projetée vers l'avenir*.*
>
> MOI-MÊME.

On dit que les gens en ont assez de la religion. Et ceux qui tolèrent le plus mal d'entendre parler de religion sont de bons gros catholiques à la mode de chez nous, you, you, you. L'inquiétude religieuse n'est pas une plante de par ici. Ceux que la question religieuse inquiète en profondeur ne se recrutent pas parmi les dames de sainte Anne ou les zouaves pontificaux. La majorité des Canadiens français en ont soupé, paraît-il, des histoires de bavettes et de cornettes; il faut pourtant parler de religion*. Il n'y a pas d'autre problème sérieux.

Comment le problème s'est posé

On commence en parlant du joual, et on s'aperçoit qu'on est à décrire l'atmosphère religieuse au Canada français. On peut déceler là le signe qu'il n'y a, chez nous, qu'un seul problème sérieux: un problème de spiritualité.

Quoi qu'il en soit, je n'ai ni l'intention ni la capacité de traiter ce problème de façon exhaustive. C'est indirectement que je l'ai abordé dans mes lettres au *Devoir*, et voici comment.

La lettre sur le parler joual, que j'avais envoyée à Laurendeau et qu'il avait publiée dans *Le Devoir* du

...une prière projetée vers l'avenir.

J'aime toujours cette excellente épigraphe, à cause de l'auteur. Je dois bien convenir, toutefois, que la conservation me préoccupe davantage qu'elle ne pouvait le faire en 1960. «Il y a un temps pour démolir et un temps pour bâtir... un temps pour chercher et un temps pour perdre... un temps pour déchirer et un temps pour coudre.» (Éccl. 3) De toute façon, il y a bien longtemps que j'ai été classé comme conservateur: dès le premier mot que j'ai écrit publiquement contre les excès du syndicalisme. L'explication est très simple: ou bien vous êtes à la mode, et alors vous êtes progressiste, de gauche et généralement à côté; ou bien vous ne vous souciez pas des modes, et on vous étiquette conservateur, réactionnaire, fasciste à temps complet.

«Le rôle des passions négatives, chez les intellectuels, est à coup sûr très grand.» (Malraux)

Aujourd'hui, mes idées sur le conservatisme sont plus mûres, je pense. Je ne suis guère partisan d'organiser le naufrage pour le plaisir d'identifier les bons nageurs. Quoi qu'il en soit, je me fous pas mal des étiquettes. Conservateur ou pas, j'ai viré ma vie de bord plusieurs fois depuis trente ans. Ou bien on me l'a virée. Je sais très bien que la seule révolution qui compte, c'est la révolution de son coeur: la conversion.

...il faut pourtant parler de religion.

Dit-on du mal de sa mère? A-t-on le droit de juger sa mère? Je n'ai jamais jugé ma mère selon le sang. Je ne l'ai même pas aimée de retour. Car l'amour descend des parents vers les enfants; il ne remonte jamais à la hauteur d'où il vient. À ce compte-là, et selon toute logique mécanique, il n'y aurait plus beaucoup d'amour sur cette planète. Or, il y en a beaucoup. Il s'en perd, même.

«On peut dire qu'ils en ont, les gens, de l'amour en réserve. Je l'avais bien senti, bien des fois, l'amour en réserve. Y en a énormément. On peut pas dire le contraire. Seulement c'est malheureux qu'ils demeurent si vaches avec tant d'amour en réserve, les gens. Ça ne sort pas, voilà tout. C'est pris en dedans, ça reste en dedans, ça leur sert à rien. Ils en crèvent en dedans, d'amour.» (Céline, *Voyage au bout de la nuit*, Gallimard, Folio, 1987)

La logique ou l'entropie n'ont jamais rien eu à voir avec l'amour. L'amour, c'est ceci: A donne à B, qui donne à C, qui donne à E. Parfois, P rend un peu à A ou à G. L'important, c'est le départ. Et le départ, c'est Dieu en trois Personnes qui l'assure.

J'ai durement parlé de l'Incarnation de mon église par ici. Je ne le regrette pas. J'ai dénoncé sa raideur, qui était raide. Plus tard, j'ai dénoncé sa mollesse, qui fut molle. Vous souvient-il de la liturgie des guitares et de Jean Ferrat, promu au rang d'un Père de l'Église? Je pourrais écrire un volume, vengeur et inutile, là-dessus. La vengeance est un plat qui se mange froid. Je mange chaud. Je pourrais écrire un volume sur ma propre Église paniquée, affolée et qui pensait, comme toutes les mères, que l'on ramène les prodigues en prodiguant les concessions. Mais qui suis-je donc pour parler ainsi? Je vais vous le dire: je suis un fils de l'Église. Elle ne m'allaite plus — *quasimodo geniti infantes* —, elle me restaure. Elle me nourrit de solide et de durable. Je l'aime, vieille et toute jeunette, comme toujours. On a une idée de l'amour du Père, quand on dé-

3 novembre 1959, avait amorcé une réaction en chaîne. Ce fut, pendant quatre mois, un cortège de «Lettres au Devoir» traitant de l'enseignement, la plupart émanant de professeurs religieux ou laïques. Laurendeau finit par remarquer que personne parmi ces enseignants protestataires ne voulait que son identité fût révélée. «Pourquoi cette peur?» se demanda Laurendeau.

Le courrier nous apporte régulièrement, ces temps-ci, des lettres d'instituteurs. Elles sont pour la plupart intéressantes. Mais quatre fois sur cinq, le correspondant écrit: de grâce, gardez-moi l'anonymat, mon gagne-pain en dépend.

L'un nous rappelle la mésaventure de feu Paul Hébert, «cassé par les autorités parce que vous aviez publié par erreur une lettre personnelle à l'un d'entre vous». Un autre parle de la «conspiration du silence qui règne autour de l'école à tous les degrés, comme si, d'exprimer un légitime mécontentement, c'était ébranler l'Église». Chacun a son pseudonyme tout prêt.

Les Frères enseignants paraissent vivre dans une même atmosphère de crainte et d'étouffement. Voici une fin de lettre caractéristique: «Puis-je compter sur votre discrétion? Veuillez ne pas publier cette lettre; ma communauté a déjà assez d'embarras; elle n'obtient rien que de haute lutte; je ne voudrais pas lui créer d'autres ennuis; je serais d'ailleurs le premier à en souffrir. Il me suffit d'avoir pu vous rendre quelque service...»

Or ce paragraphe conclut une lettre à la fois substantielle et modérée — de celles qu'on a le goût de publier parce qu'une pensée nourrie d'expérience s'y exprime avec clarté. C'est d'ailleurs l'une des joies de ces correspondances: elles permettent de constater qu'il y a chez les Frères enseignants des hommes de culture, dont l'esprit reste vif en dépit des coups qu'ils ont reçus, mais dont la solitude paraît très grande.

On se demande d'où vient cette peur? Il s'y mêle parfois des considérations fort matérielles. Un Frère écrit: «Comment expliquer les audaces monopolisantes de certaines maisons d'édition, véritables requins? Et la quasi-nécessité de faire sa cour — il s'agit des communautés qui ne sont pas dans les bonnes grâces desdites maisons d'édition ou des organismes officiels — pour obtenir quelques lambeaux dans la section des manuels...»

Nous recevons aussi des lettres furibondes, mais celles-là n'inspirent pas confiance, on comprend que les auteurs soient devenus suspects — quoique l'exaspération puisse parfois susciter des réactions de ce genre. Mais je parle de textes fort raisonnables, évidemment conçus par des esprits mesurés: pourquoi ceux qui les écrivent se sentent-ils aussi rarement capables de les produire en public?

Se font-ils des idées? Ont-ils la manie de la persécution? Il est invraisemblable que tant de bons éducateurs soient tous atteints en même temps du même délire.

Il y aurait donc une certaine forme de persécution, une certaine menace à la liberté? Et cela, sur la plus importante des activités humaines, celle par laquelle on nourrit et forme de jeunes êtres?

D'où vient cette lourdeur, cette pesanteur, cette raréfaction de l'air? Nos correspondants sont là-dessus trop discrets. On dirait qu'ils n'osent pas s'avouer à eux-mêmes quelle autorité, ou quel mélange d'autorités pèse indûment sur leur liberté.

Cela est malsain. Cela est grave. Car ce qui se passe à l'école, qui le sait sinon eux? Ils

couvre, longtemps plus tard, qu'il aurait pu vous tuer ou, plus simplement, vous ignorer. Et il ne le fit point. On a une idée de l'amour de la mère, quand on la voit, semaine après semaine, de plus en plus confuse, de plus en plus rapetissée, mais toujours souveraine. Le genre de femme qui dit: «Tes souliers sont sales. Tu me fais honte.»

Il y a quatre ans, j'ai publié dans la revue L'Analyste le texte ci-dessous, inspiré d'un poème paru dans The New Republic:

Gloire au père!
Qui était-il donc, cet étranger
à la chair interdite,
qui mangeait parfois
à la même table que nous?
Et qui, pour notre premier voyage,
nous faisait galoper sur son pied...
Ou bien, à quatre pattes
dans l'obscure cuisine,
nous promenait, tour à tour,
à cheval sur son dos.
Et qui toujours partait
pour loin, pour longtemps,
en silence.
Et qui revenait,
sale et s'excusant,
en silence.
Et qui, nuit après nuit, s'expliquait
avec la fatigue, la confusion
et l'exil.

Jusqu'à ce jour d'hiver où il partit en silence.
Trop seigneur pour nous appeler
et nous dire que nous étions siens.

(L'énorme silence
des chevaux de trait
qui éclatera un soir,
après un dernier étonnement
dans le puissant cantique
des seigneurs ignorés,
quand défilera enfin

devant le Soleil de Justice
l'innombrable cohorte des humbles
qui ont toujours tout assumé
en silence).

De notre mère,
nous avons mangé la chair
voracement, sans y penser,
avec adoration toutefois.

Mais comment comprendre
cet étranger
et comment jamais lui faire
amende honorable?
Lui qui aurait pu nous dévorer
et ne l'a point fait.
Lui qui se soumettait
comme nous
aux lois de la maison.
Lui qui réveillait le soleil
et l'accrochait, le soir,
pour assurer notre dîner.

Qui était-il donc, cet étranger,
quand il avait faim comme nous
et réclamait, lui aussi,
sa portion d'honneur?
Comment renouer parole
avec cet enfant
égaré dans son vieil âge?
Avec cet homme encore parti...
Et comment lui dire notre gratitude
à lui qui a salé notre mémoire
d'un adieu hautain
de vieux cheval de somme?
Nous laissant seulement:
son nom à penser
son nom à peser
son nom à transmettre
son nom à garder
dans l'ostensoir du souvenir,
antidote-David
du mensonge-Goliath.

tiennent peut-être l'explication de tant d'échecs — qui ne sont pas, eux, clandestins, qui éclatent, et étonnent, et scandalisent. S'ils estiment devoir quand même retenir leur message, c'est donc que le risque est si sérieux? Mais, encore une fois, d'où vient-il? Quelle est sa nature exacte? De qui a-t-on peur et pourquoi?

La perche était tendue. Après beaucoup d'hésitation, car je pressentais jusqu'où mon sujet m'entraînerait, avec même une réelle angoisse (le terme n'est pas exagéré), je me décidai, après avoir consulté un prêtre éminent et responsable, à lancer ma réponse à la question de Candide.

En voici le texte intégral, tel que paru dans *Le Devoir* du 30 avril 1960.

La Grande Peur québécoisée

Pareillement, protéger un homme contre un genre d'oppression quelconque est un acte qui se rattache à la rédemption des captifs.
Somme théol. II-II, q. 32, art. 2, ad 2.

Monsieur Laurendeau,

Dans votre «Actualité» de vendredi, 8 avril, vous demandiez, vous adressant aux éducateurs en général (et, peut-être, je ne sais, aux Frères enseignants en particulier): DE QUI ONT-ILS PEUR, ET POURQUOI? Tenez-vous à votre question? Je veux dire: tenez-vous à ce qu'on y réponde? Et M. J.-C. Falardeau qui va encore dire que nous faisons de l'examen de conscience: combien de fois par semaine avez-vous peur, mon enfant? De qui? Pourquoi? N'importe, je plonge.

La réponse est assez simple: nous avons peur de l'autorité*. Jean Le Moyne l'a dit de façon définitive dans son désormais célèbre article, composé en 1951, et publié dans *Cité Libre,* en mai 1955: «Atmosphère religieuse au Canada français». Si je reprends la chose, ce n'est pas dans la pensée d'ajouter à cette magistrale analyse; c'est dans la certitude que la répétition est une part importante de l'information et de la formation. Donc, nous avons peur de l'autorité; nous vivons dans un climat magique, où il s'agit, sous peine de mort, au moins, de n'enfreindre aucun tabou, de respecter toutes les formules, tous les conformismes.

La peur diffuse dans laquelle nous vivons stérilise toutes nos démarches. Si nous écrivons, il faut que toutes nos propositions soient justifiables devant de potentiels inquisiteurs; si nous agissons, il faut que tous nos actes soient mesurés à l'étalon traditionnel, *i.e.* qu'ils soient des répétitions. Nous choisissons le plus sûr: ne rien dire, ne rien penser, maintenir. Je me souviens. Nos docteurs en théologie, nos docteurs en philosophie, que font-ils? Qu'écrivent-ils? Leur maître, pourtant, saint Thomas, a assez écrit, assez lutté, assez insulté: *contra pestiferam doctrinam...* Et il a dit, Thomas d'Aquin, que tout maître excellent laisse des écrits derrière lui. Tout maître excellent, mais non pas tout répétiteur apeuré.

Rien de ce qui opprime n'est chrétien. Le christianisme est essentiellement libérateur. Nos missionnaires en Afrique sont étonnés de voir comme le christianisme représente une libération pour les païens. Les Canadiens français découvriront ça, eux aussi, un de ces jours. Ce n'est pas le christianisme qui écrase, c'est la triple concupiscence; et des trois concupiscences, bien connues, celle qui flagelle le plus durement les hommes, depuis qu'ils existent, c'est la troisième, celle dont on ne parle jamais, celle qu'on ne dénonce jamais du haut de la chaire: l'esprit de domination. Vous en connaissez, vous, des prédicateurs qui dénoncent les pièges de l'Autorité? Des professeurs qui vous recommandent la lecture de *La Confédération,*

...nous avons peur de l'autorité.
Aujourd'hui je distinguerais pouvoir et autorité. On peut avoir le pouvoir et l'autorité. On peut avoir le pouvoir, sans l'autorité. L'autorité est facteur de croissance, selon l'étymologie. Le pouvoir est généralement écrasant. Le pouvoir engendre la peur, et d'abord chez celui qui le détient. Peur vient de frapper. Le pouvoir frappe. Les bêtes fauves vivent de peur et de gazelles.
Oh! la peur. Racine du péché, comme le dit saint Paul: «Le Christ est venu abolir par la mort celui qui avait l'empire de la mort, c'est-à-dire le diable, et délivrer ceux que la crainte de la mort livraient toute leur vie à l'esclavage.» (He 2, 14-15) Marcel Légaut commente, à sa manière, en parlant des appareils religieux, quand il dénonce la «religiosité toute faite de culpabilité qui montre en l'homme, ce *fils de la peur,* un ennemi de Dieu» (Marcel Légaut, *Méditation d'un chrétien du XXe siècle,* Aubier, 1983).
À l'instant zéro de l'Incarnation, les premiers mots de la Bonne Nouvelle furent: «N'ayez point peur.» C'est par ces mots que les Anges s'adressèrent aux bergers. Après sa résurrection, c'est encore ces mots que Jésus utilise pour s'annoncer à ses disciples terrorisés et encabanés dans un réduit. Certes, l'Église catholique ne fait plus peur. La pauvre vieille s'est retirée sur la pointe des pieds. On dirait qu'elle s'est mise à avoir peur d'elle-même. Dépouillée de son pouvoir, des hochets de son pouvoir, elle en a comme oublié son autorité. Le vrai pouvoir n'a pas mis longtemps à se montrer la face. Pouvoir des lois, des régies, des normes. Pouvoir des statistiques et de l'informatique. Pouvoir des centrales syndicales. Pouvoir du fisc. Pouvoir de faire attendre les «bénéficiaires» de tous les services. Pouvoir de placer

tout un peuple devant le oui ou le non. Abus de l'épouvantail de la maladie: tâtez-vous les seins, cinq minutes par jour; attachez-vous dans les autos; arrêtez de boucaner; gare aux moules, au sel et au sida! L'amour, ça se protège. Et la vérité, ça se vote, comme le sexe des chats, l'avortement et la peine de mort.

En attendant, justement, j'ai quand même eu l'occasion de vérifier comme il est difficile de faire avancer les choses humaines. Je dis: chose, au sens où l'on dit: chose publique. La *res publica* des Romains.

L'Église catholique (son incarnation par ici) a tenu maison, comme elle a pu. On ne tient pas maison comme un sergent tient une chambrée de militaires. Tout est toujours à refaire dans une maison. L'Histoire est une sacrée maisonnée. L'Église est la ménagère de l'Histoire. Tenez! les gamineries de Galilée, on nous en aura-t-y assez rebattu les oreilles. «Il est vrai que le christianisme a subi de lourdes pertes du fait de l'affaire Galilée, de son attaque contre la théorie de l'évolution, de sa manière de traiter la crise moderniste et, en général, de tous ses conflits avec les Lumières et la modernité. Mais on peut affirmer sans risque qu'il se serait purement et simplement désintégré et aurait disparu s'il avait fait trop de concessions au parti opposé, s'il n'avait clairement et obstinément refusé d'effacer la frontière entre l'acte de foi et l'acte d'assentiment intellectuel; s'il ne s'était défini lui-même d'après des critères n'autorisant rigoureusement aucune distinction entre la culture des élites et celle des pauvres en esprit. Aucun savoir, aucun raffinement intellectuel ne rendent meilleure la foi chrétienne de qui que ce soit. L'*hybris* des gens de haute culture a toujours été durement châtiée dans

de saint Bernard? Mais non: ils tapent toujours sur le même clou. Comme si nous n'avions pas déjà eu les reins cassés; comme si notre vice national, c'était l'insoumission; comme si nous n'étions pas déjà un peuple de muets, ne sachant nous exprimer que dans le *blasphème* et lorsque nous sommes *chaudettes*.

On renonce à l'argent; on renonce à la chair; on ne renonce pas au pouvoir. Pauvre et chaste, mais écrasant. Mais plein de morgue. *«Les rois des nations leur commandent en maîtres... Vous, ne faites pas ainsi; mais que le plus grand parmi vous devienne comme le plus jeune, et celui qui gouverne, comme celui qui sert.»* (Luc, XXII, 25-27) Cette révélation vraiment originale du christianisme, c'est celle sur laquelle on insiste le moins. Ce renversement radical, on l'escamote. On fait semblant de croire que Jésus-Christ n'a rien dit de vraiment neuf touchant nos rapports avec l'autorité. Écoutons Papini: *«Commander, dominer, apparaître le plus grand, le plus riche, le plus beau, le plus sage. Toute l'histoire des hommes n'est que la terreur du second rang.»* (Histoire du Christ) Voici maintenant Lanza del Vasto: *«Ce renversement de l'autorité est donc la première loi du Royaume annoncé par l'Évangile; depuis deux mille ans que l'Évangile prédit et prêche ce renversement, la chrétienté s'obstine à feindre que rien n'ait été prescrit ou précisé là-dessus.»* (Commentaire de l'Évangile)

On dira: bon, mais Papini ou Lanza ne sont pas des docteurs de l'Église. Et saint Pierre? On est au début de l'Église; c'est le moment de bien asseoir son autorité, de bien montrer qui est le maître. Le centurion Corneille se présente devant Pierre et s'agenouille devant lui. Mais Pierre le relève vivement en disant: *«Lève-toi, moi aussi je suis un homme»* (Actes, X, 26) et saint Augustin, qui s'adressait à ses fidèles en les appelant: vos saintetés; comme nous faisons maintenant encore, mais à l'endroit du Pape seulement. Nous avons fait du chemin, mais à rebours. Du temps de saint Augustin, encore, un fidèle se levait en pleine assemblée pour discuter une affirmation de saint Augustin. Voyez-vous ça, aujourd'hui, un ouvrier ou un médecin qui se lèverait en pleine cathédrale pour discuter avec son évêque? Cela supposerait évidemment que l'ouvrier en question, ou le médecin, se sente intéressé, viscéralement intéressé par ce que dit l'évêque. Et cela supposerait aussi que le constable n'ait pas le temps d'intervenir. Cela supposerait enfin, du côté de l'autorité, un respect de l'homme auquel nous ne sommes pas habitués.

La vraie religion n'est pas écrasante. C'est la magie, c'est les sorciers qui écrasent. Il peut arriver que l'on soit, que l'on se sente écrasé par la religion. Il s'agit alors d'une caricature de la religion. Pharisaïsme et jansénisme, c'est tout un. Je prends quelques exemples dans un milieu que je connais bien. Ce milieu n'est d'ailleurs pas différent du milieu général: notre clergé est un clergé canadien-français; les Frères enseignants sont des Canadiens français; nos supérieurs sont des Canadiens français. C'est tous des nous autres. Or ce n'est pas Jésus-Christ (ce n'est même pas Rome) qui impose aux Religieuses (et aux Religieux, mais à un degré moindre) ces costumes irrationnels et anachroniques; c'est notre jansénisme, notre routine, notre angélisme, notre frousse, notre mépris de l'homme. Remarquez soigneusement que je maintiens la nécessité d'un costume distinctif pour les Religieux. La fonction du vêtement, ce n'est pas seulement de masquer le sexe (ce serait bientôt fait); la fonction du vêtement, c'est de signifier l'âme. Mais je pose qu'un costume, pour signifier l'appartenance à Jésus-Christ, n'a pas besoin d'être encombrant, irrationnel. Il peut être rationnel, fonctionnel et symbolique tout ensemble.

Ce n'est pas Jésus-Christ, non plus, qui impose ces dénominations doucement ridicules par lesquelles nous entendons signifier notre séparation du monde. Il n'est pas requis de s'appeler Frère Paphnuce ou Pancrase, ou Soeur Sainte-Eulalie-du-Très-Saint-Sacrement, ou Soeur Marie-du-Grand-Pouvoir, pour appartenir à Jésus-Christ. J'exagère? Lisez le procès-verbal de la

toutes les Églises chrétiennes. Pascal a parfaitement résumé la question en disant que la religion chrétienne, dont la sagesse est attestée par la foule des miracles et des prophéties qui illustrent sa vigueur, est en même temps folle car ce ne sont pas ces choses-là qui emportent la foi des croyants, mais la Croix, et elle seule.» (Leszek Kolakowski, *Philosophie de la religion*, Fayard, 1985, p. 75)

Je pensais que les professeurs, à l'époque, avaient peur. Je m'émerveille de constater que trente ans plus tard, les professeurs ont toujours peur. Ils ont maintenant peur des normes, eux et les administrateurs. On a remplacé Dieu-le-père-qui-est-à-Québec par une vingtaine de ministres. Nos ministres de l'Éducation se succèdent au même rythme que les ministres de l'Éducation du Zaïre. Il était fatal, je dirais même souhaitable, que l'éducation devienne une question politique. L'éducation est politique au plus haut degré. Aristote avait vu la chose: «Qu'ainsi donc la loi ait le devoir d'établir des règles pour l'éducation et la rendre commune, cela n'est pas douteux. Mais il ne faut pas passer sous silence de quelle façon elle doit être dispensée. À l'heure actuelle, en effet, on est en désaccord sur les matières à enseigner: tous les hommes n'ont pas les mêmes opinions sur les choses que la jeunesse doit apprendre, soit en vue de la vertu, soit en vue de la vie la plus parfaite; et on ne se rend pas non plus clairement compte s'il convient de viser au développement de l'intelligence plutôt qu'à celui des qualités de l'âme. Et si nous prenons comme point de départ de notre enquête l'éducation qui se pratique journellement sous nos yeux, notre perplexité est grande: on ne voit pas du tout si la jeunesse doit cultiver les connaissances utiles à la vie, ou celles qui tendent à la vertu, ou enfin les connaissances sortant de l'ordinaire (car ces trois opinions ont toutes rallié des suffrages).» (Aristote, *Politique*, VII, 2 — Traduction J. Tricot, Vrin, 1962) Mais Aristote pensait l'éducation; il ne pensait pas aux élections. Vive les élections! Vive aussi la claire idée des fins de l'éducation. Mon Dieu qu'il en aura fallu du temps pour décaper la fondamentale question de la formation fondamentale! Il fallait, bien sûr, remettre l'éducation entre les mains de l'État. La maturité politique l'exigeait. Mais qu'est-ce que la maturité politique? Je retrouve mon Péguy: le progrès humain n'est pas linéaire, ni cumulatif. Cependant, l'humanité monte. Écoutons ici la réflexion d'un homme né avec le siècle:

«L'inventeur a raison contre tous. Songeons à Galilée, à Pasteur, à Einstein. Songeons aussi qu'on se souvient de Pascal plus que de Louis XIV, et de saint Vincent de Paul plus encore que de Pascal. Dans chaque ordre de grandeur la qualité prévaut, c'est-à-dire: l'éternité. Et qu'est-ce qu'avoir la foi, sinon garder l'invincible espérance que, maintenant et demain, dans ce monde-ci ou dans un autre monde, après de longues vicissitudes ou dans un seul instant, le Bien sera vainqueur? Tous les esprits, qu'ils soient athées, qu'ils soient croyants, communient dans cette espérance. Ou, s'ils la repoussent, par désespoir, ils se retranchent des vivants. Survivants ou suicidés, ils ont le sentiment, surespérant ou désespéré, que les plus grandes réussites de la vie sont du côté des plus grands risques.

J'envisage donc avec confiance ce XXIe siècle; j'envie même la géné-

réunion du Comité Catholique du Conseil de l'instruction publique des 23 et 24 février 1960, p. 159: «... *que les Révérends Frères Milon, Mélène, Martinien, Martony, Mellon, Modestin, Marès, Modestus...*» Jésus s'appelait Jésus: un nom significatif, et relativement courant chez son peuple. Et Jésus a choisi de s'habiller comme les gens de son peuple. Au point que Judas dut convenir d'un signe qui le désignerait aux soldats chargés de l'arrêter au Jardin.

Cette autorité tantôt bonhomme et protectrice, tantôt courroucée et vengeresse, mais qui ne consent jamais à dialoguer avec nous, voilà de quoi nous avons peur. On a peur des inspecteurs ou des commissaires; on risque de perdre son gagne-pain (ou alors, rentre dans le rang et te la ferme). Autorité crispée et monolithique, qui croit ne pouvoir céder sur un point sans risquer de crouler tout entière. Cette autorité-là se tait jusqu'au moment où elle brandit une condamnation; jamais elle ne dialogue.

Je disais plus haut que les autorités, c'est des nous autres. Nous nous engendrons mutuellement: paternalisme et esclavage. Qui n'a jamais su être libre, étant inférieur, ne saura pas être chef, sorti du rang. À une autorité crispée correspond un peuple qui a perdu le sens, et jusqu'au goût de la liberté. La perte du sens de la liberté est générale. Encore une fois, cela n'est pas attribuable au catholicisme comme doctrine, mais au catholicisme petitement et sécuritairement vécu.

Quand les protestants ont quitté la maison paternelle (je peux bien reprendre cette métaphore inventée par Jean XXIII), ils ont emporté un peu de bien avec eux; une petite part d'héritage. Nous sommes restés avec le vieux bien, la maison et le roulant; eux, ils sont partis avec quelques sous de liberté. Mais ils ont su les faire fructifier, ces quelques sous. Le sens de l'oecuménisme, c'est de capitaliser l'ensemble des valeurs chrétiennes. Il n'est pas dit que les protestants n'ont pas su, mieux que nous, conserver et développer quelque valeur proprement chrétienne. Posons qu'ils ont su, mieux que nous, conserver et développer le sens de la liberté; ce sens de la liberté que possédait si bien saint Thomas d'Aquin, mais qui fut ensuite légèrement suspecté, pour des raisons tactiques et non pas dogmatiques.

Historiquement, notre catholicisme est un catholicisme de contre-Réforme. Ajoutez la conquête (protestante). Vous avez notre catholicisme crispé, apeuré, ignorant, réduit à une morale, et à une morale sexuelle, et encore négative.

Vous allez dire que je m'égare et que je ne traite pas mon sujet. J'y suis toujours. Un petit fait: un jour, je bouquinais aux Presses Universitaires Laval, à Québec. Sur le comptoir, une pile de *Cité Libre*. Deux Frères enseignants soupèsent le fruit défendu. Ils finissent par s'informer au vendeur: «Est-ce que c'est bon, cette revue-là?» J'interviens sans qu'on me le demande: «Non seulement c'est bon, c'est indispensable.» Un des deux Frères me répondit: «Il y a un prêtre qui nous a dit que c'était mauvais.» Dans son esprit, le cas semblait jugé: un prêtre avait parlé.

Avez-vous remarqué, monsieur Laurendeau, que le seul, jusqu'à ce jour, qui ait répondu à votre question: de qui ont-ils peur? et qui ait signé son nom, c'est un professeur laïc à sa retraite: un contre qui on ne peut plus rien.

Chez les Frères enseignants, je ne vois que le Frère Clément Lockquell* qui paraisse à peu près libre. Je me demande comment il a fait et ce qu'il a bien pu affronter. Il doit avoir un Provincial en or, et courageusement paternel. Je sais seulement que son livre: *Les Élus que vous êtes,* assez bénin, somme toute, a fait grincer quelques vieilles mâchoires. De toute façon, il n'est pas encore excommunié. Il est vrai que chez les FEC, l'histoire est plus longue: ils ont été fondés 150 ans, environ, avant tous les autres instituts de Frères enseignants. Ça paraît: ils sont plus vieux que nous autres, plus dégagés, plus adultes.

Voici maintenant un extrait de la présentation du *Programme d'Études des Écoles secondaires,* édition 1958: «*Afin de procéder dans l'ordre, les titulaires sont*

ration qui monte. Je l'envie, parce que cette génération aura la charge la plus grande qui puisse se proposer à des êtres libres: celle de livrer un combat décisif, d'une part; et, d'autre part, celle d'être sûre, absolument sûre, de n'être pas vaincue.» (Jean Guitton, *Silence sur l'essentiel*, Desclée de Brouwer, 1987)

...le Frère Clément Lockquell...

Le frère Clément Lockquell vient de mourir à soixante-seize ans. Pour le (grand) public, il fut surtout connu comme critique littéraire, professeur d'université, doyen de faculté. On connaît moins, et cela se comprend, son travail d'éducateur à l'Académie de Québec pendant près d'un quart de siècle.

L'expression elle-même Académie-de-Québec ne dira bientôt plus rien à personne mis à part quelques vieux maronneux de ma sorte. En 1967, en effet, par «confusion de patrimoines», comme disent, je pense, les notaires, elle est devenue le cégep de Sainte-Foy, quelques années à peine après sa transplantation de l'est à l'ouest de Québec.

Le fer de lance de ce qui devait s'appeler la réforme scolaire, ce fut l'Académie de Québec. Ce fut le premier établissement en dehors des collèges classiques qui fut autorisé par l'Université Laval à offrir le cours classique complet d'abord, puis la section Lettres-Sciences du cours en question.

Cela ne fut pas simple. Cela fut une guerre d'usure entre les frères et l'Épiscopat. Le cardinal Villeneuve s'opposait. Il fallut la menace d'une affiliation à l'Université McGill pour arracher le morceau. Vous voyez ça? Des frères affiliés aux protestants de

McGill en 1934! Telles étaient l'audace et la détermination de ces hommes; tels étaient leur vision d'avenir et leur amour fondateur de leur peuple.

Le Frère Lockquell fut un éveilleur de jeunes âmes. Un maître selon la force du mot: un contagieux de beauté et d'intelligence. Je pourrais nommer quelques-uns de ses anciens élèves devenus notables. Mais en quoi un notable honore-t-il davantage un maître que tel humble qui n'ose même pas se nommer devant lui ou devant son cercueil? Nul n'honore personne. Voilà la vérité. L'homme est bien trop grand pour être honoré sinon par celui qui honore en lui l'image de Dieu comme fait l'abbé de Saint-Benoît quand il lave les mains de ses hôtes.

Je ne nomme aucun notable parmi les anciens du frère Clément. Je pense à tous les autres, sans en connaître aucun, à qui il aura transmis sa ferveur. Je pense à ses confrères qui formaient la formidable équipe de l'Académie, la plupart inconnus, morts inconnus ou s'éteignant inconnus, sauf de Jésus lui-même.

Je dis: équipe. Le mot veut dire esquif. Il connote l'idée d'équipage. Aussi bien, le volume qui enchâssait les figures, les dicts, les photos, les palmarès annuels de l'Académie s'appelait: *Le Voilier*. Lockquell y signait des textes de circonstance qu'il relevait de son immense culture. Le haut élève.

Dans *Les élus que vous êtes*, on trouve un passage, plus considérable que l'auteur ne le pensait peut-être, qui est un pastiche tendre et détaché du discours annuel d'ouverture de l'année scolaire par le Frère directeur. Frère Clément avait dû en entendre une couple de douzaines, qui avaient dû l'ennuyer, après quoi il dut lui-même en faire quelques-uns. Voici le bref

priés de communiquer leurs observations à leurs directeurs ou directrices, qui les transmettront à leurs inspecteurs, et ceux-ci à leurs chefs.» Remarquez que nous ne sommes pas encore arrivés à Dieu-le-Père, qui est à Québec; nous n'en sommes qu'aux chefs des inspecteurs. Que voulez-vous qu'il reste après un tel filtrage? Aucun bruit ne peut traverser un tel capitonnage. Aucune lumière non plus ne redescend à travers tant d'écrans.

Je parlais plus haut (on voit que j'écris ceci entre deux corrections; que ce texte n'est pas *composé*) des esclaves sortis du rang qui ne savent pas être chefs. C'est fatal: tyrannisé, on guette l'occasion de tyranniser; effrayé, on attend d'effrayer à son tour. C'est la fable du lièvre terrorisant les grenouilles. Les professeurs ne se sentent pas libres. Mais je pose la question: s'efforcent-ils de libérer? Quels sont les professeurs qui non seulement tolèrent le dialogue, la mise en question, mais qui les provoquent? Quels sont les éducateurs qui se rendent compte du drame de notre jeunesse, qui est la paralysie de l'expression? Et qui s'efforcent de libérer, chez leurs élèves, ce qui ne demande qu'à sortir? Nous n'en finirons jamais si nous ne nous décidons pas, nous les éducateurs, et systématiquement, à devenir les libérateurs des captifs. C'est tellement plus simple, plus efficace, plus humain, plus habile même, de libérer soi-même les captifs, que d'attendre la révolte des esclaves. Car l'oppression n'est jamais parfaitement étanche; on ne réussit jamais à écluser complètement les personnalités; seulement, trop longtemps comprimées, les âmes ne savent que difficilement échapper à la hargne. Nous ne récupérons ainsi que des nouveaux-libres, comme on a déjà des nouveaux-riches. Que lisons-nous dans *Le Devoir*, ces samedis-ci? Les confidences, moitié hargneuses, moitié amères, de ceux à qui on défendait de lire Mauriac, mais qui le lisaient quand même, et qui s'en vantent maintenant, comme les affranchis qui sifflent sur le passage des bons Frères qui s'en vont aux vêpres. Il faut éviter ces pertes. Nous n'avons pas les moyens de perdre un seul talent, un seul cerveau. Et au lieu de reculer sans cesse l'exercice de la liberté, entreprendre d'en faire l'éducation: offrir aussi Montherlant à celui qui reluque du côté de Mauriac; faire deux milles avec celui qui demande de faire un mille, selon l'enseignement du Sermon sur la Montagne.

Je suis quand même un peu malheureux: je n'ai pas dit clairement de qui nous avons peur: nous avons peur de l'autorité, parce que nous n'avons pas le courage de la liberté. Avouons-le, au lieu de pleurnicher: nous aimons le mot *liberté,* mais nous ne voulons sérieusement que la chose *sécurité.* Vouloir la liberté et la sécurité, et se plaindre de n'avoir que la sécurité sans la liberté, c'est le fait de tout le monde; ce n'est nullement propre aux enseignants. Peur diffuse, lâcheté inavouée. Ce n'est pas brillant. Ce n'est même pas canadien-français. C'est de la bonne vieille hommerie de toujours. Je causais, l'autre soir, seul dans l'autobus avec le chauffeur: il se plaignait des inspecteurs, des *stools* bref des contrôles abusifs et démoralisants. Qui donc est libre? Celui qui n'a rien à perdre: Socrate, Jésus, Gandhi, le Père Pouget, Jean XXIII (il a le sens de l'humour: c'est un signe).

L'incident Francoeur

C'est seulement trois semaines après la parution de ce texte, soit le 21 mai 1960, que monsieur Amédée Francoeur signa la lettre que voici, en écho à mon texte. Je la donne ici parce que je la trouve typiquement représentative de la mentalité dévote québécoise. On verra que monsieur Francoeur, pour une part, n'a rien compris, et pour le reste, me fait un procès d'intentions.

«Les Amédées Francoeurs sont des mineurs, m'écrivait un ami. *On leur a collé quelques préjugés qui leur tiennent lieu de philosophie et de religion jusqu'à leur mort. Leur seul type de réaction: défendre leurs positions. Leur système de défense: le procès d'intentions.»*

passage à ce sujet: «Chaque frère était retranché derrière son bureau pour entendre les recommandations d'usage. (...) Mes chers frères, nous nous embarquons encore une fois sur la *Nef* (la fatale référence à l'album-annuaire de la maison) pour un périple de dix mois. Toutes les métaphores marines, aqueuses, liquides, de capitaine, de matelot, d'équipage, nous les prévoyions, nous les attendions, nous les situions d'avance, selon le début des phrases. Votre amiral (nous étions bien mal à l'aise devant cet homme si confortablement sûr de lui-même) a confiance en son escadre (un petit sourire plissait les lèvres du supérieur) et il sait que vous ne le décevrez pas.»

Le discours ne changeait sans doute pas grand-chose à grand-chose. Je l'ai utilisé une fois lors d'une rentrée scolaire que je présidais. Il y eut des rires. Je m'y attendais.

Tout cela est bien passé. Mais tout cela s'est justement donné la peine de se passer. Cela construisait des souvenirs à propos de choses assez nobles. Des souvenirs, on s'en fabrique à longueur de jours. Mais il importe qu'il y en ait qui abritent quelque beauté, pour quand vient le moment où il faut «choisir le regret d'avecque le remords», comme dit Péguy.

Je ne suis pas une corneille de la même nichée que Lockquell. Les frères des écoles chrétiennes ont toujours été les aristocrates parmi les frères enseignants: ils ont été fondés pour les enfants des villes et nous autres, pour ceux des campagnes. L'Esprit sait ce qu'il fait, et Foi lui soit donnée en tout temps: *credamus omni tempore.*

Quoi qu'il en soit, piétaille pour piétaille, frère Lockquell fut pour moi un modèle. Je lui avais adressé un exemplaire des *Insolences* avec cette dédicace: «Je ne passerai jamais que par la brèche que vous avez ouverte.» À l'époque, je n'étais sûr de rien. Maintenant non plus, vous imaginez bien. On me croira si l'on veut bien. Comment écrire si l'on ne fait pas cette hypothèse? Je ne suis aucunement nostalgique. Je dis quand même qu'avec Lockquell disparaît un des derniers grands forceurs de l'éducation de notre peuple. Il n'y a plus de frères. Mais ils peuvent être fiers de ce qu'ils ont fait et des hommes qu'ils ont construits. Les FEC plus que quiconque.

Je ne suis pas nostalgique. L'amour du «petit peuple», comme disait Alain pour désigner les écoliers, l'amour des jeunes âmes ne s'éteint pas avec Lockquell. Le petit d'homme continue d'être aimé. Des milliers de professeurs continuent d'aimer ce flot de flots, remuants, sans cesse renouvelés, sans cesse émerveillés, la «mer humaine au sourire innombrable». Et nous faisant la grâce d'avoir besoin de l'ombre d'un maître pour pousser quelque temps un peu à l'abri de la bêtise et de la laideur.

Je ne terminerai pas sur ce mot: laideur. Je dirai que Lockquell s'avançait, togé et bedonnant, mais plein d'humour et d'esprit d'enfance. Ses grosses lunettes noires, c'était juste pour se donner l'air d'un doyen de faculté.

Voici la lettre de monsieur Francoeur:

Cher Frère Untel,

En lisant votre article sur la peur, je me suis tout à coup pris de compassion pour vous et vos confrères. Pauvres petits martyrs, pressurés, tyrannisés par des supérieurs dictateurs et dominateurs!...

Entre les lignes, je crois discerner en vous un germe d'anarchiste en puissance. Si jamais vous réussissez une petite révolution, comme tous les anarchistes, vous vous empresserez de sauter sur le pouvoir que vous semblez désirer ardemment. Je plains sincèrement vos subordonnés qui, selon votre expression, auront pour supérieur un esclave sorti du rang, qui, tyrannisé et effrayé, essaiera de tyranniser et d'effrayer à son tour.

Au fait, n'êtes-vous pas de ceux qui, ayant eu déjà une parcelle de pouvoir et ne l'ont plus, déversent leur rancoeur sur ce qui touche à l'autorité?

Pourquoi diable vous servir de saint Thomas comme paravent pour nous faire croire à la prétendue oppression dont vous êtes victime et vous poser en héros pour la rédemption des captifs? Ça sent un peu la suffisance chez vous.

Vous semblez avoir étudié un peu de philosophie, mais je crois qu'il faudrait avoir la philosophie de la vie qui voit le beau côté des choses. Quelqu'un a dit: «Peu de science éloigne de Dieu; beaucoup de science y ramène.» Étudiez encore.

Pauvre martyr, vous suffoquez. Avant de vous laisser étouffer par des supérieurs «écrasants et pleins de morgue», libérez-vous, vous qui semblez tant chérir la liberté. Traversez le rideau de fer qui vous encercle et allez

respirer l'air vivifiant d'une cité libre et démocratique. Ou alors, faites une bonne retraite
fermée sous la direction sage et éclairée d'un
saint directeur de conscience.

Vous semblez ignorer que la vraie liberté
consiste à accepter VOLONTAIREMENT ce
que l'on a DÉLIBÉRÉMENT accepté et même
ce qui nous est imposé.

Votre comparaison avec saint Augustin
interpellé par un auditeur, et un chrétien faisant de même avec son évêque dans la cathédrale, me paraît plus que forcée. Saint Augustin
avait à répondre aux nombreuses questions posées par des néophytes, des païens ou de cy-
niques adeptes de l'hérésie et ceci se passait
le plus souvent dans les places publiques. Con-
solez-vous, aux États-Unis, la chose se fait par
des prêtres catholiques qui, à l'instar des
membres de l'Armée du salut ou autres sectes,
suscitent les questions et les réponses aux
coins des rues.

Au sujet du costume, n'êtes-vous pas un
peu audacieux de vous comparer à Jésus? Il a
délibérément choisi de faire partie du peuple
et conséquemment d'en porter le costume. De
son temps, il ne pouvait y avoir de Frères enseignants, mais les prêtres portaient un costume spécial avec des phylactères. N'oubliez
pas que Jésus, malgré la tyrannie de ses supérieurs religieux, a dit au peuple: «Faites ce
qu'ils disent de faire...»

Présenter les protestants comme des
héros de la liberté, n'est-il pas un peu fort pour
un religieux? Il est vrai que vous avez, dites-
vous, un catholicisme «crispé et apeuré». Cela
vous excuse. Leur libre-examen est justement
un des plus grands points faibles de leur doctrine.

J'arrête déjà cette diatribe. Je crois
qu'elle vous encouragera à porter encore plus

J'ai appris, par la suite, que M. Amédée Francoeur était un confrère qui vivait dans la même communauté que moi, à Chicoutimi.

haut l'étendard des apeurés et de ceux qui demeurent encore atterrés dans leur mutisme.

Amédée Francoeur.

P.S.: Je suis un extrémiste, me direz-vous; ne l'êtes-vous pas aussi? Sympathisons au moins sur ce point.

Quelques confrères à moi, sous la signature, parlante pour les hommes du métier, *Une réunion de Professeurs,* s'amusèrent d'Amédée Francoeur*. Voici la lettre en question:

À notre frère Amédée,
Si le Frère Untel vous eût eu comme maître des novices, et que vous lui eussiez administré quelques semonces comme vous savez en trousser, il ne serait pas aujourd'hui le gamin révolté que vous vous plûtes à tapoter dans Le Devoir *du 21 mai.*

Entre nous, Amédée, au lieu de vous attarder dans les interlignes, vous auriez dû tout simplement moissonner sur les lignes une pensée drue et bonhomme. Ainsi, vous n'auriez pas fait d'un gaillard amateur de camembert et de brandy, un extrémiste vierge et martyr.

C'est faux que le Frère Untel désire ardemment le pouvoir; c'est faux que le Frère Untel ait déjà eu une parcelle de pouvoir: il n'a jamais eu que de l'influence.

Depuis quand, cher Amédée, la philosophie de la vie consiste-t-elle à voir le beau côté des choses? Nous pensions qu'elle consistait à voir les choses dans leur totalité: le beau et le vilain.

«Libérez-vous»? Conseil de lâche. Conseil de froussard. Quand on a la «suffisance» de

vouloir libérer les captifs, on reste parmi eux. C'est là le conseil judicieux d'un incroyant, Alain: «Le jour où un bon nombre de têtes solides et instruites seront et resteront parmi les esclaves, il n'y aura plus d'esclaves.»

Quant à votre définition de la vraie liberté, elle n'est pas même française: nous doutons que votre notion en soit thomiste. Et nous sommes sûrs que le Frère Untel, qui «a fait un peu de philosophie», ignore réellement votre définition.

La seule liberté que revendique le Frère Untel, c'est la liberté de dialoguer avec les chefs. Liberté essentiellement chrétienne. Liberté typiquement chrétienne. L'attitude digne devant le chef, c'est précisément ce qui devrait distinguer nos milieux.

C'est pourquoi, d'ailleurs, le Frère Untel attire notre attention sur la scène de Pierre et du centurion. Le franc coeur de son article, c'est: «Lève-toi, moi aussi, je suis homme.» Vous ne l'avez pas suffisamment remarqué, car vous lisiez surtout entre les lignes.

Ce n'est pas le religieux (inférieur) qui parle chez le Frère Untel, mais le Canadien français. C'est vous qui en faites un névrosé, un anarchiste, et qui cherchez des orties pour son froc.

La vraie liberté, mon brave, permet «les observations et les suggestions»; elles ne sont «pas signe de rébellion, mais forment la substance même de l'obéissance intelligente». (Mgr Roberts, s.j.) S'engager volontairement et librement entre leurs mains, ce n'est pas s'engager à voir par leurs yeux et à parler par leur bouche.

Journal d'un Froussard

Je ne pouvais pas moi-même abandonner le champ de bataille. Je revins à la charge avec un texte d'une facture très différente, d'un ton plus serein, mais nullement repentant. J'intitulai ce texte, sans trop de raison: «Journal d'un Froussard» *(Le Devoir,* 14 juin 1960).

———

DE QUI ONT-ILS PEUR? vient de paraître dans *Le Devoir.* J'attends les réactions. Quelqu'un tout près de moi s'est déjà prononcé: c'est même pas catholique.

———

Je cause avec un prêtre. Il me dit que la patronne des Canadiens français, ce devrait être Notre-Dame-de-la-Trouille. À l'usage des jeunes générations, j'explique que *trouille* est un terme argotique signifiant une peur extrême, permanente; une peur institutionnelle. À l'usage des dévots, j'explique que Notre-Dame-de-la-Trouille n'est pas plus irrévérencieux que le titre du film édifiant où François Rozet tenait un rôle: *Notre-Dame-de-la-Mouise.* À l'usage des jeunes générations, j'explique que *mouise* est un terme argotique signifiant misère noire, purée absolue. On devrait élever une basilique à Notre-Dame-de-la-Trouille, et organiser des pèlerinages.

———

Je reçois des lettres de confrères. Ils me disent leur enthousiasme à la lecture de mon texte. L'un d'eux me dit: *«Vous êtes une espèce de symbole de ce droit à la vie pour nous. Je vous souhaite bonne chance, même si le jour vient où vous ne serez plus pour nous qu'un symbole silencieux.»* Je reçois un appel téléphonique de Frères d'une autre communauté que la mienne, me disant leur appui. Il y en a qui ne sont pas d'accord avec moi; il y en a qui sont d'accord: on ne saurait mécontenter tout le monde.

————

On pensera ce qu'on voudra; je ne rapporte pas ces choses par vanité ou complaisance narcissique. Je ne dis pas que je n'en ai pas de la joie, j'en ai de la joie et presque du bonheur. Je rapporte ces choses pour bien établir que j'ai parlé juste en dénonçant notre commune frousse. Je ne suis donc pas un paranoïaque: notre peur est bien réelle, plus réelle que je n'ai su le dire.

————

Quelqu'un m'écrit: *«Votre texte se donne des allures de bonhomie rendant plus forte encore la grande tension vécue qui s'exprime entre les lignes.»* L'homme qui m'a écrit ça, un laïc, est mon ami. Il a bien senti que c'est à dessein que je me permets des digressions, des bouffonneries. Il faut écrire dé-crispé, dé-constipé. Il faut lutter contre la frousse, le formalisme, le conformisme; il faut rejeter la frousse jusque dans son style. Aux renaissants pâles et sur-intellectualisés, Rabelais criait, du haut des tours de Notre-Dame: *«Il y a le corps aussi.»* Du fond de notre trouille, du fond de notre conformisme, il faut crier et signifier jusque dans notre style que nous en avons soupé du tremblement janséniste québécoisé.

————

Je renvoie d'avance, dos à dos, les affranchis anticléricaux, qui vont se frotter les mains en lisant ces aveux venant de chez les Frères, et les dévots apeurés, qui vont crier sale oizo qui salit son nid. Les premiers n'ont pas attendu mes textes pour ricaner jaune; aux seconds, je dis qu'il vaut mieux être surpris en train de nettoyer son nid (ce que je fais à ma façon) qu'en train d'en masquer pudiquement la crotte. (Quel langage, mon petit Frère, quel langage! Allez vous laver la langue.)

———

Les abbés Dion-O'Neill: de la graine d'Église pour la future récolte. La province de Québec est en train de muer. De tous les peuples occidentaux, nous sommes parmi les seuls à n'avoir point connu de révolution politique ni de crise religieuse majeure. Nous n'aurons pas de révolution*: la proximité des Anglo-Canadiens est une garantie. Ils ne nous laisseraient pas faire de dégât. Peut-être même que le 22e Régiment s'y opposerait lui aussi, commandé en anglais. Nous n'aurons pas de révolution. Mais ce que nous sommes en train de voir s'établir, c'est une désaffection du peuple canadien-français vis-à-vis de la religion.

Les choses sont déjà gâtées au-delà de toute apparence. La fréquentation de Notre-Dame-du-Cap et de Sainte-Anne-de-Beaupré ne doit pas nous donner le change. En Espagne aussi (catholicisme espagnol, ça vous dit quelque chose, monsieur Jean Le Moyne?), les lieux de pèlerinages étaient très courus jusque vers 1936. Et les prêtres, portés sur la main. Jusqu'à ce qu'on les fusille; plus de mille, dans le seul diocèse de Barcelone.

Les choses sont déjà gâtées au-delà de toute apparence. Les jeunes gens à qui nous faisons la classe sont aussi loin qu'on peut l'être, sans bruit, du christianisme. Leurs idées, leurs sentiments, leurs sentiments surtout, sur l'argent, les femmes, le succès, l'amour, sont aussi étrangers au christianisme qu'il est possible. Échec de notre enseignement religieux. Et pourtant, quel est le Canadien français qui n'a pas vécu au moins quelques années sous l'influence (ou en tout cas, sous le gouvernement) d'une *soutane,* homme ou femme?

La religion dans notre milieu survivrait-elle à la disparition de l'appareil religieux? Autrement dit: sommes-nous individuellement debout sur le plan religieux ou bien sommes-nous tenus debout par les oreilles? En octobre, dans ma première lettre au *Devoir* (Frère Untel cite Frère Untel), je demandais: *«Ferons-nous l'économie d'une crise majeure, qui nous réveillerait, mais à quel prix?»* Il semble que nous n'éviterons pas (nous avons déjà commencé à nous y installer) une désaffection générale vis-à-vis de la religion. Il n'y aura pas d'autre crise, pas d'autre cri; cela se fera calmement, poliment, sans douleurs, à la façon d'une cathédrale qui s'engloutirait.

Et cependant, il n'y aura pas solution de continuité*. Il se trouve, providentiellement, des hommes qui ont déjà planté leur tente de l'autre côté, du côté de l'avenir: des hommes comme les abbés Dion-O'Neill (ils ne sont pas les seuls; mais ils ont valeur de symbole et voilà pourquoi je ne nomme qu'eux), c'est de la graine d'Église. C'est autour d'eux et des comme eux que se réorganisera la religion dans le milieu canadien-français de demain. Dans la cité libre de demain, il y aura encore des prêtres. Monsieur Jean-Charles Falardeau en semble un peu agacé (cf. son article de *Cité Libre,* juin-juillet 1960, p. 10).

Échec de notre enseignement religieux. Que la religion soit une matière au programme officiel, matière d'examen, cela réconforte les coeurs inconsolables. On se dit que l'essentiel est assuré. Il se fait tant de milliers d'heures d'enseignement religieux par année dans la Province. La pensée administrative, les coeurs administratifs sont comblés.

Mais cet enseignement religieux, il produit quoi? Dans son mémoire à la Commission du programme de la Faculté des Arts de Laval, monsieur l'abbé Yvon Roy, qui n'est pas un extravagant (il n'y a pas d'extravagants, au séminaire de Québec), disait: *«Sur trois mille étudiants que nous avons actuellement à l'Université, y en a-t-il dix qui ont cette évidence (naturelle) de l'existence de Dieu?»* Voilà ce qu'il se demandait, l'abbé Yvon Roy. Et il se demandait cela à propos des élèves sortis des collèges classiques. Les élèves qui sortent du cours public ne sont certes pas

...il n'y aura pas solution de continuité.

Je nommais ici le tandem Dion-O'Neill. Le tandem s'est défait. Qu'importe! On risque toujours à nommer ses amours. On risque davantage à n'en nommer aucun.

Le vieux Dion, le vieux lion, m'est demeuré secourable, à points nommés. Depuis vingt-huit ans, Gérard Dion et moi-même, on est tricotés assez serré. Ma première relation avec lui est datée. Le 8 mai 1960, je notais ceci: «Reçu, la semaine dernière, lettre assez extraordinaire de l'abbé Gérard Dion.» J'enseignais alors à Chicoutimi. Un mois plus tard, je le rencontrais à Québec. Il se déplaçait avec des béquilles, s'étant cassé une jambe en faisant du ski quelques semaines plus tôt. Je garde un souvenir un peu ébloui de cette première rencontre avec lui: visage plissé déjà; l'oeil rogue; la phrase saccadée, un peu haletante; la blague énorme, et volontiers gauloise; l'irrespect total envers les chefs et pourtant, pourtant, l'obéissance. C'est bien plus tard que j'ai trouvé ceci chez Alain: «Nous n'avons point à louer ni à honorer nos chefs; nous avons à leur obéir à l'heure de l'obéissance, et à les contrôler à l'heure du contrôle.»

Toute l'année précédente, j'avais écrit une douzaine de lettres au *Devoir*. Les *Insolences* n'étaient pas loin. Je commençais à sentir la pression. Lui-même occupait généreusement ce qu'on appelle l'actualité. Le *Manifeste sur les élections*, publié en 1956, puis *Le chrétien et les élections*, sorti en 1959, faisaient de la houle. Peu avant, l'évêque de Gaspé l'avait publiquement accusé de «péché grave». Nous étions destinés à nous rencontrer.

Pour nommer à vingt-huit ans de distance le souvenir que je garde de cette première rencontre, je dirais que j'avais vu un homme libre. Et on reconnaît la liberté d'abord à l'humour. Point d'amertume chez Dion, mais une extraordinaire vitalité et la force des engagements radicaux. Radicaux, c'est-à-dire venant des racines et non des modes.

En août de la même année, je lui faisais lire le manuscrit des *Insolences*. Il me conseilla d'ajouter quelques pages touchant mon engagement envers l'Église. Cette précaution, chez lui, était tactique et fondamentale à la fois. La tactique, j'ignorais; l'engagement, j'en étais. Je dis la chose. Quelques mois plus tard, ce fut pour ainsi dire mon tour de passer à la caisse.

J'ajoute que la Grande Diviseuse — je veux dire la politique — n'a pas entamé notre amitié. Lors du référendum, il a été NON; j'ai été OUI et nous sommes demeurés parlables l'un pour l'autre. Toute amitié qui eût naufragé sur cet écueil était promise au naufrage ou à la respiration artificielle.

en meilleure condition. Qui a dit qu'à Montréal, il n'y avait que deux institutions à donner une formation religieuse qui ne fût pas une déformation: le collège Marie-de-France et le collège Stanislas?

Mon petit Frère Untel en or, mon petit lapin bleu, tu vas maintenant me dire pourquoi tu écris des choses comme ça, et à la face de la Province?

J'écris ces choses par charité. Et ne rigolez pas, s'il vous plaît. Pourquoi n'écrirais-je pas ces choses par charité? Pourquoi n'aurais-je pas une étincelle de charité? Quelqu'un aime la musique et il le dit et personne ne rigole; quelqu'un aime les ouvrages de Camus et il le dit et personne ne rigole. Il est bien possible que moi, j'aime un peu les Canadiens français, et que je cherche à leur parler. Je vis au bout du monde et je m'ennuie de parler à des hommes.

J'écris aussi pour bien établir qu'il est possible de dire ce que l'on pense. Pour bien établir que toute vérité est bonne à dire. Mon idée à moi, c'est que nous sommes plus libres que nous ne le pensons; c'est pas la liberté qui manque, c'est le courage de prendre les libertés que l'on a. Nous pleurnichons sur la liberté absente et nous n'avons même pas essayé la liberté. Nous sommes un peu comme ce chien d'un conte de Jules Renard: nous flairons une chaîne qui ne nous retient peut-être plus. Ici je commets un canadianisme: tout d'un coup qu'on serait libres?

———

En ce moment-ci de l'année, les institutions scolaires échangent des surveillants d'examens. Je me rends au couvent et une Religieuse vient surveiller ma classe.

La Religieuse, une Religieuse enseignante, pas une Religieuse cloîtrée, me dit qu'elle n'a pas l'autorisation de se rendre seule au collège: elle doit se faire accompagner par une consoeur ou une élève. Or le collège est à deux coins de rue du couvent. Et tout se passe en plein jour, en plein 1960. Voilà ce que nous avons fait de la liberté de Jésus-Christ. Voilà à quoi je songe quand je dis que j'écris par charité. On méprise l'homme, dans la province de Québec.

«Veillez à ce que l'ascèse ou le genre de vie de vos familles religieuses ne soient pas une barrière ou une cause d'échec. Nous parlons de certains usages qui, s'ils avaient un sens jadis dans un autre contexte culturel, ne l'ont plus aujourd'hui, et dans lesquels une jeune fille vraiment bonne et courageuse ne trouverait qu'entrave pour sa vocation.» Qui a dit ça? Pie XII, aux Supérieures Générales des communautés féminines.

Les écrits des deux Abbés, je parle de leurs principaux textes, pourquoi font-ils tant hurler? On a beau lire et relire ces textes, on ne voit rien qui justifie l'hystérie des bedeaux. C'est peu de dire que les textes des deux Abbés ne sont pas extravagants; ils sont modérés. Parfaitement, ces textes sont modérés, prudents, calmes. Autrement plus calmes, plus polis, que les textes des vertueux inquisiteurs qui les dénoncent.

Car enfin, *Le Chrétien et les élections,* ce n'est quand même pas un instrument de précision, un mécanisme subtil, délicat; ce n'est quand même pas de la théologie ésotérique; c'est quelque chose d'élémentaire, d'un peu gros, même; ce n'est pas une scie à découper, c'est un godendard (et ils le manient à deux, leur godendard); ce n'est pas quelque chose d'albigeois, c'est du gros pain de famille. Bref, ce n'est ni aigri, ni anarchique. Et ça fait hurler.

Non mais, faut-il que les Pouvoirs aient le cuir tendre, pour hurler comme des écorchés à cause de ces textes. Faut-il qu'ils aient peur. C'est bien ça: ils ont terriblement peur, les Pouvoirs. Toutes griffes dehors, à la moindre alerte. Au pays de Québec, on explique tout par la peur: l'ahurissement des petits; la crispation des grands.

———————

M. Filion réclamait un Bernanos, il y a quelques années. Ce n'est pas un Bernanos qu'il nous faut; Bernanos est beaucoup trop fort; on ne s'en relèverait pas, d'un Bernanos. Nous, il nous faudrait un humoriste: un Chesterton ou un Jerome K. Jerome. Je vous souhaite un évêque qui s'appellerait Jerome K. Jerome, et qui nous aérerait la Province comme ça, simplement en rigolant doucement de nos tabous, de nos frousses, de nos conformismes; simplement en disant: deux plus deux égalent quatre. Une espèce de Jean XXIII à l'échelle québécoise, qui donnerait de bons coups d'épaule dans nos routines.

———————

Une certaine élite, chez nous, est une élite déracinée. Cultivée, raffinée, tout ce que vous voudrez, mais absente; des exilés de l'intérieur. Les Frères enseignants, eux, ils sont bien enracinés dans notre milieu; c'est des vrais nous autres. Des corneilles, ou plutôt des sapins. Côté racines, ils sont bien pourvus. Il leur faut maintenant tiger un peu, *i.e.* se manifester au milieu, dans et par leur métier, qui est d'éduquer, de toutes manières. Les chrétiens, sel du monde; les Frères, sel de l'enseignement.

La troisième concupiscence se porte bien

À entendre les esclaves satisfaits, l'autorité, un peu partout dans le monde, serait une pauvre petite chose menacée; une plante fragile et qu'on ne saurait trop protéger. Autorité sous globe: ne touchez pas.

C'est plutôt le contraire: l'autorité n'a jamais été

aussi écrasante, aussi omniprésente, aussi efficace. C'est au point qu'il n'y a plus que quelques hommes libres de par le monde. Il n'est pas requis de remonter au déluge pour établir ce point; il suffit de considérer les choses comme elles sont présentement. La moitié de l'humanité est sous le joug du communisme. Voilà toujours bien une petite autorité pas trop fragile. On ne peut toujours pas dire que cette autorité-là soit trop faible, trop battue en brèche.

Dans nos pays, on ne peut pas dire non plus que l'autorité soit faible. Les autorités nous conditionnent et ensuite elles font ce qui leur plaît. Nous sommes d'ailleurs faciles à gouverner. En fait, c'est le papier qui nous gouverne*; nous sommes gouvernés à coup de fiches. Il faut voir avec quelle conscience, avec quelle émouvante bonne volonté, nous remplissons tous des fiches. Et s'il est une classe d'hommes qui soient gouvernés à coup de fiches, c'est bien les enseignants. Nous passons des dizaines d'heures à inscrire de petits signes dans de petites cases. N'importe quel parvenu du Département vous couche, vous aplatit une salle pleine de professeurs, simplement en leur présentant une fiche à remplir. Pour avoir le goût de défendre les autorités en 1960, il faut être du type cocu-content. Content pour cent, comptant.

———

Et l'autorité religieuse, mon petit Frère Untel en or, vous la passez avec les autres?

L'autorité chrétiennement exercée n'est pas écrasante. Le joug de Jésus-Christ est léger; ce n'est pas un jeu de mots, c'est parole d'Évangile. Jean XXIII n'écrase personne. Mes Supérieurs communautaires* (je parle de ce que je connais bien) ne sont pas des tyranneaux. Voilà pourquoi je pose que les Frères, dans l'ensemble, constituent un milieu sensiblement moins apeuré, sensiblement plus libre, que le milieu canadien-français en général.

Mais alors, mon petit Frère, vous vous dédisez.

…c'est le papier qui nous gouverne…

Aujourd'hui, je dirais l'informatique. L'homme invente des machines et ensuite, il s'éreinte à les faire marcher et à les entretenir. Deux choses vous ferment une banque sous le nez: un hold-up et une panne de l'informatique. Les deux accidents sont arrivés, à quelques semaines d'intervalle, à la Caisse populaire avec laquelle je traite.

Dans *Maria Chapdelaine*, Lorenzo Surprenant, qui travaille aux États, après avoir vendu sa terre, lâche cette terrible remarque devant un groupe d'*habitants*: «Vous êtes les serviteurs de vos animaux: voilà ce que vous êtes. (…) L'été trop court, l'hiver qui mange sept mois de l'année sans profit…» Durs propos pour des hommes issus d'une «race sensible à la parole». Depuis, on a vaincu l'hiver. Mais on n'a pas vaincu l'informatique. On est devenus les serviteurs des puces électroniques. «La disponibilité des multiples avantages réels apportés ces derniers temps par la science et par la technique, y compris l'informatique, ne comporte pas non plus la libération par rapport à toute forme d'esclavage.» (Jean-Paul II, *Sollicitudo rei socialis*, p. 53)

Mes Supérieurs communautaires…

Une des cocasseries de mon destin, c'est que j'ai été appelé à être provincial de la province de Desbiens, de 1978 à 1983.

Souvent je me suis demandé: qu'aurais-je fait si j'avais été le provincial du Frère Untel? Comment répondre à une question hypothétique? On est plongé dans les limbes des futuribles. La plus vieille question hypothétique est la suivante: «Et si Ève n'avait pas croqué la pomme…?» Et si Paul Sauvé n'était pas mort le 2 janvier 1960? Et si Dieu n'existait pas?

Cet exercice est une vieille tentation de l'esprit humain. Il révèle la précarité de notre condition, son caractère imprévisible. Valéry disait: «Ce qui est le plus vrai d'un individu, et le plus Lui-Même, c'est son possible, — que son histoire ne dégage qu'incertainement.» (*Oeuvres complètes*, Édition de la Pléiade, Gallimard, p. 1203) Avez-vous remarqué que ce sont nos joies, et non pas nos malheurs, qui sont surprenantes? Au bout du compte, nous serons tous «surpris par la joie» (titre de l'autobiographie de C.S. Lewis, Seuil, 1964). Telle est ma foi. Tout est grâce, disait Bernanos, faisant écho à je ne sais plus quelle Thérèse: la Grande ou la Petite. Je sais, en tout cas, que la Grande, en bonne espagnole, naturellement aristocratique, disait: «*E s iguál!* Dieu et moi, nous faisons toujours une majorité.»

...je n'ai rien à perdre.

«Le courage, c'est d'accepter de tout perdre. Sinon quoi? Le risque ne se divise pas.» (Malraux, *Chênes*, p. 31) Il reste que nous avons été transbordés d'une génération qui avait toutes les réponses (la génération «en possession tranquille de la vérité», comme disait Jean Lesage), dans une génération sans réponse à rien. La génération qui refuse les conséquences, mais qui s'occupe de sa santé.

La maison de l'avenir...

La maison de l'avenir, je l'habite déjà en espérance. Je fais la distinction entre le futur et l'avenir. Le futur est mécaniquement en route. Il est imparable, comme un anniversaire de naissance. L'avenir survient. J'irai plus

L'autre jour, vous claironniez votre peur de l'autorité, et aujourd'hui vous dites que vos supérieurs sont des pères; je ne comprends plus.

N'exagérons rien. Les Frères sont de la même farine que les Canadiens français en général; nous avons notre bon quota de frousses. Disons ensuite que je parle strictement de mon expérience personnelle. Quiconque est intelligent aura compris qu'il y a de la tactique dans mon affectation de peur. Quand on a bien peur, on se tait ou bien on flatte. Si je parle, ce n'est pas que je sois tellement courageux; c'est que je n'ai rien à perdre*.

Je suis un piéton, je n'ai jamais détenu de pouvoir. Et on me concédera que je ne prends pas les moyens accoutumés d'y accéder. Voilà bien pourquoi, dans mon milieu à moi, je me sens libre, de la liberté des loups maigres. Si je parle, c'est pour dire à d'autres: il n'en tient qu'à vous, beaux sires, d'être aussi maigres que moi.

Je peux dire maintenant, me croira qui voudra (quand on parle pour soi-même; quand on s'adresse directement à des hommes; quand on n'a aucune caution qu'un certain ton, on est cru ou rejeté sur parole), je peux dire maintenant que je ne suis ni malheureux, ni crispé, ni révolté. Je ne rigole pas non plus comme une petite baleine à longueur de journée. Je suis comme je suis: ni heureux ni malheureux. Mais je n'ai aucune envie de *démoiner*. À l'usage des jeunes générations, j'explique que démoiner, dans notre argot communautaire, cela signifie retourner à la vie séculière. Je n'ai aucune envie de démoiner. Je le dis sans fanfaronnade; je le dis avec une certaine humilité. Avec la grâce de Dieu et la tolérance de Sainte Marie (et de mes Supérieurs), j'entends bien mourir Frère; Frère Untel pour l'éternité. Si je me débats, c'est justement parce que je veux y rester, chez les Frères. La maison de l'avenir*, c'est moi et des comme moi qui l'habiterons.

Compagnons inconnus, vieux frères,
nous arriverons ensemble, un jour, aux
portes du royaume de Dieu. Troupe
fourbue, troupe harassée, blanche de la
poussière de nos routes, chers visages
durs dont je n'ai pas su essuyer la
sueur, regards qui ont vu le bien et le
mal, rempli leur tâche, assumé la vie et
la mort, ô regards qui ne se sont jamais
rendus.

BERNANOS.

Les derniers mots, surtout, comme ils me rejoignent: regards qui ne se sont jamais rendus. Ni révolté, ni hargneux; ni complaisant, ni chien battu; simplement, un regard qui ne se rend pas. On peut se proposer d'être cela: un regard qui ne se rend pas.

Soeur Une Telle entre dans la ronde

On a vu que, dans le «Journal d'un Froussard», j'appelais un écho en provenance des Religieuses. L'écho se fit attendre. J'avais pourtant la quasi-certitude que je ne m'étais pas trompé en parlant des Religieuses comme je l'avais fait dans mes deux précédents textes. Je recevais des échos individuels confirmant mes intuitions. Mais enfin, il me fallait un écho contrôlable par tous. Il éclata dans *Le Devoir* du 18 juillet 1960. Pour le meilleur ou pour le pire, je ne crois pas me tromper en qualifiant d'historique le texte de Soeur Une Telle, qu'on va lire maintenant:

SOEUR UNE TELLE, À FRÈRE UNTEL

Depuis longtemps, je désire vous féliciter
pour la courageuse attitude que vous manifes-

haut: l'avenir est arrivé. La politique travaille à le dévoiler.

«Les pas des légions avaient marché pour lui. Les voiles des bateaux pour lui s'étaient gonflées. Pour lui les grands soleils d'automne avaient lui. Les voiles des bateaux pour lui s'étaient pliées.»
(Péguy, *Oeuvres complètes*, Édition de la Pléiade, Gallimard, p. 1078)

Quand César Auguste ordonna le recensement de l'empire romain, il voulait connaître le futur, c'est-à-dire le nombre de ses contribuables, de ses mercenaires, de ses ennemis. Il ne voulait pas mettre en route vers Bethléem une jeune femme enceinte du Sauveur. Les prophètes, eux, avaient tout vu d'avance. C'est le futur qui bloque l'avenir: le futur scrutin, mon futur avancement, mon futur mariage, ma future retraite, mes funérailles...

...mon humble approbation.

On dira ce qu'on voudra, un texte comme celui-là, ça ne s'invente pas. Nous partions de loin? Pas tant que ça! Il y avait, par milliers, des êtres de cette qualité. Et pensez-vous qu'il n'y en a plus? Soeur ou frère, qu'importe! L'amour est plus fort que la mort. C'est écrit. Certainement plus fort que la mort des structures. Les structures ne créent point la vie; la vie crée des structures. À un moment donné de sa vie, cependant, on est conduit à fabriquer des structures et à les défendre. L'important, c'est de savoir ce que l'on fait, et de le faire avec indifférence. Je ne dis pas mollement. Je dis: avec distance. La distance de l'humour. Humour, humus, homme, on, humilité, même racine.

...les spécimens hors série...

Chacun en est un. «Il faut croire dans son profil de médaille.» (Alain) Au bout du compte, on saura bien que l'essentiel, tout au long de l'Histoire, aura été assumé par «l'immense cohorte des humbles» (Auden). Je n'ai jamais su qui était Soeur Une Telle. Le cardinal Léger m'a assuré qu'il la connaissait. Je n'ai jamais demandé son nom, ni même celui de sa communauté. Ce que l'on a vraiment besoin de savoir, on finit toujours par le savoir. Saint Thomas dit que si une âme droite n'avait jamais entendu parler de Jésus-Christ, au moment de la mort, un ange lui serait envoyé pour l'informer.

tez dans le domaine de l'éducation des jeunes et des moins jeunes. Favorisée aujourd'hui par l'extinction des révisions, compilations, corrections, annotations, graduation, en attendant la sainte retraite annuelle — constatez qu'une Soeur enseignante est un soi-disant duplicata d'un Frère enseignant —, je vous arrive pour vous tendre une main fraternelle et sympathique, vous offrir mon humble approbation*.

Frère Untel, vous dites tout haut ce que nous, Soeurs, nous pensons tout bas. Oui, nous refoulons, nous avons peur, nous avons la trouille comme vous dites. Vous dévoilerai-je que nos Mères Supérieures sont plus ombrageuses (j'emploie ici un euphémisme) que vos Frères Supérieurs? Aussi, l'auteur de la présente lettre, si l'on parvenait à l'identifier, se ferait d'abord décapiter puis démolir...

Et vous, Frères, vos Supérieurs ne vous morigènent-ils pas? En l'occurrence, s'abîment-ils l'intellect à comprendre que les spécimens hors série* sont plus précieux que les autres?

Frère Untel, vous étiez dans le vrai lorsque vous mentionniez le cas de cette Religieuse qui, pour répondre aux échanges des surveillants d'examens, a dû se faire accompagner d'une autre Soeur qui, à son tour, dut se faire accompagner parce qu'elle eût été seule pour le retour, d'un coin de la rue à un autre... Ça se passe ainsi chez nous.

Récemment, je fus témoin d'une situation plus cocasse encore. Une Soeur dut quérir une compagne pour aller répondre au téléphone dans une autre aile de son vaste couvent. Convenons que c'était une moniale cloîtrée... Que penser aussi de l'accompagnement imposé pour aller se confesser à l'église voisine? Rite plutôt gênant, sinon funeste.

Je connais de mes consoeurs qui durent interrompre des études brillamment commen-

cées parce que dans la maison ne se trouvait aucune Soeur suivant des cours à la même faculté.

Ces éternels accompagnements, sans discernement, produisent une musique exécrable qui tend les nerfs, exacerbe la méfiance. Les communautés actives qui se sont affranchies de ces genres de suiveuses sont-elles plus méchantes? La Petite Soeur des pauvres, qui va seule et allègrement sur les chemins, a-t-elle jamais été kidnappée?

Les laïcs seront-ils davantage édifiés à la vue de deux Soeurs caquetant ou susurrant entre elles que par le comportement d'une Religieuse seule, recueillie et réservée? Que penserait notre pape Jean XXIII, qui sut si bien rompre avec quelques coutumes séculaires, mais devenues désuètes?

L'alarmante pénurie de vocations dans une certaine grande communauté enseignante qui gradue, chaque année, des centaines et des centaines de jeunes filles est due, pour une bonne part, à une carence d'aération, à une inadaptation aux besoins sociaux de notre époque. La jeunesse d'aujourd'hui sait prendre très tôt ses responsabilités (bien que je vous concède qu'elle parle joual). Elle flaire de bien loin l'efficience d'un milieu. Elle veut ce qu'elle veut. Elle fait fi des simagrées bondieusardes qui lèsent la personnalité.

«Fière, pure, conquérante, joyeuse», ce slogan de l'Action catholique, un très grand nombre de jeunes filles l'ont défendu et pratiqué durant leurs années d'études. D'aucunes ont même réussi des conquêtes apostoliques dans les rangs du guidisme, des congrégations, des organisations parascolaires et paroissiales, des loisirs sains, des clubs sportifs, etc.

Dès lors, que signifie pour elles, qui sont tellement inaptes aux minuties, aux tâtillonne-

ments, aux lenteurs, cet état de contention, de paralysie, qu'elles détectent chez leurs enseignantes? Malgré nos incontestables réussites pour rester pures — *et nous le sommes en grand —, comment accéder à la fierté, à la joie, à la conquête, quand on a les mains liées, le coeur gonflé de rêves irréalisables, les yeux rivés sur les lumières mortes du formalisme. «La lettre tue, mais l'esprit vivifie.» (II Cor., III, 3-6)*

Frère, c'est du bien bon monde que les Soeurs, je les aime, et je m'aime, mais combien je les voudrais plus accessibles, plus perméables aux sentiments humains, plus rayonnantes, plus femmes *quoi! et c'est beaucoup dire. Il me semble que notre Époux ne nous en aimerait que mieux.*

À nous, les Soeurs — les Frères, je les connais sûrement moins —, on nous serine les oreilles de ces objurgations: soyez donc maturées, soyez donc adultes! Mais comment le devenir, Seigneur, avec les fatras d'enfantillages qu'on nous impose sous la rubrique enfance spirituelle! *Une sujette moins peureuse tente-t-elle de s'exhumer du terreau des banalités, des désuétudes, du périmé? Aussitôt, on l'enterre, la pôvre, plus profondément encore, et enrichie d'horizons et de contusions issus de mains dites* maternelles. *La frousse s'empare évidemment du troupeau. Il vaut mieux se tenir coites et attendre. Attendre quoi? Je n'en sais rien.*

Frère Untel, je ne suis pas savante, moi, je ne saurais citer de mémoire ni saint Thomas d'Aquin, ni Bossuet, ni Platon; j'essaye tout juste de me servir du jugement que le Bon Dieu m'a donné. Voici un autre problème de Soeurs: la télévision sur terre. Ça serait, paraît-il, une invention diabolique... qui entraînerait, dans nos couvents, la ruine de l'esprit religieux... Pourtant, ô Frère, que d'antennes de télévision ne vois-je pas sur les toits les plus respectables: évêchés, collèges, hôpitaux, universités, résidences de chers Frères, presbytères! Dans tous les moutiers de ma communauté, un tel engin est farouchement prohibé. Nos grandes élèves, qui ont l'avantage d'être externes, apportent donc chaque jour, telle une aumône compensatrice, les informations littéraires, scientifiques, politiques, qu'elles ont captées sur l'écran de leur foyer, entre papa et maman. En effet, de magnifiques programmes éducatifs sont présentés par les maîtres de l'heure. La Soeur éducatrice, elle, ne peut rien voir, rien entendre. C'est sous-estimer notre vocation d'avant-garde.

Ne devrions-nous pas explorer à notre profit ces moyens audio-visuels, ne devrions-nous pas pouvoir en causer à bon escient, en classe, en récréation? Comment guider des élèves quand le hublot de la cornette est hermétiquement clos? Qu'en pense votre sagesse?

J'arrête ici (quitte à revenir bientôt) une lettre que j'ai voulue pondérée et exacte. Je suis violente de nature mais pondérée par régime. Mes cogitations ont quelque peu allégé un subconscient qui menaçait d'éclater solitaire... Constatez, Frère Untel, que je ne suis guère maligne: mes arguments sont plutôt anodins et pro domo. *Voyez-vous, Frère, je suis habituée à porter la muselière; quant au port de la plume, la prudence me commande l'incognito.*

Au revoir!

———

Cette lettre a stupéfié les bonnes Soeurs. De tous les coins de la Province (Chicoutimi, Ottawa, Montréal, Québec, Nicolet, Sainte-Anne-de-la-Pocatière), les échos me sont arrivés par les confrères qui suivent des cours de vacances. En résumé, Soeur Une Telle est malade, folle. Ou une mésadaptée qui déverse sa bile. Si toutefois Soeur Une Telle est bien une Soeur. On la soupçonne même d'être Frère Untel ou quelque sacrilège usurpateur de la cornette. On a toujours, toute prête dans sa poche ou dans son fourre-tout, cette explication facile: Frère Untel est un laïc déguisé, Soeur Une Telle est un homme, etc.

Je vois deux explications, et deux seulement, à ces jugements abjects et à ces hypothèses absurdes: les propos de Soeur Une Telle sont *faux* ou *scandaleux*.

Or, les propos de Soeur Une Telle ne sont pas faux. Les exemples de mesquinerie pharisaïque et de coutumes irrationnelles qu'elle donne pourraient être multipliés par cent. Nous en tenons de tout chauds à la disposition des innocents. Le chanoine Jacques Leclercq y va encore plus rondement que Soeur Une Telle, et avec l'Imprimatur, tur, tur, dans son livre: *La Vocation Religieuse.*

À la page 87 de cet ouvrage, le chanoine Leclercq, parlant des anachronismes qui grèvent certaines formes de la vie religieuse, particulièrement en ce qui regarde les communautés féminines, écrit: *«Tout ceci provoque une réaction contre les formes de vie religieuse devenues inintelligibles ou n'ayant plus qu'une valeur folklorique. Lorsqu'une jeune fille, qui a l'habitude de sortir seule depuis l'enfance, entre au couvent et qu'elle ne peut plus sortir sans être accompagnée, cela lui paraît odieux ou ridicule. Or, cette règle s'est établie à une époque où une honnête femme d'un certain rang ne sortait jamais seule et eût risqué, si elle l'avait fait, d'être accostée d'une façon déplaisante; où, d'autre part, les religieuses des ordres en question étaient considérées comme faisant partie de la bonne société. La jeune fille actuelle ne peut plus prendre une règle de ce genre au sérieux. Mais si la vie religieuse est parsemée d'usages aussi anachroniques, ce sera la vie religieuse elle-même, telle qu'on la lui présente dans ces ordres, qu'elle ne pourra prendre au sérieux. (pp. 87-88)*

«De même, il est traditionnel, dans la plupart des

ordres, que les religieuses se mettent à genoux pour parler à leur Supérieure, usage très normal en d'autres temps et qu'on peut rapprocher des formes de respect en usage en dehors des couvents, mais sans fondement dans les usages du monde actuel. Quand on entre dans un milieu où règnent des usages de ce genre, ceux-ci donnent l'impression d'un recul de trois cents ans, plutôt que d'une initiation à un monde de réalités surnaturelles.» (p. 88)

Pie XII parle sur le même ton: *«Vous voulez servir la cause de Jésus-Christ et de son Église selon les besoins du monde actuel. Il ne serait donc pas raisonnable de persister dans des usages et des manières de faire qui empêchent ce service ou, peut-être même, le rendent impossible. Les Soeurs enseignantes et éducatrices doivent donc être si bien préparées et tellement à la hauteur de leur tâche; elles doivent être si bien au courant de tout ce avec quoi la jeunesse se trouve en contact ou dont elle subit l'influence, que les élèves ne tardent pas à s'écrier: «Nous pouvons aller trouver la Soeur avec nos problèmes et nos difficultés, elle nous comprend et nous aide.»*

C'est vous qui avez raison, Soeur Une Telle, Pie XII demande aux Soeurs de se tenir au courant de tout ce avec quoi la jeunesse est en contact; or, vous, ce sont les élèves qui vous tiennent un peu au courant de ce qui se passe sur la rive. Non seulement vous ne résolvez pas les problèmes de vos grandes élèves, mais vous en créez d'à jamais insolubles à celles qui joignent vos rangs.

———

Les propos de Soeur Une Telle sont scandaleux. Ils le sont en effet, au sens étymologique du mot scandale: ce qui fait trébucher, et, par voie de conséquence, ce qui oblige à un redressement. Un redressement un peu nerveux, peut-être, accompagné de quelques palpitations, mais un redressement.

La réaction des Soeurs, dans leur ensemble, et

pour ce que nous en savons, fut très différente de celle des Frères vis-à-vis des propos du Frère Untel. Les Frères, avec leur liberté d'allure bien chasse-et-pêche, approuvaient.

Côté Soeurs, la réaction presque unanime fut une réaction de refus. On se désolidarisait en bloc de Soeur Une Telle. Cela est bien féminin, pensons-nous. *«La femme,* dit Alain, *c'est le refus du fait.»* Comme tout ce qui est humain, ce refus du fait est une valeur ambiguë. Chez les moins hautes, ça devient et ça reste du caprice, de la bêtise. La bêtise féminine est la plus affligeante des bêtises sublunaires. Chez les plus grandes, ce refus du fait devient source de rebondissement, de neuveté, de fraîcheur. Chez Sainte Marie, cela fonde notre espérance contre toute espérance. On se dit: Marie va faire rebondir la situation; elle n'acceptera pas l'état de choses; à force de patience, elle va trouver moyen de nous sauver, elle va trouver le joint, comme la racine trouve la faille dans la pierre.

Chez les Soeurs, donc, on refuse de voir les faits en face. On renie Soeur Une Telle, on la bloque dans la névrose. Faut dire aussi que la solidarité et le mimétisme féminins jouent ici. Prises individuellement, les Soeurs admettraient bien la véracité des propos de Soeur Une Telle. Nous en connaissons tous personnellement un bon nombre et nous avons leur témoignage.

DEUXIÈME PARTIE

FRÈRE UNTEL RAMOLLIT

To be at ease is to be unsafe.

NEWMAN.

Introduction

Dans cette deuxième partie, ayant bien jeté mon fiel dans les chapitres précédents, je me paye le luxe d'écrire à l'encre rose: on ne peut pas toujours être rosse.

Dans le chapitre premier, je m'adresse aux éducateurs laïcs, leur signalant deux points dont ils doivent tenir compte dans leurs discussions sur les structures de leur association professionnelle:

a) l'impérieux appel de la qualité;

b) l'urgence de la maturation politique du personnel féminin.

Dans le chapitre deuxième, je m'adresse plus spécialement aux jeunes Frères des communautés enseignantes. Je pose, en effet, que rien ne ressemble autant à une communauté enseignante qu'une autre communauté enseignante. Les sept ou huit communautés de Frères enseignants qui combattent en terre québécoise diffèrent entre elles à peu près autant que deux marques de cognac; ou d'eau gazeuse, si vous êtes Lacordaire.

La Lettre à un Jeune-Frère, bien que s'adressant à une classe déterminée de citoyens, conserve donc un intérêt général: tout ce qui est humain s'adresse toujours à tous les hommes. «Le Chemin de soi à soi fait le tour du monde.»

1

FRÈRE UNTEL PARLE AUX ÉDUCATEURS LAÏQUES*

Je n'ambitionnerais pas de vous être utile si je ne savais pas qu'il faut toujours recevoir son âme des mains des autres. C'est les autres qui nous donnent à nous-mêmes; c'est les autres qui nous définissent, au sens étymologique du terme; nous déterminent, nous situent, nous clôturent. Je veux donc vous remettre en vos propres mains, *i.e.* à votre raison. Il est écrit: «*Au Début, Dieu a créé l'homme et l'a livré à son propre conseil.*» (Eccl., XV, 14) Je m'adresse donc à votre raison. Je n'ai pas le goût de vous jouer un petit air de tripes, *i.e.* faire appel à vos préjugés (nous en avons tous), à vos facilités, à vos sentiments superficiels et fleur bleue. Le langage de la raison est austère, mais il conduit à la liberté, qui n'est jamais plus grande que notre connaissance. On est libre dans la mesure où l'on connaît; c'est la qualité de notre connaissance qui mesure le degré de notre liberté. En définitive, je m'appuie sur votre amour de la vérité.

Je veux reprendre une partie du thème de la semaine de l'éducation: *les éducateurs doivent faire équipe.* J'entends ici le terme éducateur selon toute son extension, *i.e.* comme englobant tous ceux qui sont engagés dans l'éducation, inférieurs et supérieurs. Je serai donc conduit à définir rapidement la profession d'éducateur et à dire un mot des rapports qui doivent exister entre les éducateurs, tant selon la direction horizontale que verticale.

Définition de la profession

Il est plus difficile qu'il ne paraît à première vue de préciser ce que l'on entend par les mots: profession, pro-

Frère Untel parle aux éducateurs laïques

Mon Dieu! Je n'aurais plus l'innocence de signer un tel chapitre. Il me semble pourtant que, dans mon innocence, justement, je pressentais l'avenir. Aucun mérite, à ce sujet. On me dit que les poules, en Chine, pressentent les tremblements de terre. En tout cas, j'avais toujours bien pressenti, volaille de moi-même, qu'on finirait par parler des professionnels de l'enseignement. On est professionnel, comme on est menuisier. Cela veut dire que l'on porte son équerre et que l'on se mesure à son équerre. Or, le propre d'une équerre, c'est de ne point mentir en ce qui concerne l'angle droit, sauf erreur.

Ce terme sert maintenant à désigner une catégorie du personnel des écoles: conseillers d'orientation, psychologues, informaticiens, etc. Les instituteurs ou les professeurs sont devenus des enseignants. Le mot maître n'est plus guère employé que dans l'expression administrative et mathématique: le rapport maître/élève.

Ma conférence était un plaidoyer pour la qualité de la formation des maîtres et celle de leur relation avec les élèves. Je ne fais plus de cas de la distinction métier, profession. Je dis volontiers métier. Métier et ministère ont une racine commune. Il reste que le terme professionnel connote l'idée d'excellence; il s'oppose à l'idée d'amateur. Il signifie, dans tous les domaines, l'idée de compétence, d'engagement, de responsabilité.

fessionnel, métier. Les dictionnaires, ici, ne sont guère secourables, même le Littré, qui est pourtant la cour suprême du français. Métier et profession n'y sont guère définis et encore moins opposés.

Notre recours sera donc l'usage courant. Ce n'est pas le dernier recours. En fait, c'est le seul valable. Saint Thomas affirme à plusieurs reprises que l'usage courant est le maître du vrai parler. Et l'usage canadien-français réserve les termes profession et professionnel à certaines activités et les refuse à certaines autres. Pour être bien assurés que nous pensons aux mêmes choses, prenons quelques exemples. Ici au Québec, nul ne songe à dire qu'un plombier, un maçon, un bûcheron, un menuisier, un laitier, un cultivateur, un épicier, un commis, soient des professionnels. Ces hommes-là sont des ouvriers, des fonctionnaires, des artisans; ils ne sont pas des professionnels.

Par contre, tout le monde s'accorde à dire qu'un ingénieur, un médecin, un avocat, un notaire sont des professionnels. Isolons deux de ces exemples: plombier et avocat. Le premier est un homme de métier; le second est un professionnel. À quoi tient la différence que le langage enregistre à leur sujet? Je crois que l'on peut ramener à quatre chefs l'opposition établie ici entre un métier et une profession: différence quant aux exigences préparatoires; différence quant à la part de l'intelligence engagée dans la pratique de l'un et de l'autre; différence du point d'application et différence dans la structuration des organisations respectives. Expliquons un peu.

Un métier, en général, exige peu de préparation académique. On apprend un métier en quatre ans, tout au plus, et ces quatre années se situent au terme d'une 9e année de scolarité. De sorte que l'on est prêt à exercer un métier, toutes choses égales d'ailleurs, vers 18 ou 20 ans d'âge, et ce, dans les cas les plus exigeants. La profession, elle, exige une vingtaine d'années de scolarité, y compris un séjour de cinq ou six ans à l'Université, de sorte que le professionnel ne commence guère à exercer sa profession avant 27 ou

30 ans d'âge. Cette différence est énorme, si l'on tient compte de la particulière importance des années de jeunesse.

L'homme de métier a surtout besoin de déployer un effort physique ou, en tout cas, une dextérité manuelle. Tandis que le professionnel travaille principalement de la tête, comme disent les gens.

Et voici la troisième différence, la plus importante: le métier est ordonné à la fabrication ou au maintien de choses matérielles, tandis que la profession est ordonnée au service de l'homme. Il ne faudrait pas que le cas de l'ingénieur fasse ici difficulté: l'ingénieur est principalement un manieur d'hommes, même quand il détourne une rivière, lance un pont ou déroule une autostrade. Il a affaire bien davantage à l'homme qu'à la matière. À ce point de mon exposé, je veux ramasser mes idées dans une formule: le métier traite avec la matière; le professionnel traite avec l'homme.

Sommes-nous des professionnels?

Voyons maintenant si les professeurs sont des professionnels ou des hommes de métier, ou, en tout cas, de simples fonctionnaires.

Pour ce qui est du dernier point: le service de l'homme, il est manifeste que le professeur est un professionnel; il a affaire à l'homme et non pas à la matière.

Pour ce qui est du second point: la prépondérance de l'exercice de l'intelligence sur l'effort physique, notre travail se range carrément parmi les activités libérales, les activités appelées professionnelles.

Vous sentez bien que là où je vais hésiter, c'est au sujet du premier point: les exigences académiques. Je ne crois pas que la préparation académique de la majorité d'entre nous les classe parmi les professionnels. Voyons la chose virilement. Il ne sert à rien de changer de trottoir pour éviter son médecin, si l'on est malade. Il est vain de refuser un examen radiographique de crainte de se voir prescrire le sanatorium; et il serait non seulement vain, mais primitif, de développer de l'hostilité envers ceux qui nous signalent nos lésions: la seule attitude civilisée, saine et progressive, c'est l'acceptation du fait.

Comment la chose se présente-t-elle? Un jeune homme ou une jeune fille termine sa 11e année de scolarité, à quoi il ou elle ajoute deux ans d'École normale, et les voilà sacrés professionnels? Ils ont 20 ou 22 ans. Le véritable professionnel commence à travailler vers la trentaine. En mettant les choses au mieux, *i.e.* en posant que l'étudiant de 11e année se rend jusqu'au brevet «A», cela ne fait toujours que 15 ans de scolarité, *i.e.* l'équivalent du B.A. Mais le professionnel, lui, ajoute cinq ou six ans d'université à son B.A. On voit bien que si le statut de professionnel nous est contesté, c'est ici la brèche. Ou alors dirons-nous que nous sommes des professionnels à la manque et que notre profession est une profession au rabais?

Si nous regardons la chose en face, nous verrons que nous devons faire porter nos efforts sur l'amélioration de la qualité intellectuelle de notre préparation pour mériter véritablement le titre et le prestige attachés aux professions libérales. Cette promotion de la qualité académique chez nous doit être notre premier et notre constant souci, car c'est la clé qui ouvre tous nos autres problèmes. Nous serons respectés, nous serons payés convenablement, nous serons considérés quand nous aurons la qualité pour nous. Autrement dit, la qualité ne suivra pas nécessairement les gros salaires; ce sont les gros salaires qui suivront la qualité.

Notre rendement proprement scolaire dépend, lui aussi, de l'excellence de notre préparation académique générale. Les intuitions pédagogiques les plus valables s'enracinent dans l'excellence des connaissances académiques et non dans la connaissance et la maîtrise des trucs de métier. Le parfait professeur de maths ou de français, c'est d'abord celui qui connaît à fond son français ou ses maths et non celui qui a accumulé les trucs d'enseignement.

L'organisation professionnelle

Une dernière différence entre une profession et un métier, c'est la forme d'organisation qu'ils se donnent. Les hommes de métier se groupent en syndicats, tandis que les professionnels se groupent en associations diversement dénommées: les médecins ont leur collège; les avocats, le barreau; les notaires, leur chambre; les ingénieurs, leur corporation, etc. Remarquons toutefois qu'il existe un certain flottement dans la terminologie: seuls le collège des médecins et le barreau s'appuient sur une longue tradition d'exclusivité et dans le nom et dans la chose.

Le fonctionnement de ces diverses associations, ce que j'appellerais leur finalisation, est presque diamétralement opposé. Le syndicat tend principalement, du moins en a-t-il été ainsi jusqu'à présent, à protéger ses membres, tandis que les groupements de professionnels tendent principalement à protéger le public. L'activité syndicale tend à améliorer les conditions de travail et de rémunération de ses membres, tandis que le groupement professionnel tend à améliorer la qualité du service qu'il offre au public. Il y a plus: le syndicat est régi de l'extérieur par les lois ouvrières; tandis que les professionnels se régissent eux-mêmes du dedans, exercent eux-mêmes leur propre police, si on me passe cette expression, et déterminent eux-mêmes leurs standards.

Ici, je voudrais reprendre une idée émise par monseigneur Lussier, recteur de l'Université de Montréal, dans une conférence prononcée en novembre 1957 devant les congressistes de la Fédération des instituteurs et institutrices catholiques du diocèse de Québec. Les professeurs, disait-il en substance, se hausseront vraiment au niveau des professionnels, *i.e.* quitteront le terrain du syndicat ouvrier comme tel, le jour où le comité des griefs cédera de son importance au profit du comité pour l'avancement de la profession. Car les revendications proprement professionnelles chez les hommes de profession doivent être posées à eux-mêmes par eux-mêmes. Ce sont des médecins qui déterminent les standards et les exigences de la profession médicale; ce doivent être des instituteurs et des institutrices qui déterminent les exigences professionnelles des instituteurs et des institutrices.

Tant que nous n'en serons pas là, nous ne serons pas des professionnels. Nous aurons beau prétendre en être, nous n'en serons pas.

Et si nous renonçons à cela, c'est nous-mêmes qui nous méprisons et non pas les patrons ni le public. Personne ne nous refuse la qualité; c'est nous qui nous refusons à nous-mêmes la qualité, par paresse, par embourgeoisement, par mépris de nous-mêmes.

Relations professionnelles

Ayant défini ce qu'on doit entendre par profession, il me reste à dire un mot des relations que doivent avoir entre eux des professionnels quand ces professionnels sont des professeurs.

Pour ce qui est des relations que j'appelle horizontales, je vais convoquer monsieur de La Palice. Il vous dira que pour faire équipe, il faut d'abord se rencontrer. Permettez-moi à ce sujet de faire une suggestion concrète. Pourquoi n'instaurerait-on pas, là où la chose n'existe pas déjà, des réunions hebdomadaires du personnel entier d'une école? Je dis bien: personnel entier: religieux et laïque, masculin et féminin. Nous sommes tous embarqués dans la même aventure exigeante. Nous pratiquons ces réunions à X... depuis le début de l'année. J'ai un peu honte d'avouer que nous ne les pratiquons que depuis si peu de temps. Nous y trouvons tant d'avantages que nous nous demandons comment nous avons pu nous en passer si longtemps. La chose est simple: tous les jeudis, à 4 h 30, nous nous réunissons. Une première partie de la réunion est affectée à ce que j'appellerais la *cuisine de la semaine:* remarques disciplinaires de la part du Directeur; annonce des événements et des dérangements en vue; distribution de documentation, etc. C'est un peu comme le prône dominical. Ensuite, les professeurs posent des questions sur tel ou tel point du programme; demandent des informations; réclament des éclaircissements sur telle ou telle matière, etc. Les réponses se donnent sans formalisme et avec la liberté et la camaraderie qu'engendre la pratique d'un métier commun et difficile. On touche du doigt la vérité d'une remarque de Saint-Exupéry, dans *Terre des hommes:* Le propre d'un métier, c'est d'unir les hommes. Enfin, et c'est la partie principale de la réunion, l'un ou l'autre des professeurs donne un exposé formel d'un point du programme; méthodologie de l'analyse, du français, des maths, des sciences, etc. Ajoutons que l'on recommande de tenir les procès-verbaux de ces réunions, afin d'en assurer l'efficacité et le bon fonctionnement. On sait déjà que l'utilité des procès-verbaux, c'est de rappeler les objectifs. Que de décisions, que de projets n'ont jamais abouti, pour la simple raison que l'on avait oublié de se les rappeler.

Ces réunions ont l'immense avantage d'homogénéiser l'information et aussi, je dirais, l'inquiétude. Il est important que l'ensemble d'un corps professoral soit informé en même temps d'un problème; discute en même temps des solutions; bref, vibre au même diapason. Les problèmes n'iront pas en diminuant, il ne faut pas s'illusionner; nous ne faisons que commencer à prendre conscience de leur envergure et de leur complexité. Il faut donc nous serrer les coudes. Noblesse oblige; profession oblige.

Je lisais dans un journal l'entrefilet suivant: un archevêque catholique, monseigneur John Heenan, de Liverpool, a dit à ses fidèles que s'ils avaient à faire un choix entre l'assistance à une réunion d'un groupement religieux et l'assistance à une réunion syndicale, ils devaient choisir la réunion syndicale. Cela est signifi-

Le temps est la substance de nos vies. Dans les *Constitutions* des frères maristes, il est écrit: «Un frère, conscient de cet idéal [de pauvreté] considère son temps et ses talents non comme des biens personnels mais comme des biens consacrés à Dieu et mis à la disposition des autres.» Donner son temps, donner de son temps, c'est vraiment se donner. Or, seuls les pauvres se donnent, puisqu'ils n'ont rien à donner qu'eux-mêmes.

catif. On voit assez l'importance que l'Église attache au travail qui s'accomplit dans ces organisations. L'Église sait très bien que le sacrifice qui est demandé aux hommes de nos temps, ce n'est plus tellement de rogner sur leur nourriture (les médecins y veillent), c'est de rogner sur leur temps libre. Voilà pourquoi elle a modifié les lois du jeûne. Ce qui est requis des hommes de nos temps, c'est de se dévouer davantage au bien commun*.

Le monde où nous allons sera de plus en plus complexe; de plus en plus, il faudra que les hommes se rencontrent et s'expliquent mutuellement leurs problèmes; de plus en plus, il faudra que les meilleurs et les plus éclairés fassent profiter les autres de leurs dons. C'est deux, trois et quatre soirées par semaine que certains hommes doivent maintenant consacrer au bien commun, soit pour prendre part à une discussion sur l'éducation, soit pour participer à une réunion syndicale, soit simplement pour entendre une conférence. Toujours, cela exigera que l'on vainque son égoïsme et son désir de tranquillité. Voilà la nouvelle forme de pénitence exigée des hommes et des femmes de notre époque.

Quand la moitié fait les deux tiers

Poursuivant le développement de mon second point, qui traite de la manière concrète de faire équipe, pour les professeurs, je voudrais maintenant m'adresser particulièrement aux institutrices. Il est toujours redoutable de se prononcer sur les femmes. En particulier, tout le monde y va volontiers de son petit calembour ou de sa petite histoire lubrique; en public, bien peu dépassent la simple allusion ou le stupide jeu de mots. C'est que les femmes font l'opinion, et cela est infiniment redoutable. La sagesse populaire a enregistré la chose à sa façon dans le proverbe bien connu: Ce que femme veut, Dieu le veut. Le grand Tolstoï lui-même avoue sa terreur sacrée des femmes lorsqu'il écrit à son ami Gorki:

«Quand je serai à mi-corps dans la tombe, je dirai ce que je pense des femmes, et tout de suite je refermerai sur moi la pierre tombale.» Un article de la revue *Châtelaine* de novembre 1959 s'intitulait: *«Do men fear women?»* Est-ce que les hommes ont peur des femmes? Bien sûr que les hommes ont peur des femmes, surtout dans notre matriarcale Amérique du Nord. Je me prononcerai, toutefois, avec le courage désespéré de ceux qui n'ont rien à perdre parce qu'ils ont renoncé à tout.

Les institutrices forment l'immense majorité du personnel enseignant dans la province de Québec. Le Rapport du Surintendant de l'I.P. pour l'année 1957-1958 donne les chiffres suivants: 20 219 institutrices laïques sur un grand total de 34 546 enseignants, religieux et laïcs, hommes et femmes. Soit donc les deux tiers du personnel total.

Notons ensuite que, pour ce qui est de la persévérance dans l'enseignement, le rapport s'inverse: les hommes ont en moyenne 17,7 années d'enseignement, contre 8,5 pour les femmes. Ces chiffres valent pour l'ensemble de la province de Québec et pour l'ensemble des femmes. En fait, si l'on soustrayait les quelques dizaines d'institutrices qui font une carrière définitive de l'enseignement, et si on refaisait une moyenne à partir des autres, on verrait que les institutrices ne demeurent guère plus que cinq ans dans l'enseignement. L'immense majorité du personnel enseignant féminin se renouvelle donc tous les quatre ou cinq ans.

Ce double facteur: majorité des femmes dans les associations de professeurs et courte durée de leur séjour dans la carrière, entraîne des conséquences importantes. Parmi ces conséquences, je mentionne le désintéressement des femmes touchant les *problèmes profonds et radicaux* de la profession. Je pose que les problèmes de salaires sont des problèmes *urgents*, mais qu'ils ne sont pas des problèmes profonds. Un problème profond, c'est, par exemple, la promotion qualitative de la profession.

Il arrive donc que le comportement des syndicats

ou des associations de professeurs, ou si vous aimez mieux, leur politique à longue échéance, peut être faussée par le déséquilibre *démographique* dont je viens de parler. Entendons-nous bien. Il n'est pas question d'un retour à l'âge des cavernes. Les femmes, comme classe distincte, prennent de plus en plus d'importance. Ce mouvement d'émancipation féminine est irréversible; il est d'ailleurs normal et bienfaisant quand il se fait selon les voeux profonds de la nature, et les besoins réels de la société.

Maturation politique

Nous n'avons pas à déplorer l'avènement de la femme dans l'Histoire, de silencieuse qu'elle a été jusqu'ici. Jusqu'à maintenant, l'Histoire a été faite par les hommes, exclusivement. Pour ce qu'ils en ont fait, de l'Histoire, les hommes, on ne voit pas pourquoi les femmes ne s'en occuperaient pas un brin. Bien loin donc de réclamer un retour des femmes à l'ombre, nous leur demandons plutôt de hâter leur maturation politique. Disant ces choses, nous ne parlons pas légèrement. Écoutez plutôt des extraits du récent manifeste de la JOC canadienne. Ce manifeste a été publié en février 1960. Les informations qu'il contient sont encore toutes chaudes. On lit ceci:

> *Le problème de la participation de la femme à son syndicat est peut-être encore plus marquant que chez l'homme. Des chiffres récents de la CTCC indiquent que sur 100 000 syndiqués, 15 000 seulement sont des femmes. Pour une bonne part, les jeunes travailleuses qui font partie du syndicat paient leur cotisation mais n'y participent pas d'une part active. La difficulté qu'elles ont de s'exprimer, le peu de place qu'on leur accorde à l'intérieur des réunions, les empêche de donner leur opinion,*

de revendiquer leurs droits, d'être vraiment des femmes militantes à l'intérieur de leur organisation professionnelle.(p. 26)

Plus loin, à la page 56, on reprend le même thème:

> *Un très faible pourcentage de l'élément féminin ouvrier est syndiqué. Encore plus minime est le nombre des travailleuses qui participent de façon active à leur union. Psychologiquement, la femme se dit qu'elle travaille pour un temps seulement et ne voit pas l'importance de se syndiquer. Les femmes s'occupent du syndicat à la signature du contrat ou lors d'une augmentation de salaire, mais elles ignorent ou négligent de consulter leur syndicat quand il serait question d'améliorer les conditions physiques de travail et pourtant, c'est le seul moyen d'agir efficacement... Lors d'une interview de René Lévesque à* Point de Mire, *au lendemain des élections de 56, les réponses données par les femmes montraient comme elles n'étaient pas renseignées sur la politique et que leur vote n'était fondé sur aucun motif sérieux. J'ai voté pour M. X parce que mon père a toujours voté ainsi — j'ai voté pour cet homme parce qu'il avait l'air bon — etc.*

Ces remarques ne s'appliquent pas telles quelles au milieu des enseignants. Les institutrices sont des femmes intellectuellement et politiquement plus évoluées que les adolescentes ouvrières dont nous venons de retracer le comportement syndical. Il demeure vrai, cependant, de dire que les institutrices doivent prendre conscience de leur responsabilité proprement sociale; prendre en main, consciemment, leur promotion politique. Ce que l'on fait avec conscience, *i.e.* en toute lucidité, en toute sincérité, on le fait plus vite et mieux.

Pour les institutrices, donc, faire équipe comporte des obligations spéciales et importantes. Peut-être cela demandera-t-il chez elles une abnégation plus grande que chez les hommes. Je pense que le plus urgent, chez elles, c'est de consentir l'effort de se familiariser avec les techniques parlementaires, les rouages légaux, bref, le fonctionnement proprement démocratique de leur association. Il leur faudra ensuite contracter l'habitude de considérer les choses dans la perspective large, universelle, la perspective d'avenir.

Remarquons bien que tout le monde, les hommes aussi bien que les femmes, doit fournir cet effort de maturation politique. Si on demande spécialement aux femmes de s'y adonner, c'est à cause des deux raisons mentionnées plus haut: leur prépondérance numérique et leur court séjour dans la carrière. Leur prépondérance numérique fait qu'elles peuvent pratiquement dominer la politique de leurs associations; leur faible persévérance fait qu'elles risquent d'utiliser cette puissance du nombre à faire prévaloir une politique à courte vue ou même à ne faire aucun usage de leur puissance, ce qui serait un mal non moindre.

Relations verticales

J'aborde un dernier point où je veux traiter des relations verticales. La classe des éducateurs comprend des inférieurs; elle comprend aussi des supérieurs, une hiérarchie, et une hiérarchie très fortement structurée. J'ai bien l'impression que nos rapports avec l'autorité en général ne sont pas sains.

Il convient d'assainir, d'aérer ces rapports. La sourde oppression qui pèse sur nous depuis si longtemps a fini par nous arracher quelques faibles protestations; faibles pour l'instant, mais qui s'amplifieront désormais que la brèche a été ouverte. Je veux espérer que la liberté rentrera chez nous par cette brèche vive.

La peur est malsaine. Et Dieu sait que nous avons tous peur. Nous avons même peur les uns des autres. Je connais des professeurs qui sont terrorisés par leurs propres officiers syndicaux. Il est grand temps d'aérer le climat. Comment voulons-nous former la jeunesse, redresser notre pauvre petit peuple, si nous-mêmes nous sommes apeurés et courbés? Nous n'avons aucune idée, vous n'avez aucune idée, de la formidable liberté que Jésus-Christ est venu nous donner. Cette liberté n'est pas de l'insolence ni de l'anarchie. Tout être intelligent sait qu'une société a besoin de chefs. Mais honorer le chef n'implique pas que l'on vive sur le ventre.

Nous sommes tous des hommes, et les hommes sont faits pour se parler debout. Il est temps de mettre la hache dans la conception fétichiste que l'on nous a donnée de l'autorité. Conception que nous contribuons à perpétuer par servilité et par irréflexion. Il ne s'agit pas de se révolter. Il s'agit de reprendre un peu de dignité humaine. Bienheureux les pacifiques, dit l'Évangile. Mais justement, les pacifiques sont des faiseurs de paix, selon la toujours féconde et éclairante étymologie. Ceux que l'Évangile déclare heureux, ce sont ceux qui font de la paix, comme on fait de la terre neuve: en luttant contre les pierres, les souches, le chiendent. Être pacifique, ça ne veut pas dire être endormi et indifférent.

Saint Thomas d'Aquin fait correspondre le don de sagesse à la béatitude touchant les pacifiques. La sagesse est une disposition active à goûter le spirituel. Le fruit le plus doux qu'elle puisse subodorer, c'est le doux fruit de liberté. Elle remuerait ciel et terre pour le faire pousser, ce doux fruit de liberté. Finissons-en avec la frousse. C'est le moment ou jamais. La province de Québec est à la veille d'une mue décisive.

Nous, les éducateurs, nous devons prendre conscience du mouvement qui s'amorce; nous devons ambitionner de jouer un rôle de premier plan dans l'ébranlement qui s'annonce. Pour reprendre une allégorie de Mounier, disons que le portier de l'Histoire refoule impitoyablement *«les êtres courbes, qui ne s'avancent dans la vie que de biais et les yeux abattus, ces âmes dégingandées, ces peseurs de vertus, ces victimes dominicales, ces froussards dévotieux, ces héros lymphatiques, ces bébés suaves, ces vierges ternes, ces vases d'ennui, ces sacs de syllogismes, ces ombres d'ombres»*.

Avouons qu'une bureaucratie pointilleuse et omniprésente, qui nous suit pouce à pouce et nous surveille constamment, qui nous oblige de plus à jouer le rôle de concierge, de pion, d'agent d'assurances, de percepteur d'impôts; qui nous immobilise dans de menus contrôles, où il faut inscrire de petits signes dans de petites cases, souligner en rouge et en bleu, peser, enregistrer des températures, et que sais-je; avouons, dis-je, que ce long ploiement et cette longue usure ont réussi presque parfaitement à nous émasculer, à nous émousser, à nous transformer en automates résignés, exacts et insipides.

La province de Québec est en train de muer. Ne laissons pas cette mue se faire sans nous. Présidons plutôt à cette promotion de l'homme canadien-français qui s'amorce. Teilhard de Chardin, dans son livre *L'Avenir de l'homme,* parle de l'éducation comme du principal facteur d'évolution. En travaillant dans le champ de l'éducation, ayons conscience de travailler dans le sens de l'Évolution; soyons fiers de répondre de la sorte au voeu profond de la création tout entière, qui attend en gémissant, nous assure saint Paul, la manifestation des enfants de Dieu.

Tous les escaliers que nous montons derrière les rangs de nos élèves; toutes les règles de grammaire que nous répétons; tous les problèmes que nous résolvons; tous les soins que nous prenons, sachons qu'en faisant tout cela nous contribuons à hâter la manifestation des enfants de Dieu, après laquelle toute la création soupire. Et les enfants de Dieu, disons-le une dernière fois, sont libres. Car Dieu n'aime que la liberté. *«Quand on a une fois connu d'être aimé librement,* lui fait dire Péguy, dans *Le Mystère des Saints Innocents, les soumissions n'ont plus aucun goût. Quand on a connu d'être aimé par des hommes libres, les prosternements d'esclaves ne vous disent plus rien.»* Donnons-lui donc des hommes libres; fabriquons-lui des hommes libres et, pour cela, libérons-nous nous-mêmes.

Et l'instrument de la libération, de toutes les libérations, c'est la connaissance. Nous retrouvons ici encore l'impérieux appel de la qualité.

2

LETTRE À UN JEUNE-FRÈRE*

Les plus grands de tous les biens, ceux que chacun doit chercher à obtenir pour soi et à partager avec tous, sont la lucidité, le courage et la douceur.
LOUIS LAVELLE.

Lettre à un Jeune-Frère
Voici un de mes textes que j'aime encore. Il a été écrit en 1959. J'étais moi-même un jeune frère, j'avais à peine trente ans. J'ose dire que c'est un de mes textes préférés. «J'évoque, j'invoque. Je lance des mots en avant, je l'ai déjà dit, pour qu'ils me tirent.» (Sulivan)

Ce n'est pas un bien vieux Frère qui vous écrit présentement. Encore que certains accidents de sa vie aient accéléré son histoire intérieure, et contribué (il s'en flatte complaisamment) à le mûrir dès son printemps. Ne dirait-on pas que c'est Jean-Jacques Rousseau qui vous parle? N'ayez crainte, je quitte à l'instant ce style *confessionnel*.

Vous me disiez l'autre jour que la vie des Postes vous pose un énorme point d'interrogation. Vous avez connu, dites-vous, des confrères qui semblaient très bons, lorsqu'ils vivaient avec vous dans les maisons de formation, et qui, après un an ou deux dans les Postes, ont quitté l'Institut. Et vous demandez quelles sont les causes de ces départs, et quelles difficultés ont bien pu rencontrer ceux qui se sont ainsi découragés.

Il me plairait assez de reprendre ici un mot humoristique du major Parker, que Maurois met en scène dans *Les Silences du colonel Bramble*: la vie des Postes est une vie rude, parfois mêlée de fatigues réelles. Mais si vous voulez bien, nous remettrons l'humour à plus tard. Aussi bien, l'humour, qui est un des noms de la sagesse, ne doit se manifester qu'au terme.

Je ne vous dissimule pas mon embarras. J'ai été Jeune-Frère: le moyen d'escamoter cette étape? J'ai connu les difficultés propres à cet état. Mais quand vient le moment de parler de ces choses, je n'y arrive pas. De quoi ai-je souffert? Quelles furent mes difficultés majeures? Vinrent-elles des hommes ou des choses? Du métier ou de la vie communautaire? Ou de mon propre fond? Comment démêler tout cela?

La régularité*

> *L'acte fondamental d'une vie est de décider ce qui est important de ce qui ne l'est pas, et l'indifférence, l'indifférence active pour ce qui ne l'est pas est un devoir aussi strict que l'attention à ce qui l'est.*
>
> MONTHERLANT, *Les Olympiques.*

> *Mais quel géomètre comprend les remparts dans leur importance? Où lisez-vous dans leur dessin que les remparts constituent une digue? Qui vous permet de les découvrir semblables à l'écorce du cèdre à l'intérieur de laquelle s'édifie la cité vivante? Où voyez-vous que les remparts sont écorce pour la ferveur et qu'ils permettent l'échange des générations en Dieu dans l'éternité de la forteresse?*
>
> SAINT-EXUPÉRY, *Citadelle.*

J'ai conscience de commencer par un gros morceau. J'ai contre moi de vénérables penseurs, beaucoup d'onction, de solides clichés et, par-dessus tout, la frousse. N'importe, plongeons! *«Si un écrivain est si prudent qu'il n'écrit jamais rien qui puisse être critiqué, il n'écrira jamais rien qui soit lu. Mais si vous voulez aider le monde à s'élever, décidez-vous une bonne fois à écrire des choses que certains hommes médiocres condamneront.»* Qui a dit ça? Un moine: Thomas Merton[1]. Je vous dirai, pour commencer, qu'il

(1) Thomas Merton, *Semences de contemplation.*

y a une certaine facilité dans la régularité. Et que c'est par une certaine paresse et une certaine pauvreté d'âme qu'on s'en remet une fois pour toutes à un horaire. Je vous surprends, sans doute. On vous a toujours dit, et vous avez commencé d'expérimenter, qu'il en coûte beaucoup d'être régulier. Je ne dis pas le contraire. Je vous dis seulement que les hommes en général acceptent de payer le gros prix la sécurité et la bonne conscience. Dans un milieu comme le nôtre, être régulier est le plus court chemin vers la bonne réputation et la bonne conscience. Le plus court chemin vers toutes les bénédictions et toutes les paix: paix et bénédictions du ciel et de la terre. On ne dit pas que c'est peut-être aussi le plus sûr moyen de supprimer tous les risques et d'étouffer toute vitalité. J'ai toujours remarqué que les plus réguliers parmi nous, les réguliers les plus affichés, les plus officiels, sont aussi les hommes les plus superficiels, oui, les plus superficiels, les plus désincarnés; les hommes les plus loin de l'homme. Ils pensent sans doute qu'il suffit d'être loin des hommes pour être près de Dieu. On songe ici, malgré soi, à certain inspecteur que Saint-Ex oppose au vrai chef: *«Un règlement établi par Rivière était, pour Rivière, connaissance des hommes; mais pour Robineau n'existait plus qu'une connaissance du règlement*[1].*»*

J'ajoute ceci, pour vous laisser entrevoir dans quel esprit j'écris ces choses: nos règles les plus valables sont justement celles qui sont le moins *règles*. Les articles sur l'esprit de foi, l'humilité, la pénitence sont aisément défendables. Mais on ne passe pas pour régulier si on se contente de pratiquer l'esprit de foi. Ne me faites pas dire que l'important pour moi, c'est de «passer pour régulier».

On ne saura jamais jusqu'à quel point le rationalisme a contaminé toute la pensée occidentale. Le cartésianisme n'a pas commencé à Descartes. C'est les moines qui ont inventé les chronomètres, car il est bien

---

(1) Saint-Exupéry, *Vol de nuit,* Livre de poche, p. 31.

entendu que Dieu a ses habitudes et qu'il convient de le prier à heures fixes. Sait-on assez que le rationalisme est une manifestation de l'instinct sécuritaire? On ne veut rien laisser au hasard; on se méfie de l'inconnu et on cherche à introduire des régularités, donc du connaissable, partout où l'on peut. On tend ainsi à réduire au minimum la marge de liberté, qui coïncide avec la marge de vie. Or la vie amène l'imprévisibilité. Et on ne peut surmonter l'imprévisibilité que par la foi. Mais la foi est inconfortable. La foi est éprouvante; elle est l'épreuve par excellence. Ce fut l'épreuve de nos premiers parents. Dieu leur avait demandé de se résigner à ne pas tout connaître tout de suite. Arrive Satan: «*Allez! allez! vous serez comme des dieux parfaitement assurés de toutes choses, connaissant le bien et le mal.*» Et nos premiers parents échangent la foi contre le calcul. La mathématique faisait son entrée dans le monde: Descartes montre le bout de l'oreille. Adam: le premier des rationalistes; Ève: sécurité avant tout.

Demandez-moi maintenant si je ne redoute pas que ces propos ne soient interprétés selon la pente du relâchement: il y a une loi de la pesanteur pour les choses de l'esprit, qui n'est pas moins attentive que celle qui régit les corps.

«Vous parlez ici de la régularité comme d'une facilité; je crois bien que l'on pourrait parler de l'irrégularité comme d'une autre facilité. Facilité pour facilité, on peut préférer la première, et la moins répandue, somme toute.»

Cette objection a du poids. Je réponds seulement qu'un homme doit exposer ce qu'il croit être la vérité, sans s'inquiéter si ses paroles ne seront pas «travesties par des gueux pour exciter des sots».

Et alors, demanderez-vous avec quelque impatience (car il doit vous sembler, au point où nous en sommes, que je me contredis), serai-je régulier? Mais bien sûr! Vous serez régulier tant que vous pourrez, et même un peu plus, car, comme dit le proverbe, on fait long depuis qu'on est las. Je ne veux point d'un *esprit que ne garantirait aucune lettre.* J'aime assez qu'on soit régulier, et militairement. Mais j'entends qu'on le soit sachant que c'est bien peu que de l'être.

Les confrères

> *Quelle différence entre un soldat et un chartreux, quant à l'obéissance? car ils sont également obéissants et dépendants, et dans des exercices également pénibles. Mais le soldat espère toujours devenir maître au lieu que le chartreux fait voeu de n'être jamais que dépendant. Ainsi, ils ne diffèrent pas dans la servitude perpétuelle, que tous deux ont toujours, mais dans l'espérance, que l'un a toujours et l'autre jamais.*
>
> PASCAL, *Pensées.*

Puisque vous êtes un Jeune-Frère, si je parle des confrères, je parle des plus vieux que vous. Quand je dirai: Frère âgé, vous lirez: quiconque est plus vieux que moi. Et maintenant, la question: comment vous comporterez-vous envers eux?

Saint Benoît disait: *Honorare omnes homines*: honorer tout homme. Que ce soit là votre règle vis-à-vis des plus âgés que vous. Le tutoiement et les tapes démocratiques dans le dos démocratique ne rapprochent pas les hommes; ils les annulent. Je sais que beaucoup de Jeunes-Frères se plaignent de manquer d'encouragement de la part des plus âgés. L'attitude des Jeunes-Frères conditionne celle des aînés. Saint-Exupéry dit quelque part[1] que *«l'homme qui n'est point considéré, il tue».* Il faut transposer: le Frère âgé qui ne reçoit pas, de la part des jeunes, les marques d'égard auxquelles il a droit, réagit par l'indifférence, l'hostilité, la méfiance.

---

(1) Saint-Exupéry, *Carnets,* Gallimard, p. 61.

Les Frères d'un certain âge, s'ils ne sont pas des saints parfaitement détachés de tout, et d'abord d'eux-mêmes, souffrent assez tôt de la médiocrité de leur situation sociale communautaire. Tout le monde ne peut pas être directeur. Nous n'avons jamais besoin que d'une trentaine de directeurs. Les autres sont des piétons anonymes. Assez tôt, un Frère se sent laissé pour compte. Assez tôt, il pressent ce que sera désormais sa vie: une obscure sentinelle. Il sait qu'il a fini de monter, qu'il est plafonné, qu'il ne sera jamais qu'un humble tâcheron de l'enseignement. Pourvu qu'il fasse sa classe, on l'ignore; tout le monde l'ignore. S'il ne se signale pas par quelque inconduite, il passera sa vie dans l'obscurité. Nul, sauf saint Jean-de-la-Croix, n'aime d'être ignoré et compté pour rien, ou si peu que rien. C'est ici que les Jeunes-Frères peuvent beaucoup. En demandant conseil à un Frère âgé, en le consultant, en le considérant pour tout dire en un mot, il le tire du néant; il le recrée. Un Frère d'un certain âge sera toujours reconnaissant à un Jeune-Frère de l'avoir considéré.

Et ne dites pas que je reprends ici Dale Carnegie et ses recettes d'épicier[1]. Je ne suis pas à vous indiquer des trucs pour exploiter les hommes sous couvert de l'amitié ou de l'ingénuité feinte. J'entends que vous devez estimer sincèrement l'expérience des Frères âgés. J'entends que vous devez leur demander conseil et assistance pour la raison que vous appréciez vraiment leur valeur et leur savoir. Et rappelez-vous toujours que leur plus grand mérite et leur meilleure recommandation, c'est d'avoir duré.

---

(1) Dale Carnegie, *Comment se faire des amis, pour réussir dans la vie*. L'auteur se dénonce dans son titre même.

124

Le métier

> *Hors de l'action, j'étais bien près du désespoir.*
>
> ALAIN, *Souvenirs de guerre.*

> *Il y a un plein de travail qui remplace avantageusement le bonheur.*
>
> PÉGUY.

On n'est jamais sauvé que par son métier. Seul le métier sauve. Gagner sa vie est le premier commandement et la première charité. Avant même la chute, Dieu avait ordonné à l'homme, en quelque sorte, de gagner sa vie. Et votre métier, c'est de faire la classe. N'appelez pas cela une vocation ou un apostolat. Nous avons failli mourir de tous ces grands mots et de tout ce pathos en porte-à-faux. Appelez ça un métier. Aussi bien, vous savez que métier vient de ministère. Les mots humbles sont les premiers au royaume de la pensée, comme dans le royaume de Dieu, les hommes humbles.

Et que le métier soit ce qui est premier dans votre vie. Ce n'est pas abstraitement qu'on aime Dieu et les hommes. On aime Dieu et les hommes dans et par un métier. Que votre métier soit ce qui est premier pour vous. En conséquence, j'ajoute ceci, et je vous demande de peser chaque mot comme je le fais moi-même: si, à un moment donné, vous êtes trop fatigué pour pouvoir mener convenablement votre métier et votre vie communautaire, sabrez l'horaire et sauvez votre métier. Si, à un moment donné, vous avez besoin de l'heure d'étude religieuse pour préparer un cours d'histoire ou de mathématiques, demandez permission et préparez votre cours. La première charité pour vous, c'est de faire la classe. Ici, le méchant qui ne me quitte guère et qui lit par-dessus mon épaule me ricane à l'oreille: et si, à un moment donné, vous avez besoin de l'heure d'étude religieuse pour préparer votre leçon de religion, n'hésitez pas, c'est fait pour ça, notamment, notamment pour ça.

Ne vous laissez pas fausser la conscience par les pharisiens. Je parle souvent des pharisiens, pour la raison que la vie religieuse est le milieu le plus favorable à l'éclosion et à la prolifération de cette vermine, qui ne diffère de la commune vermine que sur un point: la commune vermine se cache, tandis que les pharisiens occupent l'avant-scène. Ne vous laissez pas fausser la conscience, ne soyez pas malheureux et ne vous sentez pas coupable en ces occasions. Et que cela ne soit même pas une chose que vous acceptiez de discuter avec qui que ce soit, tellement il est évident pour vous que le métier a droit à tous vos soins et à toute votre énergie. Le reste est littérature, pieuse ou pas, ou tracasserie indigne de vous retenir.

Mais, au fait, les jeunes aiment-ils encore leur métier? J'avoue ici une inquiétude. Les jeunes ne parlent plus métier entre eux. Ils parlent sport ou littérature; ils ne parlent plus métier. C'est un signe inquiétant. De mon temps, nous ne parlions que de classe. Et même aujourd'hui, après plusieurs années, le métier demeure notre principal sujet de conversation.

Le propre d'un métier, a dit Saint-Exupéry, c'est d'unir les hommes. Peut-être remarquerez-vous que notre métier n'y arrive pas toujours. Précisons que Saint-Exupéry basait son affirmation sur son expérience de pilote de ligne. Dans ce métier-là, on lutte contre les éléments, et chacun dépend de chacun dans sa vie même, et non pas seulement dans sa réputation ou son prestige. Dans notre métier, nous luttons contre des passions: paresse, ennui, médiocrité. Bientôt, nous opposons passion à passion. Chacun de nous exerce seul son activité. Et comme l'esprit est engagé, qui est le tout, partout où il est, nous sommes remués tout entiers par toute atteinte à notre activité. D'où rivalités, jalousies, et toute la théorie des passions *sociales*. Il arrive donc souvent que notre métier nous oppose les uns aux autres. Il faut le savoir et ne pas trop s'en scandaliser. Le remède ici, c'est de ne pas augmenter, pour ce qui est de soi, la part de mesquineries qui grèvent notre métier. S'appliquer à être tout ouverture, clarté, souplesse. Ce n'est pas de sitôt que la joie de l'un sera la joie de tous; le succès de l'un, la gloire de tous, comme il se produit naturellement dans une famille. Mais encore une fois, nous ne sommes pas une famille de chair et de sang.

Ce que je dis là, tout le monde le sait, chacun a pu le constater. Mais ça ne fait rien; il faut toujours nier ces choses officiellement, n'est-ce pas? Toujours afficher l'optimisme officiel; l'optimisme officiel du généralissime Gamelin, quelques jours avant la déroute de juin 1940. Il n'est que de lire les *Mémoires de guerre* du général de Gaulle (tome I, pp. 38 et 39). Tout va toujours officiellement très bien deux jours avant une catastrophe. Ceux qui annoncent les déluges sont ridiculisés ou sciés en deux: Noé ou Isaïe. Ceux qui voient et formulent les problèmes que les autres refusent de voir et de formuler doivent s'attendre à passer pour hargneux, prétentieux ou têtes chaudes.

Les paragraphes qui précèdent n'ont pas posé la question fondamentale, qui est celle-ci: aimez-vous les jeunes? Dans notre métier, il faut aimer les jeunes, ou tout devient irrespirable. Les accrochages avec les confrères, les incompréhensions possibles du Frère Directeur, la routine de la vie commune sont aisément supportés, si tant est qu'ils incommodent, si l'on aime les jeunes et si l'on trouve avec eux le meilleur de sa joie.

Vous direz: mais, peut-on ne pas aimer la jeunesse? Attention! Aussi longtemps qu'il ne s'agit que d'aimer la fraîcheur, la spontanéité, la générosité de la jeunesse, ça va assez. Tout le monde veut le bien. Mais, pour nous, aimer la jeunesse est quelque chose de plus exigeant. Nous devons, nous, aimer la jeunesse, comme le père Chapdelaine aimait la terre: pour en faire. Ce qu'il aimait, lui, c'était faire de la terre. *«Cinq fois depuis sa jeunesse il avait pris une concession, bâti une maison, une étable et une grange, taillé en plein bois un bien prospère; et cinq fois il avait vendu ce bien pour s'en aller recommencer plus loin vers le nord, découragé tout à coup, perdant tout inté-*

*rêt et toute ardeur une fois le premier labeur rude fini,
dès que les voisins arrivaient nombreux et que le pays
commençait à se peupler et à s'ouvrir. Quelques
hommes le comprenaient; les autres le trouvaient courageux, mais peu sage, et répétaient que s'il avait su
se fixer quelque part, lui et les siens seraient maintenant à leur aise[1].»*

Nous devons, nous aussi, faire de la terre, toujours
faire de la terre. Faire de l'intelligence. Semer, année
après année, et ne récolter jamais, ou presque jamais.
Il faut que nous ayons cette passion de «faire de la
terre», comme Samuel Chapdelaine l'avait. Aimons-
nous assez la jeunesse pour toujours nous contenter
d'une joie en espérance? Toute la question est là. Un
des mots les plus hauts jamais sortis d'un coeur
d'homme, c'est celui, souvent cité, de Guillaume le Ta-
citurne: *«Il n'est pas nécessaire d'espérer pour entreprendre, ni de réussir pour persévérer.»* À cela près
que nous pouvons, nous, espérer avant d'entreprendre,
je pense que nous pouvons adopter cette fière protes-
tation.

À d'autres, les joies du moissonneur. À d'autres,
les influences durables et définitives. «Sculpteurs de
fumée[2]» nous ne jouons qu'un rôle épisodique et contesté, et le genre de biens que nous offrons, pour être
les plus importants, ne sont ni les plus urgents, ni les
plus apparents, ni les mieux bienvenus. Je me rappelle
ici la comparaison qu'employait Th. Lalanne dans son
livre presque inconnu: *Le dernier voyage de
Théophraste à Lilliput.* Il disait à peu près ceci: tous
les éducateurs subissent, de la part de leurs élèves,
deux procès: le premier, dans le temps même qu'ils
sont avec eux; le second, plusieurs années plus tard.
Plus souvent qu'autrement, ils perdent leur procès en
première instance; les meilleurs, cependant, sont ac-
quittés en seconde instance.

Évidemment, la réalité est ici légèrement caricatu-

(1) Louis Hémon, *Maria Chapdelaine,* Éd. Nelson, 1946, pp. 42-43.
(2) Montherlant, *Les Olympiques,* Gallimard, p. 141.

rée, mais la pensée que voulait suggérer Lalanne est aisée à découvrir. Et alors, je demande: aimez-vous assez la jeunesse pour accepter d'elle, dans le temps même où vous la servirez, la légèreté, toujours; l'indifférence, souvent; l'hostilité, quelquefois? Et l'aimez-vous assez pour vous contenter d'un éventuel acquittement posthume? Encore une fois, toute la question est là.

Le tableau vous paraîtra chargé. Sans doute, la réalité n'est-elle pas ce que j'en dis ici. Ni non plus ce que vous rêvez. Quelque chose de mitoyen, alors? Qui a dit que la vérité était l'étincelle qui éclate un moment entre deux pôles de signe contraire, comme pour l'arc électrique? De tout ce que je dis ici et de tout ce que vous rêvez, vous ferez une mouture qui retiendra l'essentiel.

Le bonheur

> *Là où les biens sont en plus grand nombre il est offert aux hommes plus de chance de se tromper sur la nature de leurs joies.*
> *Ceux du désert ou du monastère, ne possédant rien, connaissent avec évidence d'où leur viennent leurs joies, et savent ainsi plus aisément la source même de leur ferveur.*
>
> SAINT-EXUPÉRY, *Citadelle.*

Pour peu que vous soyez sentimental (et qui ne l'est pas?), vous trouverez que la vie des Postes est plutôt sevrante, que les Frères sont rudes, bref, que le coeur n'y a pas son compte. Vous voyez que je ne rose pas la pilule; on dirait plutôt que je l'amarise[1].

Il est vrai que la vie des Postes est assez rude; et cela est plus sensible à certaines époques. Les di-

---

(1) Amariser, néologisme, de *amarizare,* rendre amer.

manches, par exemple, c'est passé en proverbe, sont terriblement mornes. Mais je reviendrai sur ce point. Je ne vous donne pas ici mon sentiment personnel. Si je ne m'adressais pas à un jeune, je ne mentionnerais pas les deux points que je vais aborder maintenant: la dureté de notre vie vous apparaîtra surtout en deux circonstances: la maladie et les anniversaires. Mais je me hâte de m'expliquer, tant je trouve moi-même que ce que je raconte ici n'est pas clair.

Quand je parle de maladie, je ne parle pas des gros accidents: il est bien entendu que si vous tombez très malade, vous recevrez toute l'attention et tous les soins que vous pourrez désirer. Et même, vous jouirez d'un avantage appréciable: votre maladie ne sera une catastrophe pour personne, sinon vous. Nulle femme, nul enfant, ne souffriront à cause du manque à gagner que représente une maladie grave, ni à cause de la peine morale que l'on ressent quand un de la même chair et du même sang est menacé. Je parle des petites maladies. Voici: vous avez une grippe. Ça arrive à n'importe quel chrétien. Vous êtes confiné à votre chambre pour deux ou trois jours. Fort bien! On vous laisse tranquille. Et vous, vous vous sentez abandonné. Chez vous, votre mère ou votre grande soeur vous auraient dorloté, gâté, bordé. Dans un Poste, rien de cela. On sait que vous n'êtes pas en danger, et ça finit là. Vous trouvez quand même cela très dur. Vous avez tort. Vous oubliez que vos confrères ont leur besogne; qu'ils ne sauraient, en eussent-ils envie, comment vous soigner, et que, d'ailleurs, un mâle est un mâle. Je ne rapporterais pas ce point si je n'avais pas déjà reçu des confidences allant à confirmer que plus d'un départ se sera décidé en semblables circonstances. Je ne dis pas qu'une telle circonstance aura tout décidé; je dis qu'elle aura pu être déterminante. Vous savez: *ultima necat*[1].

Quand je parle d'anniversaire, je parle d'abord de

---

(1) Mon pédantisme bien connu affectionne les citations des pages roses du Larousse. Sacré vieux Larousse, tout de même!

l'anniversaire de naissance. À la maison, ç'aurait été un événement. Ici, on risque fort de le passer sous silence, tout simplement. Ou encore, vous venez de recevoir un parchemin quelconque. Pour vous, c'est un événement. À la maison, ç'aurait été l'occasion de congratulations et de réjouissances. On sait comment cela se passe. Dans un Poste, on oubliera de signaler la chose, ou on la signalera pour la forme. Et vous, qui auriez aimé être, pour un jour, la vedette de la communauté, vous vous retrouvez Tit-Jeune comme devant.

Je détaille ces points, parce qu'il est utile d'être ici bien averti. Si vous vous attendez à trouver dans les Postes une atmosphère de chaleur familiale, vous serez déçu. Les Postes sont de vastes ou de petits ateliers. On y est pour travailler et pour se cultiver, ce qui est encore travailler. Il y a quelques bons moments officiels (je songe, par exemple, à la période des Fêtes, si le Directeur est habile); il y a quelques bons moments officieux, qu'il faut faire naître: ça s'apprend. Mais pour l'ensemble, il faut savoir que personne, dans les Postes, n'est là pour vous. Si vous étiez marié, votre femme serait à la maison pour vous. En vous dirigeant vers votre foyer, vous vous diriez qu'il y a là quelqu'un qui vous attend, qui connaît votre pas. Il n'en est pas ainsi dans un Poste. Personne n'est là pour vous. Personne ne vous attend. Il faut qu'il en soit ainsi. La vie religieuse n'est pas ordonnée au bonheur temporel de ses adeptes. On n'y fait pas voeu de bonheur.

Mais voici que je m'attendris. Vous vous découvrirez lentement des amis en communauté. Vous vous découvrirez des amis si vous le méritez, c'est-à-dire si vous êtes d'abord un ami vous-même. Des amis comme vous n'auriez jamais pu en bâtir ailleurs. Des hommes qui ont tout laissé, comme vous; qui ont le même idéal, la même formation; qui connaissent les mêmes difficultés. Il y a tout de même autant de chances de rencontrer des âmes hautes en communauté que dans le siècle. Il faut être juste. Personnellement, je considère que le plus puissant lien humain qui

Je veux en nommer quelques-uns.

Des treize confrères que je nomme ici, trois sont morts, dont deux en communauté. Trois sont encore en communauté. Les autres sont vivants, mais ils ont quitté la communauté au moment de la grande hémorragie. «Que sont mes amis devenus?» comme disait Rutebeuf. Pensez un peu à ce que cela peut signifier de voir ses amis quitter le navire. Un bon nombre d'entre eux étaient les meilleurs d'entre nous. On peut quitter alors qu'on aurait dû rester. On peut rester alors qu'on aurait dû quitter. On peut rester, parce qu'il fallait rester. On peut quitter, parce qu'il fallait quitter. En dehors des communautés religieuses, on ignore le drame qu'elles ont vécu à l'occasion de la Révolution tranquille. Trois mots caractérisent ce drame: départs massifs; tarissement de la relève; vieillissement. Il s'ensuivit une perte d'identité, un long repliement sur soi; la recherche fébrile de nouvelles «oeuvres».

Voyez seulement ceci: la province de Desbiens fut créée précisément le 22 août 1960, le jour même où je recevais l'ordre de me taire. (Voir p. 159.) Elle comptait cent soixante frères. Près de la moitié l'ont quittée entre 1960 et 1970. Par ailleurs, aucun jeune n'est entré en communauté depuis, et qui y soit demeuré.

On peut dire pratiquement la même chose des communautés religieuses féminines. Le cardinal Ratzinger en parle longuement dans *Entretien sur la foi* (Fayard, 1985): «Un exemple, le cas québécois! Il s'agit en fait de la seule zone d'Amérique du Nord à avoir été depuis le début colonisée et évangélisée par des catholiques qui y avaient édifié un régime de chrétienté géré par une Église omniprésente. En

m'attache à l'Institut, c'est l'amitié de quelques hommes.

Je veux en nommer quelques-uns*. On dira ce qu'on voudra. On dira que cela n'intéresse personne. Que ce sont tous des inconnus. N'importe. Je veux en nommer quelques-uns. Salut, Louis-Grégoire, Paul-Gérard, Rosario, Donat; salut, Jean Gérard, Rosaire-Raymond, Armand-Benoît, Sylvio-Alfred, Pierre-Xavier, Jacques-Lucien, Firmin-Marie, Henri-Georges, Alexis-Marie. Salut, vieilles branches, fraternels vieux frères. Où trouverais-je jamais des hommes comme vous autres? Comment vous quitter jamais? Vous renier jamais? Comment me résigner jamais à abandonner un tel capital d'amitié? Comment vous oublier jamais, vieux arbres plantés depuis dix ou quinze ans, et qui commencez à donner de l'ombre. Je ne veux pas parler en l'air. Je veux vous nommer pour ancrer ce que je dis ici; pour incarner, pour humaniser avec de vrais noms de vrais hommes ce que je dis ici. Je ne veux pas parler en l'air. Je ne vous méritais pas. Je vous ai quand même. Salut, fraternels vieux Frères, salut.

Serez-vous heureux ou malheureux? La question est mal posée. Il n'y a pas de choix qu'entre le bonheur et le malheur. Entre les deux, il y a peut-être la grandeur. Or, vous aurez toutes les occasions d'être grand, c'est-à-dire utile aux autres. Ce n'est pas la grandeur qui va vous manquer. Tâchez seulement de ne pas manquer à la grandeur.

Les femmes

Toute beauté est tragique, car elle est le chant d'une privation.
LÉON BLOY.

Marie tient la place de ses filles, mais ses filles aussi tiennent sa place.
G. VON LE FORT, *La Femme éternelle.*

La moitié du genre humain est de sexe féminin, je ne vous apprends rien. Il est assez difficile d'ignorer ce fait. Difficile aussi d'ignorer l'inclination qui nous porte vers les femmes. Ici ou nulle part, qui fait l'ange fera bientôt la bête. Donc il y a des femmes, et qui sont belles et aimables. Nous avons promis de vivre sans femme. Nous avons été formés loin d'elles. Trop loin, peut-être; non pas physiquement, ce qui est de stricte nécessité, mais intellectuellement, en ce sens que notre formation, sur ce point, et sur quelques autres, est un peu irréaliste. Dans les Postes, toutefois, nous ne sommes plus tellement loin des femmes.

Ne vous effrayez pas trop de sentir en vous ce vide, cette fringale vers l'amour humain. Lucidité, ici première précaution. La femme fait partie de l'idée complète d'homme. Seul, votre essence est incomplète. Vous ne réalisez qu'imparfaitement l'idée d'homme. Platon a ici de fortes paroles. Il parle de l'homme, de certains hommes, comme d'un être coupé en deux, et qui erre de par le monde cherchant sa moitié. L'inclination vers l'amour humain n'est donc pas un caprice, ou quelque chose de passager. Un homme seul est un être mutilé. La femme, dit la Genèse, est la moitié de l'homme, elle a été faite non pas d'une côte de l'homme, mais d'un côté de l'homme, de tout un côté. Ne vous méprisez donc pas de ressentir cette fringale vers la femme; avouez-vous à vous-même ce penchant. N'essayez pas de vous faire accroire que les «raisins sont verts». *«Je ne veux pas que par lâcheté vous ayez dégradé vos trésors, par désir de les moins regretter»,* dit Saint-

effet, il y a vingt ans encore, au début des années 60, le Québec était la région du monde au nombre de religieuses le plus élevé par rapport à une population de six millions d'habitants. Entre 1961 et 1981, à cause des départs, des décès et de l'arrêt de recrutement, le nombre des religieuses est passé de 46 933 à 26 294. Une chute de 44 p. 100, qui semble impossible à enrayer. Les nouvelles vocations, en effet, ont diminué pendant la même période d'au moins 98,5 p. 100. Il s'avère ensuite qu'une bonne partie de ce 1,5 p. 100 restant est constitué non par de très jeunes, mais par des «vocations tardives». Au point que les simples prévisions permettent à tous les sociologues de s'accorder sur cette conclusion brutale mais objective: «D'ici peu (sauf renversement de tendance tout à fait improbable, du moins à vue humaine), la vie religieuse féminine telle que nous l'avons connue ne sera plus qu'un souvenir au Canada.»

La vocation religieuse est un mystère. L'appel, la persévérance, les errances, la fécondité... Qui entend l'appel? Qui mesure sa réponse? Chaque être humain est «un sphynx accroupi sur sa propre signification» (Bloy).

J'ai eu, je me suis fabriqué une histoire assez orageuse. Que serais-je sans les frères maristes? Il n'y a pas de réponse à cette question. Mais je sais un peu qui je suis, grâce à mon appartenance à la communauté des frères maristes.

J'étais, je suis de la sorte d'homme dont parle l'Écriture: «Où il n'y a pas de haie, le domaine est au pillage, et où il n'y a pas de femme, [l'homme] gémit et erre à l'aventure. Qui se fierait à un brigand agile qui bondit de ville en ville? Ainsi en est-il de l'homme qui n'a pas de nid et qui loge où la nuit le surprend.»

Un être sans feu ni lieu est un être sans foi ni loi.

Ma communauté m'a sauvé tant qu'elle a pu. Elle a éduqué mon élan, ce qui est une fonction proprement féminine; elle m'a patienté, ce qui est une autre fonction proprement féminine. Elle m'a forcé à prier, ce qui est «utile à tout», comme dit saint Paul, même s'il s'agit le plus souvent d'une prière purement physique, purement corporelle, mais qui, sur une longue portée, est la chose la plus secourable qui soit.

Et puis — par quelle hypocrisie le nierais-je? — ma communauté m'a fourni une assiette psychologique et matérielle où je me suis alimenté. Nul ne tire toute sa force de lui seul, à moins d'être un dieu ou une bête, comme disait Aristote. À travers ma personne, les frères maristes ont joué un rôle dans la réforme scolaire. Ils en avaient joué un autre bien avant, et avec les autres communautés religieuses de frères et de soeurs, contempteurs du système en place, forceurs et pionniers de la réforme scolaire, avant l'intervention de l'État. À vue humaine, l'aventure est terminée. Le navire est à quai. Nous serons bientôt tous des soldats licenciés d'une guerre oubliée. Qu'importe! Nous les aurons assez trimbalées, nos valises. «La vie, c'est un type dans le métro, avec une valise au bout de chaque bras. Il est frénétique, il s'occupe des meilleurs changements pour arriver le plus tôt possible, à quelle dernière station? À la mort. Mais il tient tellement à ses valises... (...) La vie ne consiste aucunement à être obsédé par ses valises, elle consiste à s'en délivrer.» (Malraux, *Chênes*)

J'étais un peu ému quand j'écrivais cette page; je le suis encore un peu. Je me surprends à rêver: qu'est-ce qu'on

Exupéry. La technique des «raisins verts» ne fait qu'un temps. Vient toujours le moment où il faut fournir une réponse profonde ou se rompre. Ne vous méprisez point de constater que l'amour de Dieu ne vous suffit pas. De constater que la moindre des mignonnes vous intéresse davantage que Sainte Marie. C'est normal. La sainteté est un fruit d'automne; point de printemps, sauf de rares exceptions. Il faut longtemps marcher dans la nuit et la contradiction avant d'accéder aux régions sereines. Méprisez plutôt les paix rapides: elles ne sont point vraies. Méprisez la paix qui serait fruit de capitulations, et méritez lentement la paix des conquérants. La paix rapide et facile serait ici de tout abandonner et de bondir vers l'amour humain, ou, pis encore, vers les ignobles succédanés que je renonce à nommer, mais que vous devinez. J'ai envie de vous dire: vous avez la fringale, reconnaissez-la pour ce qu'elle est; n'en ayez point de honte, et endurez.

Et cela durera-t-il longtemps? Assez. Je répète que la paix ici s'appelle sainteté, pas autrement. Aussi bien, personne, je suppose, ne vous a dit que la vie religieuse est une vie facile. La vie religieuse est une aventure haute et sombre, une aventure pour hommes, et seuls les hommes s'y épanouissent.

On ne peut pas espérer d'aimer Dieu comme on aimerait une femme. Ni la Sainte Vierge comme on aimerait sa petite voisine. Ce serait vraiment trop simple. Et à ce compte-là, les noviciats devraient refuser des postulants. On sait que tel n'est point le cas.

Pour la Sainte Vierge, toutefois, c'est un peu différent. La Sainte Vierge, c'est une femme, une belle femme, une inusable jeune fille. Elle est au ciel en corps et en âme. Je pose qu'un homme qui évolue normalement peut arriver à aimer la Sainte Vierge comme un fiancé aime sa fiancée, même s'il en est séparé. Au coeur du désert, dit Saint-Exupéry, on peut être riche de l'image de la bien-aimée. Au coeur de nos vies, nous pouvons être riches de l'image et de la présence de Sainte Marie. Et nous avons ici un avantage sur le jeune homme qui serait séparé de sa bien-aimée: nous pouvons parler à la Sainte Vierge, et nos paroles se rendent. Nos pensées même se rendent, et le plus petit mouvement d'amour se rend. Le jeune homme, il pense à sa bien-aimée, il lui parle dans le secret de son coeur, mais ses paroles ne se rendent pas, et il le sait. Mais, nous, si nous parlons à Sainte Marie, dans le silence de notre amour, nos paroles se rendent. La Sainte Vierge le sait quand nous lui parlons, quand nous pensons à elle. Les litanies laurétanes prennent ici un sens très riche. Dans les litanies, nous disons à la Sainte Vierge les plus beaux compliments qu'aient rêvés, à travers les siècles, les coeurs les plus bondissants. Il y aurait toute une psychologie de la femme à tirer des litanies de la Sainte Vierge: Vierge fidèle, Vierge très prudente, Mère du bon conseil, Cause de notre joie, Consolatrice, Mère, Petite Fille, Cadette du genre humain.

La culture

Être cultivé, c'est, en chaque ordre, remonter à la source et boire dans le creux de sa main, non point dans une coupe empruntée.
ALAIN, *Propos sur l'Éducation.*

Il n'est pas de culture qui ne vienne d'un culte.
LANZA DEL VASTO, *Dialogue de l'Amitié.*

Avant tout, vous vous cultiverez. La culture est la base d'une vie d'homme. Le latiniste ne s'ennuie jamais, dit Alain. Il y a une joie inusable du côté de la culture. Et des avenues à jamais ouvertes. Ayez en vous votre bonheur. Ayez en vous une richesse que vous porterez partout où vous irez, que nul ne pourra jamais vous enlever à moins de vous détruire en tant même qu'homme. Votre culture sera à vous aussi longtemps que vous vivrez. Cultivez-vous. Et pour ça, apprenez à lire. Duhamel dit qu'un peuple qui lit est un peuple sauvé. Je dirais

aurait pu faire, demeurés ensemble? Mais il s'agit d'un rêve.

Je me dis aussi qu'il y a eu un terrible gaspillage de ressources humaines dans les communautés. Gaspillage *objectif,* en ce sens qu'il n'est guère imputable à des personnes en particulier. Marcel Légaut, du haut de son très vieil âge et de sa très longue méditation, écrit toutefois: «Il n'y a pas si longtemps, les congrégations «achetaient» encore des vocations, dans les régions pauvres, en assurant par leurs petits séminaires l'instruction d'enfants de familles nombreuses que celles-ci ne pouvaient payer. Elles poussaient ainsi au recrutement de leurs membres de façon tout à fait imprudente, visant plus le nombre que la qualité. Dans un pays de chrétienté, ces «vocations» trouvaient tant bien que mal le moyen de tenir, mais aujourd'hui ceux qui se sont trouvés ainsi engagés pour leur vie sans l'avoir librement, volontairement choisi passent par des crises qui les conduisent à des situations impossibles, ou même au désespoir. Ce sont là des conséquences dramatiques dont les communautés religieuses doivent se sentir solidaires et même responsables.» (Marcel Légaut, *Patience et passion d'un croyant,* Le Centurion, 1977)

Cette prose rocailleuse, montée pas à pas et si haut, dit mieux que je ne saurais jamais faire. Je m'assieds sous son ombre secourable.

volontiers la même chose d'un Jeune-Frère. Si l'ennui, c'est la valeur tarie, on peut dire que la culture, c'est l'ennui guéri dans sa cause. Le latiniste ne s'ennuie jamais, même pas le dimanche. À croire que j'en veux aux dimanches. Non pas moi, mais d'aucuns qui me l'ont dit. Ils verront que je leur réponds ici.

Vous penserez peut-être que je suis terriblement profane, et à peine moins impie. Pensez donc! je n'ai pas encore parlé du bienheureux Fondateur, de la prière, de la communion quotidienne, des neuvaines... C'est un fait. Je pense, avec Alain, qu'il ne faut pas recourir trop tôt aux remèdes supérieurs. Non que l'on craigne qu'ils puissent manquer; mais de crainte qu'on ne leur manque. Commencer par la mystique, et se dégoûter, c'est sans remède. Mais commencer par la culture humaine, c'est presque sûrement déboucher plus haut.

Recourez donc à vous d'abord. À votre intelligence.

Le corps

> *Nous devons aimer notre corps du même amour que nous aimons Dieu.*
> SAINT THOMAS,
> *Somme théol.*, II-II, q. 25, a. 5.

Recourez à vos muscles aussi. J'aime assez qu'un Jeune-Frère soit fort, physiquement fort. La maladie complique tout; la faiblesse physique complique tout. Elles n'arrangent rien, sauf pour les saints, encore une fois. La parole de saint François de Sales est bien connue: *«Il vaut mieux garder plus de forces corporelles qu'il n'est requis, que d'en ruiner plus qu'il ne faut; car on peut toujours les abattre quand on veut, mais on ne les peut réparer quand on veut.»* Il ajoute: *«J'aime mieux que vous souffriez la peine du travail que celle du jeûne*[1].*»* Soyez donc fort. Je ne dis pas sportif; sur-

(1) Saint François de Sales, *Introduction à la vie dévote,* Nelson, p. 220.

tout pas sportif *télévisionnaire*. Par exemple, soyez le plus terrible marcheur que la terre ait jamais porté. La marche, c'est tout l'homme. Faites-vous également un léger programme de culture physique, et tenez-vous-y. Le profit ainsi sera double: moral et physique. Mais, j'y reviens, soyez d'abord marcheur. *«Marche, dignité de l'acte vertical uniquement humain qu'est la marche*[1].*»*

Toutefois, tâchez de toujours penser votre corps comme instrument. Le corps est pour l'âme, instrument de l'âme. Il est normal qu'un instrument s'émousse à l'usage. Vous ne devez pas ambitionner une éternelle jeunesse de corps. Et donc, vous devez accepter en profondeur la fatigue et le vieillissement. Je vois assez qu'on finisse par contracter pour son corps une espèce d'amitié aristocratique et attendrie. Le genre d'attachement que l'on contracte envers les objets utiles et familiers tout ensemble. *«Aie ton corps et connais-le; c'est une chose qui vient du dehors, une chose parmi les autres et qui trempe encore en dehors comme sonde. Parmi les autres choses, c'est la seule que tu sentes à la fois du dehors et du dedans. C'est donc la seule clef qui te puisse introduire à la signification de tout le reste. Toutes les créatures ont leur écho dans ton corps comme le bruit de la mer dans la conque*[2].*»*

Corps, vieux frère, tu m'auras manqué souvent, mais voici que tout de même nous arrivons ensemble aux portes du Royaume de Dieu. Toi, fourbu, harassé, cassé; moi, plus neuf qu'au matin. Voici que bientôt tu attraperas, pour ainsi parler, les qualités mêmes que tu t'es usé à me procurer; les qualités contre lesquelles tu t'es lentement échangé: clarté, agilité, subtilité, impassibilité, mots lourds, et qui dénoncent gauchement les merveilleuses réalités qui nous attendent, car nous l'aurons assez chanté, n'est-ce pas? et avec quel enthousiasme et quelle foi, toi et moi: *exspecto resurrec-*

---

(1) Lanza del Vasto, *Principes et préceptes du retour à l'évidence,* p. 9.
(2) Lanza del Vasto, *Principes et préceptes du retour à l'évidence.*

tionem mortuorum... j'attends la résurrection des morts.

Les départs

> *Tôt ou tard, mais sûrement, on verra dans la ville des petits péchés, où abondent les portes de sortie, une grande flamme s'élever du port pour annoncer que le règne des lâches est terminé et qu'un homme brûle ses vaisseaux.*
>
> CHESTERTON, *Le Défenseur.*

Vous me dites, dans votre lettre: *«J'ai connu des con-frères qui semblaient très bons lorsqu'ils vivaient avec moi, qui ont fait un an ou deux dans les Postes, pour ensuite quitter les rangs de notre Institut. Les causes? Les difficultés qu'ils ont rencontrées?»*

Pour ce qui est des difficultés et des écueils, j'en ai bien signalé quelques-uns. Résumons, peut-être: asphyxie du terrible quotidien, savante contradiction de la Règle, accrochages avec les confrères, incompréhensions éventuelles du Frère Directeur, dégoût du métier, ennui, fringale d'un bonheur à l'échelle humaine.

Au fond, tout cela n'explique rien: *«Les motifs allégués, lors des sorties ou abandon de vocation, ne sont bien souvent que des prétextes,* déclare la circulaire du 8 décembre 1959. *La véritable cause est ailleurs et date souvent de plusieurs années. Le mal n'est pas tant au-dehors, dans les circonstances extérieures, les confrères, les supérieurs, mais bien davantage au-dedans, dans la faiblesse, l'amour-propre, le manque de générosité, l'absence d'esprit religieux de l'intéressé.»*

Ce sont là des propos sévères, auxquels il faut bien souscrire, pourtant. Pierre et André sont invités et acceptent d'emblée la proposition du Maître; le Jeune Homme riche refuse. Tout est dit. Et celui qui s'en retourne triste, c'est le Jeune Homme riche. Non pas triste tout de suite, peut-être. Julien Green décrit quelque part le soulagement qu'il éprouva le jour où il décida de refuser l'appel vers la vie religieuse. Ce fut d'abord comme s'il avait enlevé un lourd vêtement. Nous sommes mal renseignés par nos plaisirs. Mais écoutons maintenant un commentateur attitré: «*La première impression de Green après le grand refus, est celle d'un immense allégement intérieur: un poids lui est enlevé, le poids de la croix. Ici encore la leçon est précieuse: il est d'une psychologie simpliste de s'imaginer que le premier sentiment du chrétien qui refuse à Dieu quelque chose qui lui est demandé, est de terreur et d'angoisse; il est au contraire celui d'une libération, d'une entrée en possession de soi-même. C'est la vie en Dieu qui est difficile; c'est elle qui crucifie; la joie qu'elle donne est si profonde qu'elle ne se trouve qu'au-delà de la souffrance, dans la nuit de la foi. Le premier sentiment d'Adam, après la chute, fut d'entrer en possession du monde et de lui même. (...) L'homme pécheur vit à un niveau superficiel de lui-même; le mal commis atteint plus profond, en une zone de l'être où la psychologie habituelle est incapable de descendre. Il faut rappeler ici la profonde parole de saint Grégoire: «Les biens matériels, quand on ne les possède pas, semblent les plus précieux de tous; les biens spirituels, au contraire, tant qu'on ne les goûte pas, paraissent sans réalité; les jouissances matérielles, une fois expérimentées, ne dévoilent qu'à la longue la satiété qu'elles recèlent, tandis que les réalités spirituelles, une fois vécues, se manifestent inépuisables*[1].»

Mais je n'ai pas encore fini. Tout ce que je viens de dire ou de rapporter va à déposer tout le fardeau de la responsabilité sur les épaules du Jeune-Frère. Il n'est pas interdit, bien que ce soit souverainement délicat à formuler, de penser que certains torts se trouvent dans le milieu communautaire lui-même. Si la classe des inférieurs n'est pas impeccable, on voit mal comment la classe des supérieurs serait, elle, impeccable. Com-

---

(1) Charles Moeller, *Littérature du XXe s. et christianisme*, t. II, pp. 318-319.

ment peut-on poser a priori que les supérieurs n'ont jamais fait, en tant même que supérieurs, aucune faute? Qui peut dire que l'histoire des Frères enseignants est ce qu'elle aurait dû être? Historiquement, n'avons-nous aucun tort? N'avons-nous pas failli, en partie tout au moins, à notre mission? N'y a-t-il que du positif dans notre histoire? Tout homme de sang-froid doit reconnaître que nous ne sommes pas sans fautes. Nous avons commis des erreurs d'orientation; nous avons manqué de prévision; bref, nous n'avons pas toujours su relever à temps les *challenges* de notre histoire d'ici. Je sais que ces propos paraîtront prétentieux à certains. Prétentieux et insolents de surcroît. Prétentieux vous-mêmes! Si donc nous avons commis des erreurs, les inférieurs ne sont certes pas les seuls coupables. Et si, pour parler en général, on est amené à reconnaître certains torts à l'autorité comme telle, on est amené, dans la même mesure, à innocenter les inférieurs comme tels.

Quand je parle ici d'autorité, je parle tout aussi bien de certaines structures, de certaines modalités de notre vie communautaire. Les structures sont inventées et maintenues par l'autorité, principalement, sauf erreur. Et si ces structures sont inadéquates ou nuisibles même, c'est l'autorité, et non les inférieurs, qu'il faut blâmer. Remarquez que je ne parle de ces choses qu'avec crainte et tremblement, comme on fait son salut. Même s'il me semble que j'ai quelque appui. Ainsi, Pie XII: «*Il est possible que certains points de l'horaire, certaines prescriptions, qui ne sont pas de simples applications de la Règle, quelques habitudes qui correspondaient peut-être à des conditions d'un autre temps, mais qui, à présent, ne font que compliquer l'oeuvre éducatrice, doivent être adaptées aux nouvelles circonstances... Vous voulez servir la cause de Jésus-Christ et de son Église selon les besoins du monde actuel. Il ne serait, par conséquent, pas raisonnable de persister dans des usages ou des manières de faire qui empêchent ce service ou, peut-être même, le rendent impossible.*»

C'est les jeunes, en effet, qui s'accommodent le plus mal des structures périmées ou vieillies. Un homme mûr, puisqu'il a vécu, c'est qu'il a réussi somme toute à s'adapter aux structures ou à se les adapter un brin. Mais un jeune...

Le chanoine Leclercq, qui n'est pas à l'Index, dit dans *Vocation religieuse* des choses autrement dures que celles que je dis maintenant. Ce n'est pas des mots, c'est des réalités qu'il dénonce qu'il faut avoir peur. Et si on ne les dit pas, l'Histoire se charge de nous les dire, ces choses-là. Et l'Histoire est impitoyable. Je crois qu'il y a, touchant les départs, quelques éléments d'explication à chercher de ce côté, sans préjudice du paragraphe précité de la circulaire du 8 décembre 1958, qui fournit les explications principales.

Mais pourquoi dire ça à des Jeunes-Frères? me demande quelqu'un. Ne trouvez-vous pas qu'ils sont suffisamment portés à la critique? Pourquoi leur fournir de nouvelles armes?

Je trouve que les Jeunes-Frères, comme les autres, sont suffisamment portés à la critique, et je me garde conséquemment de leur fournir de nouvelles armes. Mais je sais que la critique bête, malsaine, déprimante et constipée vient toujours d'une information tronquée ou d'une lucidité brumeuse; jamais d'une analyse rigoureuse. Voir et formuler les problèmes avec réalisme est une démarche virile et positive.

Il ne faut pas croire qu'on a beaucoup fait pour l'autorité quand on s'est contenté de nier, quant à elle, la possibilité même d'errer. Hé quoi! des papes ont commis des erreurs; à un moment donné, l'épiscopat d'un pays a pu commettre des erreurs, et nous aurions la prétention de dire que la classe de nos Directeurs ou de nos Provinciaux n'a jamais commis la plus petite erreur, que toutes leurs décisions furent excellentes; leurs jugements, uniformément sages? Je crois, pour ma part, qu'il n'y a pas de sacrilège à penser le contraire. On ne ruine pas l'autorité en la disant humaine, donc faillible. Mais on la ruine sûrement quand on la propose à un respect idolâtrique. Les idoles ne résistent pas au temps. Un respect durable de l'autorité doit être basé sur une conception saine. C'est la vérité qui délivre, jamais l'illusion ou la surenchère. Deux mois dans les Postes détrompent étrangement un Jeune-Frère à qui on aura présenté un Directeur ou un Provincial comme des répliques grandeur nature de Dieu-le-Père. On en finirait une fois pour toutes avec les déceptions qui ne laissent de place qu'au cynisme, si on se disait que les tentatives humaines de réaliser le Royaume de Dieu sont aussi pauvres et aussi pitoyables que les tentatives humaines de penser Dieu. Nos institutions sont aussi déficientes que nos concepts. Ce n'est pas une raison pour renoncer à l'effort; c'est la condition d'un effort lucide et efficace.

Cette longue digression ne m'a pas fait oublier mon idée principale, qui est celle-ci: un homme doit longtemps porter à bout de bras ses raisons de vivre avant que ses raisons de vivre ne le portent. Tout n'est d'abord que déroulement dans la nuit. Tout n'est d'abord que liberté donnée dans l'angoisse.

Envoi

> *On peut le certifier d'avance: celui qui répondra le mieux aux besoins de son époque sera quelqu'un qui n'aura pas cherché d'abord à y répondre. C'est ce qu'on trouve au fond de soi, pour soi, qui a chance de devenir pour d'autres, le remède topique et l'aliment essentiel.*
>
> HENRI DE LUBAC, *Nouveaux Paradoxes*.

Et voilà, mon petit Frère, ce que j'avais à vous dire. Ce n'est rien de bien neuf, ni de bien révolutionnaire, au fond. Jusqu'à quel point ai-je su vous répondre? Jusqu'à quel point ai-je su vous rejoindre, ai-je mérité de vous rejoindre? Je l'ignore. Au terme de cette longue lettre, qui ne devait pas être si longue quand je l'ai entreprise, je me demande si j'aurai réussi à vous aider. Je le voulais, en tout cas. Il n'y a que ça: aider les hommes. L'amour n'est que le nom suprême de la pitié. Et il faut bien, n'est-ce pas, qu'un homme ait quelque part au monde un lieu où il y a de la pitié pour lui. On ne peut vivre sans pitié.

Je me souviens, il y a quelques années, avoir répondu à un appel téléphonique. Un homme, conducteur d'autobus sur la ligne Québec-Saint-Romuald, informait la Direction de l'école qu'un des écoliers qu'il transportait chaque jour avait oublié son sac et ses livres de classe dans son véhicule. Je pris note de la chose et le remerciai. Avant de raccrocher, l'homme me demanda si je connaissais tel Frère, qui lui avait fait la classe autrefois. Et il sembla tout heureux des quelques renseignements que je lui communiquai.

Là-dessus, je me pris à réfléchir. Les hommes ont besoin qu'il existe des hommes-rochers. Des hommes nommés une fois pour toutes. Ils ont besoin de savoir qu'il subsiste, malgré l'écoulement de toutes choses, des îlots de fidélité et d'affirmation d'absolu. Le plus grand service que nous puissions rendre aux hommes de ce temps, c'est d'affirmer l'absolu. La négation de l'absolu est la grande maladie moderne. Les hommes ont besoin de savoir qu'il y a des hommes qui ne passent pas.

Il leur est bon de savoir qu'il y a toujours des Frères. Élèves, ils ont connu Tel ou Tel. Ensuite, ils se sont embarqués pour la vie; ce qu'on appelle communément la vie. Ils ont évolué. Ils ont changé. Ils ont connu toutes sortes de déceptions. Ils savent maintenant que l'homme n'est pas heureux. Et voici qu'un jour, il leur prend envie de s'enquérir si Tel ou Tel est encore là. Qui leur parlait jadis de religion, de Jésus-Christ, de Sainte Marie, de valeurs chrétiennes, et, qui sait? de démocratie. Quelle caution alors d'apprendre que cet homme est toujours là, inchangé, inusable. Ce n'était donc pas un farceur! Toutes ses paroles, d'un coup, valorisées. Rétroactivement valorisées. Toutes ses paroles, soudain, qui cristallisent en valeurs.

Je veux terminer en citant encore une fois Saint-Exupéry, le seul des écrivains contemporains que la gloire ait touché; la gloire, pas seulement la célébrité. Comme la lumière d'une étoile nous parvient parfois longtemps après qu'elle s'est éteinte, ainsi la chaleur de Saint-Exupéry vous rejoindra peut-être maintenant: on ne sait jamais pour qui on écrit. *«Nous sommes quelques-uns à veiller sur les hommes, auxquels les étoiles doivent leur réponse. Nous sommes quelques-uns debout, avec notre option sur Dieu. Portant la charge de la ville, nous sommes quelques-uns parmi les sédentaires, que durement flagelle le vent glacé qui tombe comme un manteau froid des étoiles.»*

Avec notre option sur Dieu. Et Sainte Marie.

DERNIÈRE HEURE

Doctor romanus, asinus germanus... et un dieu à Québec.
Cité par Daniel-Rops de Paris, amélioré par Jacques Tremblay de Jonquière.

L'autre jour, je voyageais en autobus avec un confrère. Mon confrère dut s'asseoir avec ce qui lui sembla être au moins un Chanoine. Je pris place deux banquettes en avant d'eux.

La première partie du trajet se fit dans un silence interplanétaire: quand un marquis rencontre un autre marquis, ils se racontent des histoires de marquis, nous assure Maurice Chevalier; mais quand un Frère rencontre un Chanoine, ils ne se racontent rien. Pourtant, le Chanoine avait une interrogation dont il voulait se purger. S'adressant enfin à mon confrère, il lui demanda s'il connaissait Frère Untel. «Il est là, devant vous», répondit mon confrère, en bon *stool pigeon*.

Le Chanoine en voulait beaucoup à mes excès de langage et à mes embardées théologiques. Mon confrère me défendit vaillamment. C'est une bien bonne âme, ce confrère-là.

En débarquant de l'autobus (peut-on, oui ou non, débarquer d'un autobus?), le Chanoine me tendit la main. Je lui demandai son nom; il refusa de me le dire, j'insistai, il refusa; j'insistai, et je finis par savoir comment il s'appelait. (Mon confrère compléta par la suite le registre civil du Prélat en me disant qu'il était principal de l'école normale de l'Islet et qu'il avait étudié à Rome.) Après m'avoir décliné son nom, le Prélat m'engagea à la prudence en me tapotant paternellement l'avant-bras. «Soyez prudent, me dit-il, soyez prudent, sinon vous allez vous faire bloquer. — Par qui? demandai-je. — Soyez prudent», me répéta-t-il pour toute réponse.

En trente secondes de conversation, avec ce pur

inconnu, nous avons épuisé les tactiques d'un certain clergé québécois: tapotement paternaliste de l'avant-bras et menace onctueuse.

En guise de conclusion

Faites du bien aux pauvres... Oui, mais aux vrais pauvres, aux pauvres d'esprit, et non pas en leur octroyant la faveur qu'ils vous demandent, mais celle dont ils ont besoin.

UNAMUNO.

Je blague, je bouffonne, j'insulte, c'est entendu. Mais il n'y a pas que ça. Il y a surtout que j'aime l'homme d'ici, le Canadien français de par ici; j'en suis tellement un, un homme d'ici. Je supplie qu'on me croie sur parole (je ne le mérite pas, je sais, je demande quand même qu'on me croie sur parole): je ne déteste personne. Je ne suis pas un révolté. J'écris habituellement de fort bonne humeur, sauf quand je couve une crise de bile, ce qui m'arrive une fois la semaine. Je me mets alors au régime: sept repas consécutifs au *Kellogg's special K.* Vous savez, la boîte avec le gros K rouge.

Ce que je veux, c'est créer un appel d'air; je veux qu'on respire par ici. Je ne suis pas un révolté. Personnellement, je n'ai été la victime d'aucune injustice. Personnellement, j'arrive assez bien à respirer. Je n'ai aucun compte personnel à régler avec qui que ce soit. Je ne suis pas un malchanceux. Un malchanceux ne doit pas se mêler de philosopher. Je suis plutôt une espèce de chanceux. J'ai d'abord eu la chance, je le dis sans ironie, de venir au monde dans une famille pauvre. Nous avons toujours été pauvres, chez nous. Presque misérables. Misérables même par moments. J'ai fait une bonne partie de mes devoirs d'écolier à la lumière d'une lampe à pétrole, pour la raison que mes parents n'avaient pas les moyens de se brancher sur la Saguenay Power. Quand les Frères m'ont ramassé, ils ont dû littéralement payer mes passages pour le juvénat, m'habiller et m'instruire gratuitement. Ils ont fait ça pour des milliers de Canadiens français, les Frères, mais ce n'est pas tellement su.

Par la suite, j'ai fait de la tuberculose. J'en suis sorti comme j'ai pu: lourdement hypothéqué; mais j'ai du chien dans le corps. Cette interminable maladie fut une grâce. J'ai réfléchi. J'ai été humilié de la seule façon qui laboure véritablement: dans ma force physique. On peut toujours nier qu'on est dépourvu de jugement, de culture ou de goût; on peut simplement ne pas le voir. Mais on ne peut pas ignorer qu'on est essoufflé.

J'ai eu l'occasion de connaître à l'hôpital des hommes et des femmes admirables. C'est là que j'ai rencontré pour vrai les Canadiens français. J'ai aussi eu l'occasion de lire un brin. J'ai même connu un jésuite à qui je dois beaucoup.

Ce que je veux maintenant, c'est que par moi s'expriment les générations de silencieux d'où je suis sorti. Mon père ne sait ni lire ni écrire. Ce n'est pas sa faute: à 14 ans, il courait les chantiers. Est-ce assez terrible? A-t-il assez enduré, cet homme-là, et les comme lui? S'est-il assez tu dans sa chienne de vie? A-t-il assez courbé le dos? Et il se trouvait alors (il s'est toujours trouvé) des sages repus et des onctueux pour juger que tout va pour le mieux dans le meilleur des mondes, au nom du Nord, et du Sud, et de l'Est, et de l'Ouest, ainsi soit-il.

Et les Frères, dont je suis, dont je ne mérite pas d'être, mais dont je suis tout de même, par la pitié de Sainte Marie et la protection de quelques hommes qui m'ont aimé, et que j'ai dû, parfois, la mort dans l'âme, combattre par la suite, et les Frères, se sont-ils assez tus, eux aussi? Ont-ils été assez longtemps silencieux?

Il faut que tout cela s'exprime maintenant. Et tout cela s'exprimera, sans colère*, quoi qu'en pensent les timorés, sans rancoeur, quoi qu'en pensent les imbéciles. Il faut que tout cela s'exprime avec sérénité, ce qui ne veut pas dire mollement.

Et tout cela s'exprimera, sans colère...

Les deux petits textes que j'ai publiés concernant ma mère et mon père sont les deux textes dont je suis le plus fier, tout compte à peu près fait. Je rends grâce à Dieu d'avoir eu l'occasion de célébrer mon père et ma mère. Je dis cela tranquillement, sans aucune forme de sentimentalisme. Je ne suis point du genre sentimental. Je suis du genre à aimer le bruit de l'eau, le bruit des rapides de la Métabetchouan ou de la Petite Péribonka; je suis du genre à aimer le bruit du vent dans les arbres, en hiver, qui est, justement, un bruit de cataractes. Le plus beau bruit sous la lune. Avec le sifflement des trains.
J'ai respecté l'engagement que j'avais pris il y a trente ans et qui était de célébrer mes père et mère. Et tous les petits qui leur ressemblent de par le monde, hier, aujourd'hui, demain.

Je répète que je ne suis pas malheureux. Je suis obligé de le répéter, car on veut me faire passer pour un chien hargneux, un mécontent, un arriviste frustré. J'ai renoncé à tout pouvoir il y a longtemps. J'ai renoncé à l'argent. J'ai renoncé à l'amour humain (assez, assez, mon petit lapin bleu; t'emporte pas; t'as des trous, respire. On te demande pas d'exhiber tes saintes plaies. On sait ça, que t'as renoncé à des tas de choses. T'avais rien et t'as renoncé à tout, on connaît ça). Je ne suis pas malheureux. Je suis comme je suis. Je me débats, car je n'ai pas envie que ceux dont je suis manquent le train. Il ne faut pas manquer le train. Nous avons assez de retard.

Encore une explication, mon Père

J'ai encore une explication à fournir. On n'en finit plus de s'expliquer et d'expliquer ses explications, tellement le terrain est miné. Un facétieux me demandait un jour: «Êtes-vous un catholique ou bien un Frère?» Je suis un catholique. Je ne vivrais pas cinq minutes en dehors de l'Église catholique romaine.

Remarquez que c'est bien peu dire: je suis catholique. Tel politicien ou tel industriel s'affichent catholiques, eux aussi. Ça veut dire quoi? Ça veut dire que le catholicisme est encore rentable dans la Province, financièrement, politiquement et socialement.

Donc, je suis catholique. J'adhère par toutes mes surfaces à tout ce que l'Église enseigne formellement; là où le pluralisme d'opinions est autorisé, j'explore avec la lanterne que j'ai, sans prétention, et tenant bien peu au peu à quoi je tiens.

J'ai déjà dit que je renvoie d'avance, dos à dos, les apprentis anticléricaux qui voudraient utiliser mon témoignage (c'est vraiment trop facile d'être anticlérical dans la province de Québec), de même que les dévots apeurés et les intégristes cafards. Ce que je dis est connu de tout le monde; je n'apprends rien à personne. Il faut quand même hurler ces choses. *«Je ne m'en étais jamais avisé,* dit Mauriac, *il n'est rien de si rare qu'un homme qui pense tout haut, ni de si redouté. Il ne dit rien pourtant que ce qu'il voit, et il ne voit rien que ce qui crève les yeux de tous. Mais l'évidence même de ce qu'il dénonce le rend redoutable.»*

Je répugne à l'explication verbale pieuse: apostolat, vocation me font un peu peur: c'est tellement facile de faire dans la piété. Je dis quand même que mon but, en écrivant, c'est de servir l'Église.

Bien le bonjour!

LA LANGUE QUE NOUS PARLONS
(Le Devoir, mercredi le 21 octobre 1959)

Je viens d'apprendre par la télévision («Tribune libre») que notre langue parlée s'améliore tous les jours; que les instituteurs y travaillent de leur mieux; que divers concours stimulent le zèle universel; que les commissions scolaires inscrivent la question à l'ordre du jour; que les enfants y mettent de la bonne volonté; que les familles elles-mêmes...

Ç'a été dit tout d'une traite.

Ça m'a bien étonné.

———————

J'ai quatre enfants aux écoles, des neveux et nièces, leurs amis: à eux tous ils fréquentent bien une vingtaine d'écoles.

Autant d'exceptions, j'imagine. Car entre nous, à peu près tous ils parlent JOUAL.

Faut-il expliquer ce que c'est que parler JOUAL? Les parents comprennent. Ne scandalisons pas les autres.

Ça les prend dès qu'ils entrent à l'école. Ou bien ça les pénètre peu à peu, par osmose, quand les aînés rapportent gaillardement la bonne nouvelle à la maison. Les garçons vont plus loin; linguistiquement, ils arborent leur veste de cuir. Tout y passe: les syllabes mangées, le vocabulaire tronqué ou élargi toujours dans le même sens, les phrases qui boitent, la vulgarité virile, la voix qui fait de son mieux pour être canaille... Mais les filles emboîtent le pas et se hâtent. Une conversation de jeunes adolescents ressemble à des jappements gutturaux. De près cela s'harmonise mais s'empêtre: leur langue est sans consonnes, sauf les privilégiées qu'ils font claquer.

Et parfois à la fin de l'année ils vous rapportent un prix de bon langage. Ça vous fait froid dans le dos.

———

Les pères et mères que je connais se plaignent tous. Ça doit, eux aussi, être des parents de malheureuses exceptions.

J'en connais même qui envoient leur progéniture à l'école anglaise. Et savez-vous pourquoi? Parce que les jeunes n'attrapent pas «cet affreux accent». C'est très intelligent et très respectueux. Car on est sûr de ne pas écorcher le français quand on apprend seulement l'anglais. Ainsi la langue mourra, mais elle sera morte vierge et martyre.

———

...Je trouve que cela fait trop d'exceptions. Qu'on nous mette donc en présence de ces enfants admirables qui perfectionnent, à une école admirable, une admirable langue. Qu'on nous les produise. Je voudrais rencontrer le résultat des concours de bon langage.

D'ici là on nous permettra de nous effrayer de l'effondrement que subit la langue parlée au Canada français. Certains individus progressent, mais la moyenne ne cesse de baisser. La plupart des enfants récupèrent, à un certain âge, à peu près la langue qu'on leur parle en famille: souvent cela ne fait pas grand-chose à récupérer. On en arrive à un idiome auprès duquel celui des ciné-feuilletons a des grâces.

Est-ce une illusion? Il nous semble que nous parlions moins mal. Moins mou. Moins gros. Moins glapissant. Moins JOUAL.

Mais qui nous départagera? Quand les universités recevront leurs millions, ne pourraient-elles charger des linguistes de mener une enquête systématique sur l'état de la langue? Ils nous renseigneront ensuite. Nous apprendrons peut-être comment «tant de bonne volonté» peut donner d'aussi piteux résultats.

CANDIDE.

À trente ans de distance, c'est un exercice éprouvant que de se replonger dans l'aventure des Insolences: *revoir le texte original; parcourir les milliers de coupures de journaux ou de périodiques; relire quelques centaines des lettres reçues dans les mois qui suivirent; bref, se replonger, en esprit, dans les échos, les remous, le tourbillon que l'on a provoqués. Les lettres, surtout (plusieurs centaines en quelques mois), sont bouleversantes. On en retrouve quelques-unes dans le présent volume. Elles venaient de partout, même de l'extérieur du Québec, et de tous les milieux. Quelques signatures connues (Le cardinal Léger, Laurendeau, Gérard Dion, Gérard Filion, Judith Jasmin); d'autres qui allaient le devenir (Lysiane Gagnon); la plupart, d'inconnus: pères et mères de famille, ouvriers, confrères de diverses communautés.*

Rien de tout cela n'avait été prévu. Il a pourtant bien fallu l'assumer. Comment l'aurais-je fait? Je dirai d'abord que les proportions mêmes du succès des Insolences *me l'ont en partie aliéné. Je mesurais très bien la part de mon action qui tenait à la conjoncture.*

Il va de soi que cette aventure m'a apporté de la joie. Elle m'a aussi apporté des ennuis, et des durables. «Au moment d'être courageux, on est porté par une espèce d'exaltation mais, ensuite, il faut monnayer seul, et sans exaltation, les conséquences de son action. Courageux, d'ailleurs, je ne le fus qu'à demi, et inconsciemment. J'avais plongé sans connaître la température de l'eau. Ensuite, il a fallu nager, chose qui s'apprend dans l'eau.» (Sous le soleil de la pitié)

Une telle aventure change une vie. Elle la charge. On ne vit pas «pour rire». *Une expérience humaine n'est jamais une expérience de laboratoire* «juste pour voir». *Je pense à ce professeur de physique qui avait coutume de dire au début d'une expérience:* «Comme vous voyez, vous ne voyez rien. Pourquoi vous ne voyez rien? Vous le verrez tout à l'heure.» *Dans la vie non plus, on ne voit pas tout de suite. Mais on ne peut pas recommencer l'expérience, modifier un dispositif, augmenter ou réduire la chaleur. On ne peut surtout pas effacer et reprendre à zéro. Et pourtant,* «rien de passif de la vie ne reste négatif mais au contraire apporte sa pierre, une pierre irremplaçable, à un édifice dont on ne saurait dire si les fondations, vu le sol sur lequel il avait à s'établir, n'en avaient pas besoin de façon nécessaire pour qu'elles puissent le soutenir jusqu'à son achèvement. Merveille, cette unité qui se constitue à partir de tant d'éléments disparates, et même parfois funestes, mais qui, sous l'influence de la fidélité soutenue par la foi, s'agrègent et se cimentent les uns aux autres pour devenir la réalité unique que le temps ne saura* *faire disparaître quand il s'évanouira...» (Marcel Légaut,* Devenir soi et rechercher le sens de sa propre vie, *Aubier, 1981)*

N'allez pas vous dévaluer, lecteur bénévole, n'allez pas vous sous-estimer, parce que vous n'écrivez rien, parce que vous ne publiez rien. Je ne méprise pas l'écriture. Je veux dire: je ne méprise pas la lecture, car il n'y a écriture que pour la lecture. Je dis pourtant: ne vénérez pas l'écrivain. Utilisez-le pour vous parler vous-même, tout bien seul. Vous êtes le seul qui comptez, je vous l'assure. L'écrivain est un délégué. Délégué par vous-même. Pendant qu'il écrit, vous bâtissez une maison, vous fabriquez du pain, vous cuisinez, vous habillez du monde, vous soignez du monde, vous transportez du monde, vous apprenez à lire à du monde. L'écrivain colmate les trous de sa vie avec des mots. Vous colmatez peut-être les trous de votre vie avec ses mots, s'il est chanceux. Il s'agit d'un échange. Solitude contre solitude. Solitude d'écrire, solitude de lire.

On parle de droit d'auteur. On légifère à ce sujet. Je paierais volontiers des droits de lecteur. Chaque écrivain devrait être tenu de payer son lecteur chaque fois que ce dernier établit la preuve qu'il a été secouru par une phrase, une page. Je dis: secouru; je ne dis pas amusé. À ce compte-là, je serais ruiné depuis longtemps, car, l'aurai-je été secouru par la lecture de quelqu'un qui m'avait écrit, sans me connaître. Sauf erreur, Pascal ne me connaissait pas, lui qui avait dit: «Tant de royaumes nous ignorent.» Et chaque coeur est un royaume. Le risque d'écrire est indivisible, comme tous les risques. Il correspond au risque d'être lu.

JEAN-PAUL DESBIENS,
Automne 1988.

DOSSIER

*Il n'est certainement pas inutile de rappeler
que Frère Untel était le nom de plume du
frère Pierre-Jérôme.*

LA GENÈSE DES *INSOLENCES*

Le 26 octobre 1959

Révérend frère Pierre-Jérôme
Académie commerciale des frères maristes
Chicoutimi, P.Q.

Mon cher frère,

Merci pour votre lettre du 23 octobre. Je l'aime assez pour la publier sans que vous nous y autorisiez*: mais soyez sans crainte, votre nom n'y sera pas, non plus que la référence à votre ville. Elle me paraît un exaltant témoignage, vif, nourri par l'expérience, et d'accent très humain.

Comment en sortir sans recourir à la peine de mort? La question est ouverte. Ainsi que vous le dites, l'individu-instituteur se sent aussi dépassé que l'individu-père de famille. L'individu-élève ne saurait, non plus, être fustigé comme un coupable: il résulte de la société que nous lui avons faite. Comment le saisir de nouveau, au moins dans son élite? Il y a trop de gens qui désespèrent, pour juger la situation désespérée.

Bien amicalement,

André Laurendeau.

———

Montréal, le 18 juillet 1960

Frère Pierre-Jérôme
Sanatorium du Lac-Édouard
Québec

Cher frère,

J'imagine que l'en-tête de cette feuille vous aura déjà fait deviner mon propos: en effet, les Éditions de l'Homme aimeraient beaucoup publier un livre du Frère Untel.

Vos quelques lettres dans *Le Devoir* ont vivement intéressé un large public. Un livre de vous serait donc fort bien accueilli et serait utile dans ce pays où l'on a tant besoin d'être désintoxiqué.

---

*Le contenu de cette lettre a été repris à la page 36 des *Insolences*, «Un remède au niveau de la civilisation: un mot vaut bien une truite».

C'est mon avis, mais c'est aussi celui de deux de nos amis communs, les abbés Dion et O'Neill que je voyais ces jours derniers. Le sujet? Un prolongement de vos lettres du *Devoir*, peut-être. Un *Journal du Frère Untel*, même un roman, ce que vous voudrez. L'essentiel, pour les Éditions de l'Homme, c'est que le livre s'adresse au plus grand nombre. L'«élite» a déjà été trop choyée!

Peut-être avez-vous déjà quelque chose de prêt dans vos tiroirs: ce serait une chance car je souhaiterais beaucoup lancer votre livre à la rentrée, le 1er septembre, c'est-à-dire qu'il me faudrait le manuscrit d'ici quelques semaines.

Je parle, je parle, comme si vous étiez d'accord, alors que je n'en sais rien.

Me serait-il possible de vous rencontrer à ce sujet le plus tôt possible? On me dit que vous êtes au sanatorium du Lac-Édouard. Prévoyez-vous de revenir à Québec ou à Montréal au cours de la semaine prochaine? Sinon, je pourrais moi-même profiter d'un passage à Québec pour aller vous voir au Lac-Édouard mardi prochain, le 26 juillet (il y a un train qui arrive là vers 2 h 30 de l'après-midi). Pouvez-vous me dire ce qui vous convient le mieux, le plus tôt possible? (Avant la fin de cette semaine.)

J'ose espérer que ce n'est pas votre santé qui vous a conduit au Lac-Édouard. Ceux qui m'ont donné cette adresse n'en savaient rien.

Au plaisir de faire votre connaissance bientôt.

En toute sympathie,

Jacques Hébert,
directeur des Éditions de l'Homme.

Au frère Pierre-Jérôme

Le 22 août 1960

Je viens de recevoir du Révérend Frère supérieur général une lettre dont une partie vous intéresse:

«Sur avertissement discret de la Sacrée Congrégation des Religieux alertée par des personnes «en *dehors* de notre congrégation» nous nous voyons obligés de vous demander: de faire arrêter *immédiatement* toute action du «Frère Untel», dans le genre que vous connaissez, *sous n'importe quelle forme*; de lui faire à ce sujet, ou de lui faire faire, les monitions qui s'imposeraient, et d'en prendre note pour éviter tout malentendu dans la suite.

«Si nous n'agissons pas, Rome interviendra directement dans la Province et prendra les sanctions éventuelles» (signé: frère Charles-Raphaël, Supérieur général). Texte que je certifie être conforme à la lettre.

Veuillez prendre immédiatement toutes les dispositions qui s'imposent pour vous conformer entièrement à cet ordre du Révérend Frère supérieur général. Que Dieu nous soit en aide!

Frère assistant général.

Le Frère Untel à Edgar Lespérance et à Jacques Hébert (lettre remise en main propre à Jacques Hébert. Voir le texte de ce dernier, page 9)

Montréal, 23 août 1960.

M. Edgar L'Espérance,
M. Jacques Hébert,
Les Éditions de l'Homme,
1180 est, rue Fagonchetière,
Montréal 24.

Messieurs,

Je suis obligé, en conscience, de vous demander de suspendre définitivement la publication du livre projeté : <u>Les Insolences du Frère Untel.</u>

fr. Pierre Giomp.

Jacques Tremblay à Jacques Hébert

Cap-de-la-Madeleine, le 24 août 1960

Cher monsieur Hébert,

Le frère Pierre-Jérôme me demande de vous signaler trois points:

1) La première monition canonique obtenue «contre» lui a été obtenue sous de fausses représentations. Ceux qui ont fait les démarches nécessaires à Rome ont affirmé que le Frère Untel utilisait tous les moyens à sa disposition, «les journaux, la radio et la TV», pour diffamer l'ordre religieux. Aucun document authentique n'a été présenté, et pour cause. En fait, on lui a fait un procès d'intention, et il a été condamné à cause des intentions qu'on lui prêtait, et non pas à cause de ses actes.

2) Si *Les Insolences du Frère Untel* sont publiées, P.-J. espère que la préface d'A. Laurendeau ne sera pas oubliée. Son inquiétude vient de ce que les épreuves de la préface ne sont pas encore préparées. Il considère cette préface comme sa meilleure «garantie civile».

3) Des corrections ont été faites à la dernière minute. À regret, P.-J. a enlevé tout le chapitre de Soeur Une Telle*. Il semble, en effet, que, dans les milieux ecclésiastiques, l'intervention de Soeur Une Telle fut très mal reçue. Ce serait lourdement charger son dossier que de se porter garant de cette intervention. D'autre part, ce chapitre n'est pas essentiel au développement du livre. — D'autres corrections secondaires ont été faites aussi. Principalement les passages qui, d'une certaine façon, par quelques subtilités jésuitiques, auraient pu être considérés comme de l'humour facile fait sur le dos des évêques.

Et j'ai autre chose à dire. Je connais P.-J. depuis des années. Je peux dire que nous n'avons l'un pour l'autre aucun secret. Dans l'épreuve qui l'écrase présentement, j'ai été son confident et son appui. Il m'a dit bien des choses qu'il ne croyait pas pouvoir vous dire sans manquer à ses devoirs. Je prends la liberté de vous les répéter, car il me les a dites en sachant que je vous les répéterais et sans me demander de ne pas les répéter.

«Je serais très heureux, m'a dit P.-J., que le livre soit publié, mais je dois, en conscience, faire l'impossible pour le détruire.»

---

*Le chapitre de Soeur Une Telle a été conservé dans l'édition définitive des *Insolences*.

C'est immédiatement après avoir fait cet aveu qu'il vous a adressé la lettre que vous savez. Je n'ai pas vu cette lettre, pourtant je crois savoir ce qu'elle contient, car le but de cette lettre me semble évident. Il a cru avoir manqué à «son devoir» en disant: «Je serais heureux que...», sachant qu'il me donnait ainsi une arme puissante. Il aura voulu en annuler la force.

Je crois pour ma part que ce drame cornélien est faux en grande partie, car divers éléments en sont imaginaires. Le voeu d'obéissance n'est pas rétroactif. P.-J. est dans l'erreur quand il se dit qu'il doit obéir parce que l'honneur de l'Église en dépend. Que les supérieurs soient impliqués dans l'affaire n'est pas non plus une difficulté réelle. Chacun doit porter seul la responsabilité de ses actes, y compris les supérieurs. D'ailleurs, ce sont ces hommes qui ont manqué à leur devoir envers P.-J., en acceptant de transmettre la monition canonique, alors qu'ils pouvaient savoir qu'elle avait été obtenue frauduleusement. P.-J. m'a dit que son supérieur aurait pu refuser de faire la monition exigée, et écrire à Rome pour rétablir les faits, en produisant les documents authentiques.

À force de retourner le problème sous toutes ses faces, P.-J. a fini par dire, en pensant à la lettre qu'il vous a écrite avant de quitter Montréal:

«J'ai fait du zèle.

— Au sens péjoratif de l'expression?» lui ai-je demandé. Mais il n'a pas répondu.

Il reste qu'un drame n'est pas senti moins durement parce qu'il est en partie imaginaire. Il reste que P.-J. vit dans «une angoisse que le psychisme, biologiquement victime d'une loi d'analogie, éprouve comme un remords ou un sentiment de culpabilité» (J. LeMoyne). Il reste surtout que l'hygiène mentale nécessaire pour éviter la confusion des deux culpabilités — confusion dénoncée par Jean LeMoyne dans sa conférence sur Saint-Denys-Garneau — est une technique qui ne nous a pas été enseignée. On nous a plutôt enseigné la technique opposée. Sans cette technique pourtant, P.-J. n'évitera pas l'ignoble autodestruction qui a brisé Saint-Denys-Garneau. À moins qu'un secours ne lui vienne de l'extérieur.

Or, ce secours, il ne lui viendra qu'à une seule condition: que son oeuvre soit publiée. Si tout ce drame doit se dénouer entre les quatre murs d'un monastère, ceux entre les mains de qui on aura remis P.-J. le détruiront pour le conduire au ciel. «Vocation du désert.» Et P.-J. voit confusément — il se refuse ici la lucidité — ce qui l'attend, car il m'a dit à plusieurs reprises:

«Si mon livre n'est pas publié, je suis un homme fini. La seule chose qui peut me sauver, c'est la publication du livre.»

Il n'est pas certain que la publication de son livre sauve P.-J., c'est-à-dire lui redonne sa liberté. Mais s'il y a pour lui une porte de sortie, c'est celle-là.

Ce n'est pas au hasard que j'ai cité Jean LeMoyne. Il n'y a, il ne peut y avoir chez nous qu'un seul drame profond, le drame religieux. Et encore, le drame religieux profond ne peut prendre chez nous qu'une seule forme, dont le prototype est la vie de Saint-Denys-Garneau. Et nul mieux que Jean LeMoyne n'a compris notre religion québécoise. Et seul Jean LeMoyne a compris le drame de Saint-Denys-Garneau, et l'a dit. C'est toujours par lui que nous pouvons comprendre le dynamisme ultime de notre société.

Je crois, en fin de compte, que le seul texte qui puisse ici guider et éclairer notre action est la conclusion de la conférence précitée:

«Alors, la seule mesure immédiate à prendre, le seul moyen prochain d'en sortir est de rompre le cercle vicieux au segment de l'éducation. À peine malheureusement peut-on dire que ce segment a été ébréché. Et rien de plus ne s'annonce, les forces de liberté n'étant ni assez conscientes ni assez puissantes d'une part, et d'autre part se trouvant profondément sollicitées — et peut-être compromises — par notre permanence historique. Il faut pourtant qu'il se fasse quelque chose, sans quoi on verra se généraliser une solution de plus en plus courante: la désaffection totale vis-à-vis de la foi à laquelle le système prétend s'identifier. Solution déplorable assurément, mais qu'aucun palliatif n'écartera et que personne ici n'a le droit de condamner, parce que l'art, la pensée, la vérité, le don et la sainteté ont d'abord besoin de la libre possession de la vie, parce que, sans la vie, ils ne sont qu'illusion. Et on ne peut tolérer que personne, au nom de qui ou de quoi que ce soit, puisse être refoulé au désert comme un Saint-Denys-Garneau afin de se dépasser et de s'accomplir. Une société dont le dynamisme interne serait faussé au point d'entraîner pareille obligation ne mériterait plus que d'être évacuée. Par la cruauté scandaleuse de sa vocation, Saint-Denys-Garneau, a jugé d'avance une telle société.»

Jacques Tremblay.

Le Frère Untel à Edgar Lespérance et à Jacques Hébert

Le 28 août 1960

M. Edgar Lespérance
M. Jacques Hébert
Les Éditions de l'Homme
Montréal

Messieurs,

À titre documentaire:

1- Extrait d'une lettre de M. l'abbé Irénée Frenette, chancelier de l'archevêché de Québec, au censeur délégué pour examiner ma «Lettre à un Jeune-Frère»:

«...Monseigneur l'auxiliaire vous serait reconnaissant d'avoir l'obligeance de lire ce document et d'accorder, si vous le jugez bon, le *nihil obstat*.» (28 janvier 1960)

Le *nihil obstat* ayant été accordé par le censeur en question, Mgr Grandbois accordait à son tour l'*imprimatur*, le *9 février 1960*.

2- Un confrère à moi, inscrit au congrès de spiritualité tenu ces jours derniers à Nicolet, me rapporte les paroles suivantes de Mgr Caza, auxiliaire de Valleyfield: «Enfin, la vérité va sortir.»

La première, ou la dernière, autorité pour qui que ce soit, c'est sa conscience.

(Saint) Fr. Untel.

Le manuscrit Les Insolences du Frère Untel *a été lu et approuvé par le censeur de la congrégation à laquelle appartient le Frère Untel, censeur nommé à cette fin par le provincial de la congrégation.*

Le seul texte de l'auteur pour lequel un imprimatur était nécessaire, selon les canonistes consultés par les éditeurs, a été soumis à l'archevêque de Québec qui a accordé l'imprimatur le 9 février 1960. Il s'agit du chapitre intitulé «Lettre à un Jeune-Frère».

Nihil obstat, imprimatur, index, monition canonique, *tout cela doit être bien compliqué pour un lecteur contemporain. Un mot d'explication s'impose.*

Avant de publier quoi que ce soit, les prêtres et les religieux devaient soumettre le manuscrit à un censeur désigné par l'évêque du lieu. Le censeur pouvait alors émettre le nihil obstat, *ce qui veut dire: rien ne s'oppose à la publication de cet ouvrage. L'évêque du lieu, ou un délégué, accordait alors l'*imprimatur, *c'est-à-dire l'autorisation de publier. En outre, les religieux devaient obtenir la permission de leur propre supérieur. Ainsi muni, le volume portait la triple mention:* nihil obstat, imprimatur, *et le* cum permissu superiorum.

*Par ailleurs, jusqu'à Vatican II, l'Église catholique se réservait le droit de condamner les ouvrages qui portaient atteinte à la doctrine ou à la morale. C'était la mise à l'*index. *Un catholique n'avait pas le droit, sans autorisation spéciale, de lire les ouvrages mis à l'*index.

C'est grâce à l'intervention spéciale de Pie XI, que Les Grands Cimetières sous la lune, *de Bernanos, ont évité la mise à l'*index. *Vingt ans plus tard, le livre de Jean Guitton sur la Vierge Marie avait également évité la mise à l'*index *grâce à l'intervention de monseigneur Montini (plus tard Paul VI).*

J'avais obtenu le nihil obstat *et l'*imprimatur *pour le chapitre intitulé «Lettre à un Jeune-Frère». Quant au reste, j'avais estimé que l'autorisation du censeur de ma communauté pouvait suffire. C'était pour le moins «passer sur un feu jaune». De toute façon, l'interdiction de publier qui me fut signifiée le 22 août 1960 créait une situation imprévue.*

Aujourd'hui, ces dispositions ont, à toutes fins utiles, disparu de la pratique de l'Église.

Le droit canon prévoit qu'un religieux qui a commis une faute publique peut faire l'objet d'une monition canonique. *Il s'agit d'un avertissement solennel qui peut être répété deux fois pour une même faute à l'intérieur d'un certain laps de temps. Au troisième avertissement, le religieux est passible d'expulsion.*

Mozart Desbiens à Jacques Hébert

Jonquière, le 1er septembre 1960

Cher monsieur Hébert,

Les Insolences du Frère Untel

Je désire tout d'abord me présenter. Je suis le frère du Frère Untel et mon nom est Mozart Desbiens. Cela vous explique pourquoi je suis au courant du problème qui se pose actuellement.

J'ai rencontré le Frère Untel dimanche dernier et il m'a mis au courant de l'interdiction formelle du Supérieur général de sa communauté qui lui a demandé de faire tout en son pouvoir pour que rien ne se publie et de cesser absolument toute action sous quelque forme que ce soit. D'où sa défense de publier le livre en question.

Je ne sais pas ce que vous en pensez vous-même, mais je suis persuadé qu'en son for intérieur il désire que le livre soit publié. Par contre, il est lié en communauté par le voeu d'obéissance. Il ne peut donc rien faire.

Je vous écris uniquement pour vous faire savoir que si vous croyez que la publication de ce livre peut faire du bien à la province de Québec, allez-y, car vous-même n'êtes pas lié par le voeu du Frère Untel. Par contre, si c'est le contraire, ne le publiez pas.

Remarquez que je n'ai rien à faire là-dedans, mais je suis bien au courant des écrits du Frère Untel et je les approuve sans réserve car je suis contre l'ignorance. Le Frère Untel n'est pas au courant de cette lettre.

Je vous remercie à l'avance.

Bien à vous,

Mozart Desbiens,
420, rue Angers, Jonquière.

––––––––––

Montréal, le 6 septembre 1960

Personnel

Cher Frère Untel,

Vous trouverez ci-inclus une réponse officielle à votre lettre officielle.

Dans les lettres officielles, on évite de faire du sentiment. Mais vous connaissez le nôtre et vous savez que notre décision a été autant inspirée par notre amitié pour vous que par toutes les autres excellentes raisons...

À-Dieu-vat! Le livre est maintenant un petit bateau lancé sur cette mer toujours dangereuse qu'est l'opinion publique. Nous avons confiance. Le baromètre paraît au beau fixe... À bien y penser, on se demande si un petit ouragan ne serait pas «de santé», comme on doit dire à Alma...

En toute amitié.

À bientôt,

Edgar Lespérance.
Jacques Hébert.

Montréal, le 5 septembre 1960

Frère Pierre-Jérôme
Frères maristes
Alma
Lac-Saint-Jean, Qué.

Cher ami,

Dans votre dernière lettre, vous nous demandiez formellement de ne pas publier le livre dont vous nous aviez remis le manuscrit, de bonne foi, pour fin de publication.

Nous comprenons fort bien vos motifs de faire une telle demande; toutefois, ces motifs ne sauraient nous lier ou plutôt nous délier d'un contrat signé de bonne foi.

De plus, nous croyons en conscience que, malgré tout, la publication des *Insolences du Frère Untel* fera infiniment plus de bien qu'elle ne pourrait faire de mal. Enfin, nous avons consulté un éminent canoniste qui nous a rassurés à tout point de vue.

En conséquence, votre livre paraîtra comme prévu le 6 septembre 1960.

Veuillez croire, cher ami, en notre sympathie et en notre estime.

Edgar Lespérance.
Jacques Hébert.

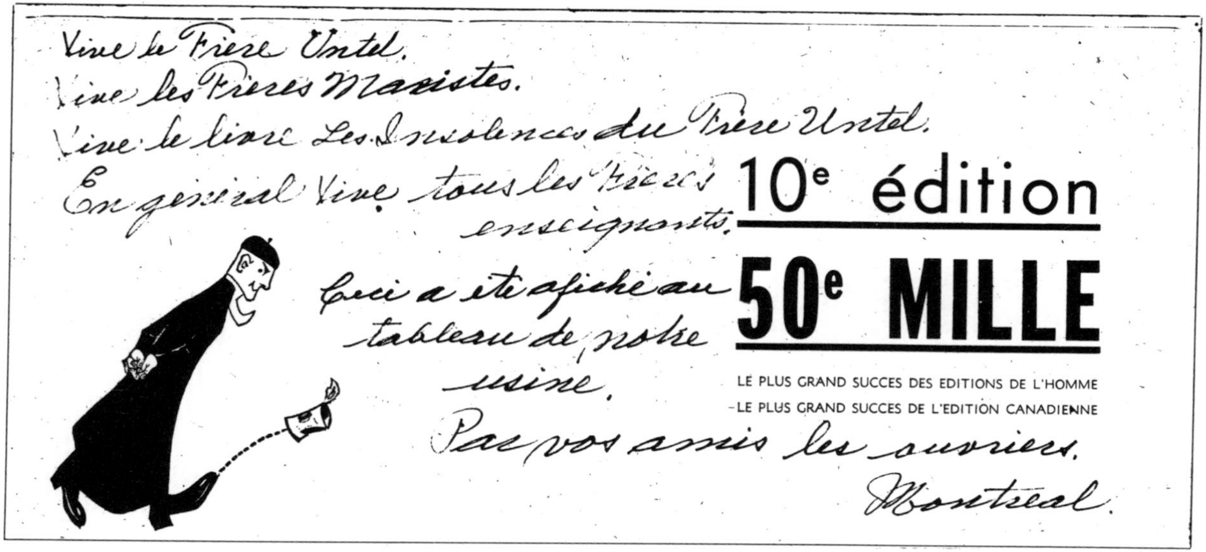

LE FRÈRE UNTEL ET
LES AUTORITÉS RELIGIEUSES

Les insolences du joual Untel

La Presse, 25 novembre 1960.
© 1988, Robert LaPalme, SODAAV.

Au Frère Untel

Le 12 novembre 1960

Un confrère m'a demandé mon opinion sur ce fameux livre et il a bien voulu me le passer. Et puis, qu'en pensez-vous? me dit-il. Voici ce que j'en pense, lui ai-je répondu, en le lui rapportant, après trois heures de lecture... en diagonale.

À mon humble avis, c'est un livre dangereux que je ne crains pas d'appeler un mauvais livre. Comme tous ses pareils, il peut faire quelque bien, mais il fera beaucoup plus de mal que de bien, surtout aux jeunes et même à bien d'autres, qu'il vaut mieux ne pas mentionner.

Il faut admettre que le titre du livre est très juste. On ne saurait mieux trouver. Ce livre étrange et dangereux abonde en insolences, en assertions risquées et discutables, en tirades et en généralisations incongrues. J'admets volontiers qu'on peut y trouver de bonnes pages, des conseils judicieux et pratiques, même des pages amusantes et reposantes, avec quelques suggestions assez justes et marquées au coin du bon sens. Cela veut dire que le bon Frère Untel, à certaines heures, semble ne pas manquer de ressources, s'il manque de tact et de jugeotte dans ce bouquin, étrange pour un vrai religieux.

Que n'ai-je la chance du prélat romain qui l'a salué, à la descente de l'autobus, quelque part dans le Lac-Saint-Jean et qui s'est permis, en lui serrant la main et le bras, de lui recommander d'être prudent? Naturellement, dans l'un des derniers chapitres, le bon frère, avec le tact qui caractérise ses *Insolences* ne manque pas de désigner clairement, sans le nommer, ce digne prélat, et de s'en moquer quelque peu. Si j'avais la même chance de le rencontrer, je lui dirais ma façon de penser.

Si le cher Frère Untel voulait me connaître, s'il tenait absolument à savoir mon nom et à quel titre je lui fais la leçon, je serais heureux de lui décliner mes titres: «prêtre depuis 1913 et devenu, ces années-ci, directeur diocésain des Oeuvres pontificales missionnaires».

Je me hâterais d'ajouter que je suis d'abord et avant tout un vieux professeur (ça me donne quatre années seulement de moins que S.S. Jean XXIII) qui a eu la bonne fortune de se dévouer, sa vie durant, à l'instruction, à l'éducation et à la formation des tout jeunes comme des moins jeunes, et qui, depuis toujours, a consacré ses loisirs à la lecture sérieuse. J'ajouterais que j'ai pu passer deux belles années d'études à l'Institut catholique, sous la haute direction de celui qui devint le cardinal Verdier, archevêque de Paris. C'est peut-être celui qu'à deux reprises, au moins, à propos de je ne sais plus quoi, vous citez peu respectueusement sous le nom de Jean Verdier tout court, comme si vous aviez joué au bridge ou au hockey ensemble, alors que tous les catholiques et les gens bien élevés disent poliment Son Éminence le cardinal Verdier, ou notre archevêque ou l'archevêque de Paris, etc. Si le bon frère insistait, je lui dirais que j'ai même suivi des cours de grec, de latin et de français à la Sorbonne, qui a fini par me décerner un diplôme dont je suis fier.

Cher Frère Untel, voilà ce qui excuserait mon audace, ce qui m'autoriserait à vous dire ce que je pense de votre dangereux bouquin. Je vous le répète bien clairement: *Les Insolences du Frère Untel* m'ont surpris et révolté. Je vous en supplie, n'allez pas prendre trop au sérieux les compliments de quelques gauchistes dont je préfère ne pas parler. Ils valent, à n'en pas douter, l'enthousiasme vibrant des Carabins de Montréal et les applaudissements frénétiques que la plupart ont feint de vous prodiguer, lors de la brillante conférence de l'un des leurs, déguisé en faux Frère Untel. Ce fut assurément une belle scène de comédie. Et c'est ainsi qu'on peut se payer la tête de certaines vedettes anonymes.

Rien ne serait plus facile et plus simple que d'analyser, de discuter et d'apprécier tous les chapitres de vos *Insolences*. D'autres ont déjà fait ce bon travail (cf. dans la page des «Opinions libres» de *L'Action catholique* l'excellent article signé: Presbyter). Je me borne ici à donner librement et en toute franchise mon opinion sur le bouquin et son auteur.

Maintenant, peut-on concevoir le gougueux Léon Daudet et l'inoubliable Charles Maurras ouvrant les colonnes de *L'Action française* à pareil livre? Je n'ai pas dit saint Maurras bien que cet illustre écrivain et philosophe ait eu la grâce d'une vraie belle mort. Que penseraient et écriraient de votre bouquin Henri Bourassa, le fondateur du *Devoir*, ainsi que Georges Pelletier, ces deux «géants du journalisme»? On peut se le demander, non sans crainte pour certains libres penseurs.

Il fait bon de noter que monsieur André Laurendeau se montre plutôt réservé et prudent dans sa courte préface, probablement sollicitée ou commandée, des *Insolences du Frère Untel*.

Quant à moi, je vous plains de tout coeur. Vous êtes certainement plus à plaindre qu'à blâmer. Ne faut-il pas avoir pitié de ces pauvres malheureux, de ces insolents qui décident tout et ne doutent de rien, qui cachent leur insolence sous le voile d'un pseudonyme pas très flatteur pour l'Église et les communautés religieuses?

Voilà l'opinion d'un vieux professeur qui n'a pas peur de signer, de son vrai nom, avec sa bonne «Parker», cette lettre que *L'Action catholique* pourrait publier, un jour ou l'autre, dans ses «Opinions libres». Prosit.

Mgr Camille Mercier.

Sacrée Congrégation des Religieux au Supérieur général des frères maristes (Rome)

SACRA CONGREGATIO DE RELIGIOSIS

Prot. N° 11018/60 Rome, 30 novembre 1960

Très révérend frère Charles-Raphaël,
Supérieur général des frères maristes

Mon très révérend et bien cher frère,

La Sacrée Congrégation des Religieux est toujours heureuse de trouver une occasion qui lui permette de louer l'oeuvre accomplie par les frères maristes dans le domaine de l'enseignement et de l'éducation de la jeunesse. C'est le monde entier qui, désormais, bénéficie du dévouement des fils du Bienheureux Champagnat, et l'Église est fière, avec raison, de leur inlassable zèle apostolique à travers les continents.

Comme Sa Sainteté Pie XII le rappelait bien clairement le 31 mars 1954, c'est une véritable mission d'Église que reçoivent et remplissent les frères enseignants; il leur faut donc, et de plus en plus, connaître, aimer, vivre et propager la pensée de l'Église. Penser comme l'Église, «*sentire cum Ecclesia*», obéir à ses directives, voilà toute la vie de l'instituteur chrétien, à plus forte raison s'il est religieux puisque alors l'obéissance revêt un caractère sacré, prend une signification bien plus solennelle et profonde.

À ce propos, j'ai le regret de vous dire qu'on a transmis à la Sacrée Congrégation un volume écrit par un frère mariste du Canada: *Les Insolences du Frère Untel*. La Sacrée Congrégation des Religieux, dont le rôle est de susciter, d'encourager chez les religieux la vie de soumission généreuse à Dieu et à toute autorité qui vient de Lui, ne peut que déplorer la publication d'un tel livre destiné à faire, malheureusement, beaucoup de tort, surtout chez les jeunes non affermis dans le véritable esprit religieux.

Naturellement, la Sacrée Congrégation ne veut pas et ne peut pas intervenir dans les questions techniques ou professionnelles de linguistique, d'éducation, etc. Mais le livre du frère Jérôme, tel qu'il se présente, offre un concept erroné de l'obéissance et dénote un manque d'esprit religieux. On y parle de l'autorité en oubliant que la vie religieuse n'est pas une organisation naturelle, humaine, et que ce n'est pas un homme mais Dieu qui manifeste ses désirs ou ses ordres par les supérieurs. C'est là justement que réside la grandeur de l'obéissance. C'est là qu'il faut mettre en oeuvre une foi solide, un esprit de foi à toute épreuve. Les *Insolences*, en présentant un aspect presque exclusivement humain, entraînent des positions doctrinales équivoques.

Pour toutes ces raisons d'ordre doctrinal et, surtout, d'ordre disciplinaire, je vous prie, mon très révérend Frère, de vouloir bien avertir sérieusement le frère Jérôme, de lui dire qu'il a manqué gravement à son devoir en osant publier sans les permissions requises des articles et un volume qui sont de nature à désorienter les âmes et les instituts religieux eux-mêmes. Il est dommage, d'ailleurs, que les supérieurs immédiats de Frère Untel ne soient pas intervenus lors de la publication des premiers articles dans les journaux.

Veuillez faire tout ce qui est possible pour enrayer le mal chez les frères maristes, surtout chez les jeunes, en leur communiquant, sans ambiguïté, que le livre des *Insolences* est, au point de vue religieux, un livre répréhensible, aux termes des prescriptions canoniques. La Sacrée Congrégation espère que les supérieurs se montreront plus vigilants et ne laisseront pas leurs sujets publier des articles ou des volumes, surtout en matière de vie religieuse, sans observer rigoureusement les prescriptions si sages que la sainte Église impose ou approuve dans le droit général et particulier.

La Sacrée Congrégation nourrit également l'espoir que le frère Jérôme, après un moment d'égarement, sans doute involontaire, se remettra sérieusement à vivre une vie religieuse exempte de tout reproche comme il l'a promis déjà généreusement au Christ Jésus et à sa Mère et rachètera par ses paroles et ses exemples les *Insolences* malheureuses du passé.

Veuillez agréer, mon très révérend Frère, l'assurance de mon religieux dévouement en Notre-Seigneur et en Notre-Dame.

Paul Philippe, O.P., secrétaire.

Sacré p'tit frère Untel !

Normand Hudon.
Le Devoir, 30 novembre 1960.

Au Frère Untel

Le 10 décembre 1960

Je me fiche pas mal des sottises que peut bien écrire un frère, surtout un frère mariste. Mais vos *Insolences* ont provoqué une telle crise d'«hystérie de bedeau», une crise qui rappelle celle de «godendard Dion-O'Neill», qu'elle vaut la peine d'être soulignée. Des évêques d'un archidiocèse y ont vu une menace à la troisième concupiscence et se sont vus dans l'obligation d'y braquer leurs «canons de l'imprimatur»; des provinciales ont mis en garde leurs sujets, en leur distribuant une critique de vos *Insolences* par François Angers (une critique à côté de la question). Ne vous en déplaise, p'tit frère, vous n'êtes qu'un insolent défroqué, qui a porté atteinte à leur soumission rampante et à leur pudeur «angélisme béat». Bref, on n'aurait pu faire une plus large publicité à votre bouquin. Le mettre à l'index? Impossible, c'eût été vous donner publiquement raison.

Tout ce tapage a vivement piqué ma curiosité, et la hâte de connaître ce frère si audacieux m'a fait faire une vingtaine de milles pour me procurer l'exécrable bouquin. Qu'y ai-je vu? Ô anges de pureté, couvrez-vous la face de vos ailes! J'y ai vu toute nue, oui toute nue, la vérité! Sacré p'tit frère, ce n'est pas ainsi qu'on présente la vérité, surtout pas dans un style savoureux et typiquement canadien-français: c'est encore plus scandaleux! «Vous regretterez un jour d'avoir écrit ces choses-là.» (Mercier, c.s.)

Je dois cependant t'avouer, sacré p'tit frère, que je n'ai jamais tant estimé notre hymne national que depuis que j'ai lu sa version en micmac par vos élèves. Ah! comme j'aime depuis cette «taire de nos ailleux, ce front sein de fleurs en orieux, ce nez d'une race fière!» Le nez de Maurice était donc si symbolique? Sacrée jeunesse, va, tu nous en remontreras bien toujours!

Votre interview à la TV aura épargné à la province une bonne quantité d'encre et m'aura appris qu'il ne vous fallait plus qu'un quart d'imprimatur, et encore, sur un sujet non explosif! Cette petite déficience nous aura valu de voir combien la troisième concupiscence est ombrageuse!

Vos *Insolences* auraient percé la muraille des soutanes? Non, c'est plutôt la muraille de la partisanerie politique qu'elles ont défoncée. Dans cette province, on a tellement peur, peur de tout, même des mots. Ainsi «séparation de l'Église et de l'État» nous effraie tellement qu'on se croit obligé de se solidariser avec le parti au pouvoir et d'approuver ses abus, d'avaler ses couleuvres: «Les évêques mangent dans ma main» (Maurice Duplessis); ou encore, on répétera textuellement les paroles du régime: «Nous avons le meilleur système d'enseignement qui soit, nous n'avons de leçons à recevoir de qui que ce soit» (la citation est de Maurice, mais reprise par un évêque, G. Couturier); «D'où complicité entre clercs et le pouvoir et, en corrollaire, d'irresponsabilité bénie, et en corollaire, etc.» À propos, ce Jacques Tremblay que vous citez, qui est-il? Rien qu'à lire sa lettre, l'eau m'en vient à la bouche. Séparation de l'Église et de l'État, pourtant les cardinaux Spellman et Cushing déclarent s'en bien accommoder. Sacrés vieux évêques, salut!

Je vous fais horreur? Vous avez raison: je suis un de ceux qui ont témoigné quelque sympathie à l'endroit des communistes, pardon, des grévistes de Murdochville. N'est-ce pas là une preuve évidente que je fais bande avec les communistes? Oui, je suis communiste, mais à la manière dont Maurice Duplessis voit le communisme: communiste dans le sens de Maurice, je le suis et je le demeure. Bref, vos *Insolences* m'auront libéré un peu plus du complexe de la Grande Peur des Canadiens français.

D. Paradis, curé.

Le Frère Untel au cardinal Léger

Le 11 décembre 1960

Son Éminence le cardinal Paul-Émile Léger,

Aucune réaction ne m'est parvenue de vous depuis le *Premier Plan* (TV) et l'entrevue (radio) du 21 novembre 1960. Il va sans dire que je ne détesterais pas d'être renseigné là-dessus. J'ai fait ce que j'ai pu. Je ne suis pas Michel Louvain. Il me semble bien, toutefois, que le tout se solde par un profit.

Et d'abord, soit dit entre nous, tout le monde savait que vous n'étiez pas étranger à mon «dégel». Les gens ne sont pas des imbéciles. Le préjugé général était (plusieurs me l'ont dit après coup) que je paraissais à la TV pour réciter une leçon; «une leçon apprise sur les genoux du cardinal». Les gens sincères furent donc agréablement surpris de constater que je ne récitais pas une leçon. Les vrais anticléricaux, eux, furent désappointés de voir que l'Église était plus libérale qu'ils ne croyaient; beaucoup trop libérale à leur gré, car ils perdaient ainsi un argument précieux. Un professeur de Montréal m'a écrit que vous sortiez de l'affaire avec un prestige accru. Par ailleurs, une palinodie pure et simple n'aurait servi qu'à exaspérer l'opinion. On ne joue pas avec l'opinion publique. On ne lui fait pas avaler n'importe quoi. Je cite *Informations catholiques internationales*, 15 septembre 1960, p. 1: «Les hommes de notre temps sont particulièrement sensibles à l'authenticité et à la véracité humaines, et en même temps très méfiants à l'égard des grands mots, surtout quand ceux-ci sont tout pénétrés de l'onction de la rhétorique ecclésiastique; peut-être n'y a-t-il rien de mieux à faire pour renforcer la crédibilité du message chrétien que de donner la preuve que nous nous employons à créer librement une opinion publique au sein même de l'Église, avec enthousiasme et joie.» Plus haut, on disait: «Les temps sont passés où l'on pouvait espérer couvrir les dommages réels par un système de camouflage.»

Vous ne pouvez ignorer que mon apparition à la TV a amené les gens à penser que j'étais complètement «dégelé». Je suis donc présentement assailli de demandes de toutes parts et sans cesse confronté à des problèmes pratiques difficiles à résoudre pour moi et pour mes supérieurs immédiats. Je vous demanderais donc:

a) De me laisser savoir si, oui ou non, vous êtes satisfait de mon apparition à la TV. Je tiens à vous dire que j'ai reçu près de deux cents lettres depuis ce *Premier Plan*, toutes enthousiastes, et venant, en bon nombre, de prêtres et de pères. J'ai même reçu une lettre de Mgr Percival Caza me laissant savoir que je lui avais plu absolument.

b) D'entreprendre les démarches nécessaires pour me faire libérer complètement de l'interdit injuste dont je suis encore la victime. Car il ne faut pas oublier que cet interdit m'a été signifié à partir de fausses représentations. Vous seul avez le pouvoir suffisant pour m'obtenir une prompte justice.

Je ne vous apprends pas jusqu'à quel point les Canadiens français sont «mêlés», comme on dit. Or, par un concours de circonstances, il se trouve que je dispose d'un certain capital auprès de l'opinion publique. Les *Insolences* ont atteint les 85 000 exemplaires et toucheront bientôt les 100 000. Il faut me fournir les moyens d'administrer ce capital pour le bien de l'Église. Il ne s'agit pas de savoir si, dans le détail, je plairai ou non à tous les chanoines et à tous les jésuites. Il s'agit de savoir si je servirai l'Église. Je suis capable de servir l'Église et je veux la servir. Mais, encore une fois, je ne m'engage pas à plaire aux chanoines. Vous aurez compris que les chanoines sont ici pris symboliquement pour représenter la classe de ceux pour qui tout va bien dès lors qu'on les appelle «monseigneur». Un jésuite me demandait cauteleusement, l'autre jour, si «je ne me sentais pas un peu impréparé à soutenir le personnage du Frère Untel». Étant modeste, j'ai répondu que je ressentais mon impréparation. Je regrette maintenant de ne pas lui avoir répondu comment il expliquait, lui, que les jésuites, si bien préparés qu'ils sont, puissent commettre tant de gaffes. Songez aux vaticinations du père Lebel; songez à la faillite de *Relations*. Qui écoute-t-on, aujourd'hui, au Canada français? Comment des hommes si bien préparés ont-ils réussi ce tour de force de perdre leur audience?

Vous comprendrez sans peine qu'il ne s'agit pas de me «dégeler» au seul profit des publications religieuses et censurées au triple filtre, jusqu'à ce qu'il ne reste plus qu'un faible murmure. Les loups hurlent et on n'entend guère le petit murmure des publications dûment censurées. Les publications religieuses, d'ailleurs, n'atteignent que ceux qui sont déjà gagnés. Il s'agit donc de me «dégeler» *simpliciter*. Concrètement, il s'agit de m'autoriser à écrire de nouveau dans *Le Devoir*, par exemple. J'ai aussi mes entrées à la revue *Maclean's*, qui paraîtra en français à partir de février 1961 (90 000 ex.). Je pense qu'il serait maladroit de me priver de ces tribunes. Je ne les aurai pas indéfiniment. Sans compter qu'il est extrêmement important, dans la situation actuelle, de prouver clairement que l'Église canadienne-française est suffisamment en santé pour endurer une couple de francs-tireurs. Ce n'est tout de même pas *Notre Temps* qui va sauver l'honneur de l'Église canadienne-française.

Je ne vous demande pas un chèque en blanc. Je vous demande de m'accorder une autorisation souple et sincère. Il s'agit de me faire sérieusement confiance. Question censure, par exemple, il est inutile de me remettre entre les mains de lointains personnages. Je refuserais. Je me tairai complètement plutôt que de me soumettre à des conditions prohibitives en pratique. Il y a, non loin de moi, et facilement atteignables, des prêtres compétents à qui je pourrais soumettre mes textes éventuellement.

Je m'adresse à vous sans détours. Je sais bien que mes demandes sont un peu échevelées. Je sais aussi que les canonistes manquent d'imagination. N'importe, je m'adresse à vous comme à un Père.

À titre documentaire, je tiens à ajouter que Radio-Canada a été infiniment délicat envers moi. Je sais que de charitables personnages ont prétendu que *Premier Plan* était un piège dont j'avais réussi à me tirer. Il n'en est rien. On a voulu monter une émission objective. Mademoiselle Jasmin et le réalisateur avaient convenu de me poser uniquement des questions «insignifiantes». C'est moi-même qui ai insisté pour qu'on me pose des questions sérieuses afin que les gens n'aient pas l'impression que je récitais une leçon. Malgré cela, certains journaux ont quand même manifesté leur dépit. Un journaliste parlait de moi comme d'un écolier «qui vient s'excuser devant ses supérieurs». Voyez ce qu'on aurait dit si vraiment j'avais récité une leçon. Je ne dis pas qu'à Radio-Canada, il n'y a que des enfants-Jésus-de-Prague. Je dis seulement que tout n'y est pas systématiquement gauchisant.

Il arrive ceci au Canada français: l'Église est en train de se faire voler l'opinion publique. Par manque d'imagination et par frousse. Il n'y a pas que laïcisme et communisme. On manque d'imagination à droite. Au lieu de pleurnicher, on ferait bien de se porter d'emblée deux pas en avant du plus avancé. L'Église est en train de se faire voler l'opinion publique. J'ai cru qu'il n'était pas nécessaire d'être pompier pour crier au feu. Ou policier, pour crier au voleur!

Dans l'espérance que vous apporterez une prompte attention à ma requête, je vous assure, Éminence, de mon attachement et de mon estime.

Fr. Pierre-Jérôme.

Montréal, 19 décembre 1960

Révérend frère Pierre-Jérôme
Révérends frères maristes
Alma, Lac-Saint-Jean, Qué.

Mon cher frère,

Vous vous inquiétez au sujet de mon silence depuis notre première entrevue et surtout depuis l'émission du 21 novembre dernier. Je m'excuse d'être un peu en retard, en effet, mais vous savez sans doute que j'ai suivi les Grands Exercices ignatiens durant trente jours et, depuis mon retour dans l'activité, j'ai dû régler mille cas et passer trois jours à Québec pour l'Assemblée des évêques.

Tout d'abord, mes impressions sur notre entrevue furent excellentes. J'ai trouvé en vous un homme sincère, très intelligent, mais qui aurait donné davantage si toutes ses énergies avaient été harnachées et canalisées.

J'étais en retraite lorsque *Premier Plan* passa le 21 novembre, à 10 h 30. Vous comprenez bien que je demandai au père instructeur des Exercices de pouvoir suivre cette émission. Mais il me fut impossible, pendant quinze jours, de confier mes impressions à qui que ce fût.

L'impression générale fut bonne et il est évident que vous n'avez pas récité une leçon, car ceux qui me connaissent et qui vous ont entendu n'ont certainement pas découvert le maître dans le disciple. Mes lourdes responsabilités dans l'Église m'ont rendu plus prudent.

Dans votre lettre du 11 décembre, vous me confiez vos difficultés et vous me demandez d'entreprendre les démarches nécessaires pour vous faire libérer complètement de «l'interdit injuste» dont vous êtes encore la victime. Vous m'attribuez là, mon cher frère, une juridiction que je ne possède pas, car dans le cas de *Premier Plan*, j'avais écrit à Rome et j'avais présumé la permission en vertu du canon 81.

D'autre part, la lettre que la Sacrée Congrégation des Religieux a envoyée à votre communauté le 30 novembre et dont vous devez connaître le contenu rend impossible pour le moment une intervention de ma part. Jusque-là, nous n'avions pas de documents officiels et c'est pourquoi, de concert avec votre provincial, je vous avais permis de passer à la télévision à Montréal.

Je ne suis pas prêt à nier l'objectivité de vos jugements concernant l'avenir de notre pays. Nous serons peut-être purifiés par la souffrance. Le cardinal sera certainement plus molesté que «Frère Untel» si une telle éventualité se produit.

Le Seigneur aurait pu sauver le monde en quelques instants en manifestant sa puissance lorsqu'Il disait à Pilate qu'Il n'aurait qu'à élever les yeux vers Son Père pour qu'Il lui envoyât immédiatement douze légions d'anges. Mais que voulez-vous, mon cher frère, le Seigneur a voulu sauver le monde avec de pauvres pêcheurs.

Mon cher frère, j'ai beaucoup réfléchi et beaucoup souffert dans toute cette affaire et le seul bien que j'ai eu en vue fut toujours celui de la sainte Église.

Permettez-moi de vous offrir mes meilleurs voeux à l'occasion de Noël et de vous souhaiter une Bonne, Sainte et Heureuse Année.

Cardinal Paul-Émile Léger,
archevêque de Montréal.

Le P'TIT FRÈRE UNTEL:

"La prochaine fois, j'aurai trois imprimatur..."

Normand Hudon.
Cité Libre, décembre 1960.

Le Frère Untel au cardinal Léger

Le 29 décembre 1960

À Son Éminence le cardinal
Archevêché de Montréal

Éminence,

Votre lettre m'est parvenue le lendemain du jour où on m'a fait lecture de la lettre — que vous connaissez — venant de la Sacrée Congrégation des Religieux*. D'une main, l'Église me tapait sur la tête; de l'autre main — de la vôtre, Éminence — l'Église me manifestait sa paternelle sollicitude. Je n'ai pas besoin de vous dire comme je vous suis reconnaissant de votre appui.

Votre lettre ne me ferme pas toute issue touchant la levée de l'interdit (que je persiste à dénommer *injuste*) qui me retient. Vous dites, et je cite: «…rend impossible pour le moment une intervention de ma part.» Vous me parlez de juridiction. Je ne vous suis pas. On a la juridiction qu'on veut avoir, quand on est un Prince de l'Église. Les «canons», c'est vous et des comme vous qui les manœuvrez. Vous ne me ferez pas croire facilement qu'à mille lieues on sait mieux que vous ce qui convient à l'Église canadienne. Se réfugier dans la procédure est une facilité. Dans mon cas, Rome ferait ce que vous lui diriez de faire, pourvu que vous le lui disiez fermement. Il est facile, vraiment trop facile de faire taire un petit frère, car il n'y a personne qui défende les frères. Il ne doit pas être aussi facile de faire taire un cardinal. Je ne compte pas sur mes supérieurs pour me défendre. Mes supérieurs sont comme moi, ce sont des êtres habitués à ployer, habitués à être traqués. Des rats ou des super-rats. Mes supérieurs m'ont transmis mécaniquement les admonestations romaines. Ils ne m'ont pas défendu. Remarquez qu'une part de moi préférerait la tranquillité. Je puis me tromper, mais je crois que c'est la meilleure part de moi qui demande, qui vous demande, la possibilité de lutter. Preuve en est que je suis disposé, en dernière analyse, à faire ce qu'on me dira de faire, y compris me taire.

Croyez, Éminence, en mon attachement et en mon estime.

Fr. Pierre-Jérôme.

*Voir à la page 175.

L'HISTOIRE DU CANADA EN QUELQUES FIONS...

Cler.
Le Quartier Latin, 8 décembre 1960.

Montréal, 4 janvier 1961

Révérend frère Pierre-Jérôme
Maison des frères maristes
Alma, Lac-Saint-Jean, Qué.

Mon cher frère,

J'ai bien reçu votre lettre du 29 décembre dernier et, tout d'abord, je tiens à vous exprimer mes voeux de Bonne, Sainte et Heureuse Année.

Vous m'accordez certainement un pouvoir d'intercession que je ne possède pas. Un cardinal, en dehors de Rome, n'a pas beaucoup d'influence dans un cas comme celui qui nous occupe. Si j'étais votre cardinal-protecteur à Rome, je pourrais peut-être expliquer votre cas et le replacer dans un contexte plus objectif.

Je vous rappelle donc que, pour le moment, vous devez suivre les directives qui ont été données. Ce qui rend ma position plus difficile, c'est que la lettre de votre Supérieur général circule sous le manteau. Je ne crains pas d'affirmer que cette indiscrétion nous causera encore beaucoup de difficultés et que je la considère comme un manquement grave à la prudence. Vos supérieurs ne sont pas à blâmer dans cette nouvelle histoire qui fera rebondir tout le problème, mais celui qui a commis l'indiscrétion a pour le moins fait une imprudence.

Il ne s'agit pas pour moi de chercher la tranquillité. La question de l'émission à la télévision m'a causé des difficultés ennuyeuses. Dans les circonstances présentes, je crois que la seule politique est le silence.

Veuillez agréer, cher frère, l'expression de mes sentiments respectueux et soyez assuré de mon entier dévouement en Jésus et Marie.

Cardinal Paul-Émile Léger,
archevêque de Montréal.

Le Frère Untel au cardinal Léger

Le 6 janvier 1961

À Son Éminence le cardinal
Archevêché de Montréal

Éminence,

Votre lettre du 4 janvier me parvient ce matin même. Je vous remercie d'avoir eu la bonté de me répondre et je vous assure bien que la présente lettre est la dernière. Je vous ai assez fait perdre de temps.

Je continue à récuser votre affirmation touchant «le peu d'influence [d'un cardinal] dans un cas comme celui qui nous occupe». C'est que, voyez-vous, je crois encore, moi, aux relations personnelles, d'homme à homme, en dehors des textes, des paragraphes, des canons. L'Incarnation s'est faite en dehors des textes, des paragraphes et des canons. Les relations de Jésus avec nous sont des relations «originales». Elles ont d'ailleurs beaucoup embarrassé les scribes et les prêtres de l'époque. Je sais très bien qu'il y a une Machinerie romaine. Je sais aussi qu'il y a des hommes par là-bas. Je le sais même si je n'en ai aucune preuve personnelle.

Vous semblez vous étonner que la lettre de la Sacrée Congrégation des Religieux circule sous le manteau. Moi, ça ne m'étonne pas. Et les saints canonistes romains sont bien naïfs s'ils ont cru que cela pouvait demeurer caché. Quand on veut qu'une chose demeure cachée, on ne commence pas par en informer huit cents hommes. Tous mes confrères ont été mis au courant de cette lettre. Parmi eux, il y en a un certain nombre qui me «détestent» cordialement en Marie Immaculée, comme ces choses-là arrivent, je ne vous l'apprends pas. Quelques jours après la lecture de cette lettre dans nos communautés, un échotier d'un hebdomadaire de Granby était déjà au courant. Un prêtre de Québec m'a dit qu'un intime de Mgr Cabana, de Sherbrooke, l'avait lue, lui aussi. Les «indiscrets» ne sont peut-être pas tous du côté des prolétaires.

Personnellement, je me moque bien que la lettre soit divulguée ou pas. Être condamné par la S.C.R. est une chose qui n'arrivera jamais aux amateurs de hockey. C'est ceux qui cherchent qui se cassent le nez. Il n'est d'ailleurs pas prouvé que j'aie substantiellement tort. Galilée n'avait pas tort. LaMennais non plus, on le voit bien aujourd'hui. Le père Ricci non plus. Je ne voudrais pas vous faire sourire: je ne me compare nullement à ces géants. J'ai pris la mesure de ce que je suis, qui est médiocre. Je crois quand même que je veux sincèrement la promotion du frère enseignant et je suis bien placé pour savoir que nous allons au diable, si nos chères autorités ne se réveillent pas. Nos supérieurs sont de bien bons garçons. Jamais ils ne feront de peine aux Excellences. C'est un petit mérite. Je ne crois pas que les inférieurs aient été créés et mis au monde pour ne pas-faire-de-peine aux supérieurs. Faire ou ne pas faire de peine aux supérieurs, *that is* not *the question*.

Je reviens au cas des frères enseignants. Ils ont été inventés pour répondre à un besoin historique précis: enseigner les rudiments: lecture, écriture, arithmétique, religion. Aujourd'hui, cette fonction est assurée par d'autres qu'eux, des femmes principalement, comme il se doit. De plus, il est vain de vouloir assurer l'enseignement, en cette époque de démocratisation de l'instruction, sur la base d'un recrutement «vocationnel». Il faut donc que les frères se redéfinissent une nouvelle fonction. Il ne suffit plus d'improviser comme nous l'avons fait ces vingt dernières années. L'improvisation a donné ses fruits: fatigue, énervement, tension, médiocrité. Il faut que nous nous redéfinissions une fonction bien précise et que nous adoptions une politique ferme en regard de cette nouvelle fonction. Je ne prétends pas avoir la solution dans ma poche. Je me donne le témoignage de travailler à la trouver. Le moins que je puisse dire, c'est qu'on ne m'y encourage guère. Vous me disiez, l'autre jour (4 novembre 1960) que «l'Église voit cent ans d'avance». L'Église voit-elle des frères en 2061? Au train où vont les choses, je pense que non.

Je m'excuse, Éminence, de vous avoir fait perdre un temps précieux. Croyez que je serais gêné si vous répondiez à cette lettre. Je n'attends pas de réponse. Il n'y a pas que le Frère Untel dans la province de Québec. Vous avez déjà beaucoup fait pour moi, et je ne l'oublierai pas.

Je vais suivre les directives qui m'ont été données. Suivre des directives, ce n'est pas fatigant. Et ce n'est pas dangereux. Pas dangereux pour moi, en tout cas.

Croyez, Éminence, en mon attachement et en mon estime.

Fr. Pierre-Jérôme.

Le Frère Untel au cardinal Léger

Février 1961

Éminence,

J'avais dit, l'autre jour, que je ne vous écrirais plus. Mais les événements récents, et que vous connaissez — je parle de la publicité faite autour de la lettre de la Sacrée Congrégation des Religieux —, m'amènent à vous importuner de nouveau.

La diffusion de cette condamnation augmente la confusion dans les esprits. Les gens du peuple ne s'expliquent pas qu'un livre qu'ils ont tant aimé et qui leur a paru si sain puisse être mis à l'index. Car, pour eux, la censure dont le journal *La Presse* a parlé en première page équivaut à une mise à l'index. Les gens ne sont pas tous canonistes.

Cette condamnation exaspère l'opinion. Plus que moi, c'est l'Église qui supporte l'odieux de cette mesure maladroite. J'ai reçu de multiples appels téléphoniques de gens du peuple outrés. On me dit que les ouvriers grondent. Je tiens ces renseignements d'ouvriers qui travaillent à l'Alcan ou chez les Price Brothers. Les ouvriers ont adopté le Frère Untel. Je recevais, hier, des ouvriers des usines Angus à Montréal une pleine page de journal qui avait justement servi à annoncer le 100e mille des *Insolences* remplie de signatures d'ouvriers me disant leur appui et leur admiration. L'un d'eux me disait: «Frère Untel, je vous aime encore plus que Maurice Richard.»

Éminence, il faut dissiper la confusion. Il faut drainer de votre côté l'amour des ouvriers pour le Frère Untel. Soyez assez habile pour m'annexer. La S.C.R. a été trompée par deux ou trois évêques intégristes. Laisserez-vous l'Église canadienne-française pâtir de leur sottise?

Autorisez-moi à écrire de nouveau; autorisez-moi à m'expliquer; fournissez-moi la possibilité d'administrer cette flambée populaire en faveur du Frère Untel. Je suis de votre côté quoi qu'il arrive. Ne me laissez pas traiter en ennemi de l'Église par deux ou trois intégristes offusqués dans leur orgueil de scribes.

Les supérieurs m'abandonnent. Ils se taillent une humilité et une obéissance faciles à même notre honneur. Ainsi, en ce qui regarde cette émission de TV à laquelle j'avais été invité à participer aujourd'hui même, j'avais demandé l'autorisation de l'ordinaire de Chicoutimi et la vôtre. Vous m'avez autorisé, de même que Chicoutimi. Mais mon supérieur

Les Éditions de l'Homme ont l'honneur d'annoncer la parution du

100e MILLE

des "Insolences du Frère Untel", quatre mois après le lancement. Un fait sans précédent dans les annales du Canada.

(provincial par intérim) exploitant je ne sais quelle clause de votre texte, me défend quand même de me rendre à Montréal. Il fait du zèle.

Ce n'est plus le moment de se réfugier derrière les textes et les canons. Il faut inventer des solutions originales. Il faut faire preuve d'audace et d'imagination. Ce ne sont pas les juristes qui nous sauveront, surtout, surtout pas les juristes romains. À mille lieues de nos problèmes.

Encore une fois, les ouvriers se sont reconnus en moi. Ils ont vu en moi un enfant du peuple, qui parle leur langage, et qui s'intéresse, comme eux, à la liberté, à l'éducation. Mais à leurs yeux, je suis refusé par l'Église; eux, ils m'adoptent, l'Église me rejette. Je vous jure qu'ils prennent note de cela. Une fois de plus, à leurs yeux, l'Église repousse les petits. Car ils savent bien, les ouvriers, que les frères enseignants, ce sont les prolétaires de la sainte Église. Le seul geste d'avenir que j'attends de vous, c'est que vous m'annexiez, que vous me couvriez de votre prestige. Et laissez hurler les intégristes de Sherbrooke ou de Trois-Rivières.

Croyez, Éminence, en mon attachement et en mon estime.

Fr. Pierre-Jérôme.

Au frère Pierre-Jérôme

Le 28 janvier 1961

Je viens de recevoir de Montréal un téléphone me communiquant le texte de la réponse de Son Éminence le cardinal. Je recevrai une copie du texte sous peu.

Le texte de Son Éminence vous prie d'en référer d'abord au Supérieur. J'espérais la même remarque dans celui qui émane de Chicoutimi.

C'est dire que je suis le premier à accorder ou à refuser.

Devant cette précision de la lettre de Son Éminence, je dois vous communiquer que je ne vous permets pas de figurer au programme de télévision dont votre lettre du 23 janvier parlait.

Je ne permets pas non plus que vous présentiez ou que vous remerciiez le conférencier lors de la semaine d'éducation à Alma.

J'ose croire que vous prendrez en bonne part ces décisions que je dois prendre dans les circonstances, c'est-à-dire comme un religieux soumis.

Bien vôtre in Christo,

F. Eudore-Joseph, prov. pro tempore.

La lettre du 28 janvier 1961 parle d'elle-même. Parallèlement, j'avais demandé l'autorisation de me rendre à Québec, pour rencontrer Mgr Maurice Roy (plus tard, cardinal). Les deux lettres qui suivent font état de cette démarche.

Quelques années plus tard, j'ai eu l'occasion de rencontrer à plusieurs reprises le cardinal Léger, le cardinal Roy et, bien sûr, les confrères qui avaient été mes supérieurs provinciaux. Nos rapports furent faciles et sans arrière-goût, si j'ose dire.

En ce qui concerne mes supérieurs provinciaux, il est bon de préciser que leurs fonctions sont assumées durant un mandat de trois ans, renouvelable une fois. Du jour au lendemain, quelqu'un devient provincial ou cesse de l'être. Et quand il cesse de l'être, il est bien content d'oublier les problèmes qu'il a pu avoir avec tel ou un tel. L'indifférence soldatesque est une assez grande chose.

Au frère Pierre-Jérôme

Le 30 janvier 1961

Je vous permets volontiers de vous rendre à Québec pour rencontrer Son Excellence Mgr Maurice Roy.

Vôtre,

F. Eudore-Joseph, prov. pro tempore.

Le Frère Untel à Mgr Maurice Roy

Le 5 février 1961

À Son Excellence Mgr Maurice Roy
Archevêché de Québec

Excellence,

J'aurais bien aimé vous rencontrer en fin de semaine. J'ai fait un voyage spécial à Québec à cette fin, après avoir téléphoné d'Alma à deux reprises à Monseigneur le chancelier, qui me laissait entrevoir cette rencontre comme possible.

Vous donnez comme raison de votre refus de me recevoir le fait que je relève de l'évêque de Chicoutimi. Je sais fort bien qu'il y a telles choses que les relations juridiques. Mais elles ne sont pas les seules. Je crois bien davantage aux relations d'homme à homme. Je comprends que je ne suis qu'un vague petit frère enseignant; et un petit frère enseignant qui vient de se faire moucher par la Sacrée Congrégation des Religieux.

La «censure» dont j'ai été l'objet à cause des *Insolences*, et que les journaux ont publicisée grâce à l'indiscrétion de certains hauts personnages très pressés de claironner leur fausse victoire, choque le public. Les gens du peuple (qui identifient censure à index: ils ne sont pas des canonistes) ne comprennent pas qu'un livre qu'ils ont tant aimé et qui leur a paru si sain soit l'objet d'une condamnation. Ils sont troublés et choqués. Plus que moi, c'est l'Église qui supporte l'odieux de cette mesure inutilement vexatoire et maladroite, extorquée de Rome sous de fausses représentations par deux ou trois intégristes.

Je sais de sources certaines que les ouvriers, en particulier, grondent. Les ouvriers m'ont adopté. Ils se sont reconnus en moi. Ils m'écrivent nombreux. Que vont-ils retenir de l'aventure? Ceci: l'Église, encore une fois, s'est désolidarisée des petits. Eux, ils m'adoptent et l'Église me rejette. Voilà comment les choses apparaissent de l'extérieur.

Vous refusez de me recevoir. À qui voulez-vous que je me confie? Aux journalistes? Je ne compte pas sur mes supérieurs pour me défendre. Mes supérieurs m'ont transmis *mécaniquement* les admonestations romaines. Ils ne m'ont pas défendu. Je dois donc me débattre tout seul comme un rat. Je comprends que vous ne m'aimiez guère. J'ai «insolenté» un peu tout le monde. Je suis quand même de votre bord. Je vous demande seulement de me rendre la possibilité d'administrer pour le bien de l'Église la flambée populaire en faveur du Frère Untel. Si deux ou trois intégristes ont suffi pour me faire condamner, je suppose que deux ou trois évêques catholiques pourraient bien me faire libérer.

Croyez, Excellence, à mon attachement et à mon estime.

Fr. Pierre-Jérôme.

———

Montréal, 8 février 1961

Révérend frère Pierre-Jérôme
Frères maristes
Alma
Cté Lac-Saint-Jean, Qué.

Révérend Frère,

Son Éminence le cardinal a reçu votre lettre et il s'excuse de ne pas vous répondre personnellement. Il doit partir pour Rome dans quelques jours où la préparation du Concile devient plus intense. Il me prie de vous transmettre ses respectueuses salutations.

Votre tout dévoué en N.-S.,

Secrétaire de Son Éminence.

Au frère Pierre-Jérôme

Le 13 février 1961

Je vous remercie de votre lettre. Je n'ai pu vous recevoir l'autre jour; cela ne signifie pas que je ne veux pas vous entendre ni vous aider chaque fois que je le pourrai, comme je le fais de grand coeur pour tous les frères, qui sont nos collaborateurs très estimés. Mais vous devez voir d'abord votre évêque; c'est lui que l'Église a choisi pour être, avec vos supérieurs religieux, votre père et votre conseiller. Son Excellence Mgr Paré, à qui Son Excellence Mgr Melançon confie la plupart des questions qui regardent l'enseignement, vous recevra volontiers et je suis sûr qu'il vous témoignera, comme je le ferais moi-même, plus d'affection et de respect que vous n'en avez montré à aucun évêque.

Veuillez agréer, cher frère, l'expression de mes sentiments les plus dévoués en Jésus et Marie.

Maurice Roy,
archevêque de Québec.

Au Frère Untel

Le 14 février 1961

Cher ami,

J'ai été bien content l'autre jour d'avoir l'occasion de pouvoir jaser longtemps avec toi. J'espère que cela t'a fait du bien. Il est nécessaire de sortir de son milieu, de s'arrêter à considérer la situation de l'extérieur. En tout cas, dans cette affaire, il importe d'être serein, de ne pas perdre la tête, et de placer «le phénomène» à l'intérieur d'un ensemble plus vaste. C'est réconfortant de lire l'histoire de l'Église et de voir comment la Providence se sert de tout pour faire triompher le bien (sur la longue période bien entendu!). Et nous autres, dans tout cela, nous sommes de bien faibles instruments. Nous avons de la valeur à condition de rester à notre place, de ne pas prendre celle des autres. Mais, faut prendre toute la sienne! Il y a une chose qui me frappe. C'est que les dénigreurs des *Insolences* auprès de la Congrégation des Religieux n'ont pas du tout compris le livre comme la masse du peuple. Pour celui-ci, comme pour tous les esprits balancés qui se sont exprimés en public (je pense à Gabrielle Roy dans son *Premier Plan* et on ne peut sûrement pas la qualifier de tête folle ou de gauchiste ou d'anticléricale), on n'a vu dans ton livre que ce que tu as voulu y mettre. Et rien d'autre. De la patience, et tout va s'arranger. Les tireurs de ficelles, les dénigreurs, les calomniateurs, les égoutiers ne pourront rien contre le «bon sens» du peuple. En tout cas, les responsables ont été mis en face de leurs responsabilités et ce sont eux qui auront à répondre de leurs attitudes. Pas toi. Prépare-toi discrètement, lentement à être à la disposition de la Providence pour répondre à son appel lorsqu'elle le voudra. Elle s'exprimera encore par les circonstances, les événements, comme dans le passé. Il faudra alors être capable de les saisir par les cheveux. En attendant, laisse dire, laisse faire.

Pendant tout ce temps-là, le monument de glace de *Frère Untel* érigé par la ferveur populaire est en train de fondre au soleil. Cela ne veut pas dire qu'il n'a pas rempli sa fonction au cours du carnaval. Je ne pense pas que le coup de fouet que le Frère Untel a donné au «joual» va disparaître aussi rapidement. Mais considéré dans l'ensemble de l'histoire de l'Église et même à l'intérieur de l'Église québécoise, ce n'est qu'un événement — comme d'autres qui ont eu leur éclat dans le passé. Il importe que tu restes toi-même et que tu sois «disponible» au moment opportun. Et ce moment va sûrement venir SI TU RESTES TOI-MÊME.

Au sujet de ta lettre à Mgr Roy, l'ensemble est bien. Cependant, il y a une chose qui me frappe. C'est le «complexe de rat» que tu sembles manifester. Ce n'est pas parce que tu es un «frère» que tu n'as pas été reçu. Mgr Roy a la même attitude envers tout le monde. Il n'est pas «receveux». Mais dans le fond, je suis certain qu'il va avoir mauvaise conscience de cette timidité et qu'il va «réparer» en mettant les choses au point devant les énergumènes qui veulent ta perte. Il l'a déjà fait pour d'autres — et j'en sais personnellement quelque chose. Ce n'est pas pour rien qu'il a *insisté* pour mettre son nom dans *Le Chrétien en démocratie*. Tout le monde l'a compris et si Mgr Bernier et compagnie ne le voient pas, certains vont se charger de le faire.

Le Carême commence demain. Lis l'histoire de l'Église. Cela va te faire du bien. Rien mieux que l'histoire pour nous donner une perspective des événements et pour nous aider à comprendre comment la Providence agit. Surtout, conserve-toi comme le Bon Dieu t'a fait, le vrai Frère Untel. N'oublie pas que tu as des amis, que tu peux compter sur eux. Et quand tu en auras «plein le casque», avant de «ruer dans le bacul», viens te dégonfler à Québec. Tu es toujours le bienvenu. Faut savoir se serrer les coudes.

Salutations à Grégoire. Comme je te l'ai dit, si tu penses que tu as un «message», mets-le sur papier, écris, écris. Et, ici, à Québec, j'ai des bons tiroirs. Je vais tout garder cela. Au moment opportun, on pourra s'en servir. Tu sais, des bonnes idées, on n'en a pas tous les jours. Faut les saisir au passage, les consigner.

Je prie pour toi et demande au Seigneur de te donner paix, courage, constance et «la petite fille espérance» dont a si bien parlé Péguy. Ah oui! furète donc un peu dans *Le Porche du Mystère de la deuxième vertu.* Ça va te faire du bien.

Gérard Dion.

———

Montréal, le 27 février 1961

Révérend frère Pierre-Jérôme, mariste
Maison des frères maristes
Alma, Lac-Saint-Jean
Qué.

Révérend Frère,

Son Éminence le cardinal Léger, actuellement à Rome, me prie de vous envoyer ce petit mot:

«Mettez votre confiance dans la Sainte Vierge. Les pages sublimes que vous lui avez consacrées dans votre livre peuvent vous sauver. Cette espérance doit s'épanouir dans une confiance filiale. Prière et patience; prudence et discrétion doivent être vos mots d'ordre.»

Veuillez agréer, révérend Frère, l'expression de nos sentiments très dévoués en N.-S.

Secrétaire de Son Éminence.

Le Frère Untel au cardinal Léger

Le 12 mars 1961

À Son Éminence le cardinal
Paul-Émile Léger
Montréal

Éminence,

Votre secrétaire particulier, dans une lettre datée du 27 février, m'adressait, de votre part, un mot d'espoir. Venant de vous, et de vous à Rome, ce mot me redonnait en effet de l'espoir. Par une drôle de coïncidence, ce bref message me parvenait le 1er mars, le jour même où monsieur Laurendeau, dans un «Bloc-Notes» du *Devoir*, prenait à partie un prêtre de Drummondville qui attaquait plus encore ma personne que mes écrits. Le prêtre en question s'attaquait particulièrement à mes deux ou trois pages que je consacre à la Sainte Vierge dans les *Insolences*. Et le jour même où je lisais un écho sur cette attaque dans *Le Devoir*, je recevais votre message où vous me disiez justement — et je vous cite: «Les pages sublimes que vous lui [à la Sainte Vierge] avez consacrées dans votre livre peuvent vous sauver.»

Dans mes lettres antérieures, je vous demandais de me faire libérer de mon injuste interdit précisément pour la raison que cette censure faisait plus de tort que de bien à l'Église, en ceci qu'elle donne prétexte aux anticléricaux de monter en épingle l'intolérance et l'arbitraire de l'Église.

Les gens ne comprennent pas que les autorités ecclésiastiques me fassent taire. Les gens, les ouvriers surtout, m'ont adopté. Je vous avais annoncé cette réaction. J'en détiens maintenant de multiples témoignages. Je vous en ai fait parvenir quelques-uns à Rome. Sous pli séparé, je vous en fais parvenir d'autres qui ne seront peut-être pas parvenus à votre connaissance ou à celle de votre entourage.

Il est donc urgent de m'autoriser de nouveau à écrire. Car enfin, l'espoir d'un «salut» que vous m'avez annoncé ne peut consister concrètement qu'en une permission d'écrire de nouveau. Plus concrètement encore, il s'agit pour moi d'avoir l'autorisation d'écrire de nouveau dans *Le Devoir*, par exemple, et même (j'y songe sérieusement) à publier un nouvel ouvrage. Mais alors, je prendrais soin de me munir de deux douzaines d'imprimatur.

Mais ici, je préviens un obstacle. Je n'entends pas être libéré pour avoir ensuite le droit de répéter jusqu'à la fin du monde que deux et deux font quatre. Me libérer d'une main, et me rendre ensuite la vie impossible par le biais de la censure, serait pure formalité. Aussi bien, si je dois écrire de nouveau, j'entends me soumettre à *votre imprimatur* à vous et non pas à l'imprimatur d'un évêque (le mien, notamment) qui s'est déjà publiquement prononcé contre moi. Car, encore une fois, je me tairai plutôt que de me soumettre à une censure vexatoire.

Je ne dis pas ces choses par mauvaise volonté ni par orgueil. Je viens de vivre une expérience pénible; je n'entends pas la renouveler. Par ailleurs, j'aime autant déterminer ces choses par avance. Mes positions à moi ont le mérite d'être parfaitement nettes, sinon confortables. Et je ne vois pas comment ceux qui m'ont fait taire n'auraient pas *aussi* le pouvoir de me laisser parler. Quand je dis «ceux qui m'ont fait taire», je vous exclus, car vous m'avez suffisamment donné de preuves de votre sympathie agissante.

———

Montréal, 22 mars 1961

Révérend frère Pierre-Jérôme
Maison des frères maristes
Alma, Qué.

Mon cher frère,

Au moment où je m'apprêtais à répondre à votre lettre du 13 mars, je recevais les derniers documents que vous m'avez adressés. Il sera difficile d'écrire une histoire objective de cet incident qui a commencé il y a près d'un an et qui aura fait couler tant d'encre dans la Province. La difficulté tiendra à ce que les problèmes n'ont pas toujours été jugés avec objectivité; les passions et l'émotivité ont faussé bien des jugements.

Avant d'aller plus loin, permettez-moi de jeter un peu de lumière sur quelques faits dont j'ai acquis la certitude:

1° Je suis en mesure de déclarer qu'aucun évêque n'est intervenu à Rome pour provoquer la première mise en garde de la Sacrée Congrégation des Religieux, du 10 août 1960.

2° Cet avertissement qui concernait le journal *Le Devoir* fut communiqué à monsieur Filion le 17 août, et le 18 août, voici ce que le directeur du *Devoir* m'écrivait:

«Il va sans dire que *Le Devoir* s'empresse de satisfaire le désir que vous exprimez avec, d'ailleurs, beaucoup de délicatesse. Nous sommes les premiers à nous rendre compte que certains sujets ne peuvent être abordés qu'avec beaucoup de précautions et qu'ils dépassent d'ailleurs la compétence de laïques engagés dans l'action profane. — Je vous prie de croire, Éminence, que votre lettre, ainsi que le document qui l'accompagne, ont été reçus au *Devoir* avec un esprit de compréhension et de fidélité à l'Église.»

3° Si *Le Devoir* a continué à s'intéresser au problème, c'est dans la mesure où celui-ci concernait les questions d'éducation. *Le Devoir* n'a jamais porté de jugements sur la partie de votre livre qui traite de la vie religieuse et tout particulièrement de l'obéissance religieuse. À ce point de vue, je dois reconnaître la sincérité des affirmations de monsieur Filion.

4° Le livre a été publié dans des circonstances qui devaient susciter des réactions. Quel que soit le jugement que l'on puisse porter sur les lois de la censure dans l'Église, l'obéissance chrétienne demeure toujours un motif valable pour s'y conformer.

5° On aura tout dit concernant ce livre. Tous ont eu la liberté de s'exprimer soit en formulant des louanges, soit en glissant une critique. Encore une fois, je puis vous affirmer qu'aucun évêque n'a écrit à Rome sinon votre humble serviteur, et vous savez dans quel sens. Insinuer que les évêques ont été la cause d'une intervention du Saint-Siège est une falsification des faits.

6° Je suis toujours prêt à vous rendre service et je l'ai fait à Rome. Mais ce ne sont pas les déclarations publiques comme celles qui ont été faites dernièrement qui peuvent faciliter notre tâche. Je ne suis pas chargé de la régie interne de votre communauté. Je puis vous dire, cependant, que le moindre geste de bonne volonté de votre part sera accueilli avec bienveillance par tous les évêques de la Province. Il serait bon, toutefois, qu'en ce cas, comme dans tous les autres, on procédât selon l'ordre établi. L'évêque de Chicoutimi est tout prêt à vous écouter et à vous aider tout comme je le serais moi-même dans les limites de ma juridiction pour que vous puissiez vous défendre contre les anticléricaux qui vous exploitent et pour que vous puissiez clamer à la face de tous que votre amour de l'Église est au moins aussi fort que celui de ces laïcs dont je vous parlais tout à l'heure qui ont reçu l'admonition de leur Mère «avec un esprit de compréhension et de fidélité».

Mon cher frère, je vous répète que dans votre livre il y a beaucoup de bon. Vous avez attiré l'attention de l'opinion publique sur des problèmes actuels d'une grande importance. D'autre part, la plus élémentaire honnêteté doit nous faire découvrir dans l'une ou l'autre de vos pages des affirmations qui ont blessé la conscience religieuse. L'Église ne vous met pas au pilori; Elle vous demande tout simplement d'être prudent et de dire, avec conviction et chaleur, que la vie religieuse est un Service de Dieu avant d'être une forme d'humanisme.

Nous entrons dans la passion du Christ. N'oublions pas qu'Il a sauvé le monde en obéissant jusqu'à la mort de la croix et qu'Il a souvent insinué que si la Volonté de son Père n'avait pas été aussi exigeante, Il aurait pris des moyens plus faciles et — parce qu'Il est Dieu — aussi efficaces pour nous racheter. Dieu n'est pas venu sur la terre pour sauver les civilisations. Il a méprisé la sagesse de l'homme et Il a choisi la folie de la Croix pour que nous retournions à Lui.

Excusez le ton prêcheur des dernières lignes. Je les ai écrites avec mon coeur de Pasteur et j'espère que le Seigneur Jésus me donnera, en ce prochain Jeudi saint, la chaleur de Son amour pour les hommes et la force de l'imiter si jamais le mal s'attaquait à Notre Église.

Je vous bénis de tout coeur.

> Cardinal Paul-Émile Léger,
> archevêque de Montréal.

———————

Le Frère Untel au cardinal Léger

Le 2 avril 1961
Pâques

À Son Éminence le cardinal
Paul-Émile Léger
Montréal

Éminence,

Votre longue lettre du 22 mars m'a un peu confondu: je me fais des reproches de mobiliser ainsi votre temps. Je m'apprêtais à y répondre (vous savez que je suis «commandé» vite, comme un Ford) dès le lendemain. J'ai bien fait d'attendre un peu: le lundi, je recevais un mot de Mgr Paré me disant qu'il me recevrait volontiers. Dès le lendemain, j'étais chez lui, à Chicoutimi.

L'entretien que j'ai eu avec Son Excellence a éclairé certains passages de votre lettre, sur lesquels je voulais vous demander des éclaircissements. Ainsi, l'endroit où vous disiez que «le moindre geste de bonne volonté de [ma] part serait accueilli avec bienveillance par tous les évêques de la Province». Je me demandais bien quel geste de bonne volonté je pouvais poser, autre que me taire (ce que je faisais déjà depuis septembre passé). Je me demandai aussi comment vous pouviez être tellement assuré de la bienveillance de «tous les évêques de la Province» à mon endroit. Depuis mon entretien avec Mgr Paré, je suis un peu comme seront les élus après le second avènement: «En ce jour-là, vous ne me poserez plus de questions.» (Jean, XVI, 23)

J'ai lu votre message de Pâques. La somme des souffrances de l'humanité a augmenté depuis le Moyen Âge, dites-vous en substance, parce qu'on ne tient pas compte du Seigneur. Vous multipliez les avertissements, c'est votre devoir, comme c'était celui de Noé. Mais il est attristant de penser que cela ne semble pas freiner les organisateurs de la «cité sans référence religieuse».

Il me reste à vous remercier de tout ce que vous avez fait pour moi. Si j'ai bien compris Mgr Paré, rien ne s'oppose plus à ce que j'écrive de nouveau. Croyez bien que je suis disposé à servir l'Église de mon mieux, ce qui n'empêche pas que je demeure moi-même. Si vous avez des directives à me communiquer, il va sans dire que je suis à votre entière disposition. Et si vous le jugez utile, n'hésitez pas à me convoquer à Montréal.

———————

Montréal, 5 avril 1961

Révérend frère Pierre-Jérôme,
Maison des frères maristes
Alma, Qué.

Mon cher frère,

Veuillez croire que le temps que je consacre à votre problème ne doit pas être considéré comme du temps perdu. Bien au contraire, ce dialogue est très enrichissant et je crois même qu'il est apostolique. Si j'ai réussi à vous dévoiler quelques traits du vrai visage de l'Église, j'aurai accompli une oeuvre éminemment pastorale. D'autre part, ces contacts fréquents avec vous m'ont permis de connaître votre riche personnalité et de discerner, au plus intime de vos motivations, un désir sincère de servir l'Église. — Le petit souvenir que vous m'avez envoyé me sera très cher car le cadeau des humbles prend sa richesse dans l'affection du donateur.

Vous me demandez si j'ai des directives à vous communiquer. Pour le moment, je considère avoir accompli ma mission puisque j'ai établi les contacts entre vous et l'évêque de Chicoutimi. Cependant, vous parlez dans votre lettre des «organisateurs de la cité sans référence religieuse». Il me semble que, sans avoir l'air d'être à notre solde, vous pouvez prouver à ces pauvres malheureux que si leurs plans réussissaient, notre Église et même notre petite patrie seraient vite enveloppées dans le linceul de l'oubli. Je veux bien croire que l'Histoire n'est pas de l'Apologétique... mais il y a tout de même une Histoire sainte et celle-là nous prouve que Dieu intervient directement dans les affaires humaines lorsqu'Il le juge à propos. Nos milliers de missionnaires qui travaillent dans les cinq continents ne sont-ils pas la preuve vivante que Dieu nous aime encore? Or, pour mériter une telle prévenance du Seigneur, la sainte Écriture nous rappelle qu'Il exige une condition: la fidélité.

Je vous dis ceci dans un style qui ne toucherait pas nos contemporains, mais si vous preniez votre hache!... il me semble que vous pourriez percer la forêt et faire entrer la lumière qui dissiperait l'opacité de l'ignorance d'un si grand nombre *d'intellectuels* qui ont eu le privilège d'accéder à cette dignité pour avoir lancé le cri de guerre contre le cléricalisme.

Permettez-moi de vous dire cela, mon très cher frère, car je représente l'Église et le clergé (malgré ses défauts), et chaque fois qu'ils sont attaqués, je souffre dans mon coeur et dans mon honneur.

Que Dieu vous garde!

Votre tout dévoué,

Cardinal Paul-Émile Léger,
archevêque de Montréal.

Avec le recul, on s'aperçoit que «Révolution tranquille» n'est pas une fausse étiquette. Révolution il y a eu, c'est-à-dire changement soudain et radical. Il s'est trouvé de plus qu'en même temps que le Québec entreprenait son immense rattrapage, il fut rejoint par la houle des transformations culturelles et politiques qui ont secoué l'Occident tout entier. Il faut noter que Vatican II fut, lui aussi, un puissant facteur de changement.

Cette période fut exigeante pour les chefs civils et religieux. Du fait de ses fonc-

tions et de son personnage, le cardinal Léger se retrouva au coeur de la tourmente. Ce n'est pas pour rien que le deuxième tome de la biographie que lui a consacrée Micheline Lachance (Éditions de l'Homme, 1986) s'intitule: Dans la tempête. Il est permis de penser que le cardinal Léger est plutôt du type autoritaire, hiératique, conservateur. Son amour de l'Église et son instinct pastoral lui auront cependant fait pressentir la direction qu'il fallait prendre, les attitudes qu'il fallait adopter. Il a dû être ainsi placé devant des choix difficiles et même dramatiques. En ces matières, fût-on cardinal, on agit rarement dans l'évidence. Il faut souvent marcher dans la brume, et l'inconnu est la province du courage.

LE FRÈRE UNTEL
ET L'OPINION PUBLIQUE

*À moins d'indication contraire, toutes les
lettres suivantes ont été adressées au Frère Untel.*

Je suis un ouvrier d'usine et je me suis procuré votre beau livre. Il est instructif, il arrive à son heure. Plusieurs ouvriers, pères de famille, le lisent et nous en causons beaucoup en travaillant aux usines du C.N.R.

Nous vous félicitons et nous vous remercions d'avoir écrit des choses que tout le monde pensait et disait tout bas. Vous êtes un *héros*, un homme généreux, un vaillant. Vous faites honneur à tous les frères. Nous, les ouvriers, sommes contents de connaître des frères comme cela. Parce que ce sont les frères qui instruisent et forment les ouvriers. Donc, vous êtes l'ami, le défenseur de l'ouvrier, l'artisan du salarié.

Votre livre parmi les ouvriers est reçu avec enthousiasme. Vous êtes de la belle et bonne race des abbés O'Neill, Dion et du chanoine Racicot, vous êtes entre bonnes mains.

Vous faites honneur à votre communauté en écrivant ce livre. Vous avez grandi et ennobli la race des frères. Nos enfants liront votre livre et nous vous donnerons en exemple comme très très courageux. Cette marchandise est assez rare de nos jours. On aime beaucoup votre ouvrage.

E.U. Labonté, ouvrier et
père de famille.

———

Le 10 septembre 1960

Votre livre est ravissant; il me procure de l'enthousiasme et du courage. Je le lis pour la deuxième fois. J'en ai acheté deux douzaines que je donnerai en cadeau à mes neveux et nièces. Tous les frères devraient être comme vous: courageux.

Lucien Miron.

Le 12 septembre 1960

Vous trouverez, ci-inclus, 1 $ pour votre livre intitulé *Les Insolences du Frère Untel*. Si ce montant n'est pas suffisant, laisse-le-moi savoir et je vous enverrai la différence aussitôt. J'ai hâte de dévorer ce volume.

Madame J.F. Arseneau.

———

Le 13 septembre 1960

Je vous félicite pour votre magnifique volume. Mon mari et moi en avons acheté un exemplaire à nos douze enfants. Nous avons six garçons aux études, deux désirent entrer dans la vie religieuse, ils veulent devenir un frère comme vous, Frère Untel, dans votre communauté. Parce que vous êtes courageux, cher petit frère, en plus vous lisez beaucoup. Nos enfants aiment à lire. En plus, je serais des plus heureuses si nos deux fils entrent dans votre belle communauté. Et cela dépendra du Frère Untel, à la lecture de votre livre.

La lecture de votre livre nous fait du bien et nous procure consolations. Écrivez-nous encore de belles choses dans d'autres volumes. Pour sauver le monde, les frères, comme les autres, doivent écrire.

Dame Louis Monette
(mère de douze enfants).

Le 14 septembre 1960

Nous avons réussi, ma femme et moi, à nous évader en Gaspésie pour une dizaine de jours. C'est d'un très joli manoir que je vous écris, manoir qui témoigne que nos pères étaient de grands civilisés à côté de nous qui croyons l'être.

Vous aurez remarqué, si vous avez lu *Le Devoir* de ce matin, que mon texte sur l'Usage de la parole a été modifié. J'ai dû m'y résigner, à la demande de Gérard Filion. Quant aux raisons pour lesquelles Filion est intervenu: mystère et boule de gomme...

J'espère n'avoir pas commis de bêtises. Sans doute aurais-je pu vous consulter, mais tout ça s'est fait tellement vite, en plus d'un surcroît de travail imposé par dix émissions de radio enregistrées à l'avance. Il vaut peut-être mieux ainsi. Vous n'êtes en rien solidaire de tout ça. J'aurai de vos nouvelles à mon retour, puisque je sais que vous n'êtes pas paresseux, ni négligent pour les amis, comme moi je le suis.

Guy Viau.

Le 16 septembre 1960

Je lis vos *Insolences* qui m'intéressent et m'amusent beaucoup. Permettez-moi de vous offrir mes félicitations.

Elles m'inspirent le projet de vous demander votre collaboration à l'enquête intitulée: «Nos universités sont-elles françaises?» qui paraît dans l'*Action nationale*, depuis février. La plupart des universitaires ont une sainte frousse lorsqu'on leur pose des questions un peu compromettantes. Avec vous, ce serait différent. Votre verve, votre entrain et votre intrépidité nous entraîneraient sûrement dans des voies nouvelles et larges. Je ne connais pas vos idées sur la question, mais les surprises ne me font pas peur. D'ailleurs, je ne crois pas que vous vous plaisez à étonner gratuitement. Il me semble plutôt que c'est la démystification qui vous tente. Si ma proposition ne vous déplaît pas, auriez-vous l'amabilité de me répondre. Alors, nous pourrions définir avec précision le champ de nos investigations.

Si vous n'habitez pas trop loin, j'aimerais aussi vous voir, si vous voulez bien.

Jacques Poisson.

Le 21 septembre 1960

Cette lettre en remplace une autre de quatre pages, dont j'ai décidé de ne pas vous affliger.

Je la résume en vous offrant mon admiration, mes félicitations, mes condoléances, ainsi que mes encouragements à continuer votre oeuvre, tant qu'on ne vous aura pas assassiné, ce qui ne tardera guère. Tout de même, ce que vous avez dû souffrir!

Petite mise en garde: votre oeuvre, comme celle des abbés Dion et O'Neill, sera juchée sur le pinacle du Temple pour être utilisée assez peu honnêtement par une certaine clique qui se réjouit surtout de la claque magistrale que vous avez administrée à notre clergé «omnicompétent». Ce serait dommage, et littéralement «ben d'valeur».

Gustave Gérin-Lajoie, m.d.

———

Le 22 septembre 1960

Je vous remercie des documents que vous m'avez fait parvenir à propos de vos *Insolences*. Il me plaît d'abord de vous répéter que vous possédez un don extraordinaire de communication directe et vivante, et que votre talent de «pamphlétaire» déclasse de haut nos «Turc» et nos «Valdombre». Hélas! ici plus qu'ailleurs, les Socrate sont invités (si l'on peut dire) à boire la ciguë. Il reste que la flèche que vous avez fichée dans le flanc de certaines satisfactions organisées n'en sera pas arrachée facilement. Inutile de vous dire que je comprends dans quel état vous ont mis les sanctions romaines! D'autre part, je ne crois pas que le silence qu'on vous impose soit perpétuel. Le mutisme que vous avez décidé de garder religieusement vous sera compté à bien même par vos «victimes». De toute façon, ne cédez pas à certaines représailles, et défendez jalousement votre droit de continuer à être le frère Pierre-Jérôme, mariste.

Il ne faut pas croire que mon propre silence à l'endroit de votre «aventure» soit un silence de lâchage. J'ai bien réfléchi à la manière dont je pourrais vous être utile: toute publicité de ma part à votre endroit compliquerait votre situation. Mais, si je puis vous être de quelque secours, laissez-le-moi savoir.

Fr. Clément Lockquell, é.c.

Je vous connais plus ou moins, pour vous avoir aperçu de temps en temps ici au sanatorium du Lac-Édouard durant le court séjour que vous y avez fait cet été. Je suis le camarade (ne confondez surtout pas la signification de ce mot) de chambre de votre cher «Commissaire du Peuple»*.

Je ne pouvais certes pas rencontrer ici de camarade... Encore! Mais oui! Puisque le *Petit Larousse illustré* nous donne comme définition de ce mot: compagnon de travail, d'étude, de chambre... plus doux, ni plus humble, mais qui pense solide et qui m'a beaucoup aidé à remonter la pente... non pas comme on aide un joual épuisé, mais comme on aide un homme qui longtemps fut gâté par la vie et qui, soudain, s'aperçoit qu'il a, lui aussi, une croix à porter.

Après la lecture du petit chef-d'oeuvre du Frère Untel, je ne puis que regretter amèrement de ne pas avoir essayé de vous connaître davantage ici, mais cela est certainement dû au fait que je me méfie un peu trop, dans cette belle province de Québec, de la soutane en général et des pharisiens en particulier.

Que de joies sincères et pures m'ont procurées vos *Insolences*! Que de sincérité, que de clairvoyance, que de justice, mais aussi et surtout, que de courage vous aura-t-il fallu pour leur dire leurs vérités justement à tous ceux-là qui n'aiment pas certaines vérités, car elles pourraient venir déranger leurs bonnes petites habitudes. Et dire que, parmi tous ceux que vous aimez tant, il va s'en trouver un nombre considérable qui vont essayer de vous couper les jambes (ce qui ne vous empêchera pas d'écrire), car je ne pense pas qu'eux auront le courage de vous décapiter à la HACHE! Non qu'ils soient trop intelligents, mais, parce qu'étant trop astucieux, ils auront la frousse que ce dernier coup de hache ne crève définitivement l'abcès!

Je ne suis malheureusement pas Québécois de naissance, mais je suis citoyen canadien depuis cinq ans et Québécois de coeur. Et, j'ai été bien souvent écoeuré de voir que tous ces braves gens, qui ont tellement de qualités, puissent ainsi se laisser mener par le bout du nez par une bande d'inquisiteurs, mais qui devront un jour ou l'autre rendre compte de leurs actes.

Merci, mon sacré vieux Frère Untel pour ce bon temps que vous venez de me faire passer. Sacré vieux, salut!

---

*Michel Golaneck (voir «Justification des dédicaces», à la page 19).

Bravo pour la forme! Bravo pour le fond! BRAVO! Sacré vieux Frère Untel!

Avec l'espoir bien faible, mais avec l'espoir quand même, que d'autres sacrés vieux Canadiens français trouveront le courage de vous suivre et de vous épauler afin de nettoyer le nid.

Léon Buyse.

———————

Le 26 septembre 1960

Mon cher frère — ou plutôt mon cher ami —, quoique je n'aie pas cessé d'être débordé, je me trouve vraiment égoïste de n'avoir pas trouvé le moment de vous écrire. Mais les oreilles ont dû vous tinter souvent: vous êtes depuis des semaines celui sur qui ma pensée revient toujours.

Vous devez vous sentir en même temps au paradis et en enfer. Votre livre connaît un grand succès, c'est indiscutable: non seulement il se vend bien, mais il porte — je le vérifie tous les jours. En général, on paraît vous comprendre: rares sont ceux qui y alimentent un anticléricalisme de rancoeur: ce que vos attaques ont de cordial et de «bon enfant» agit comme un tonique. Au surplus, vous rehaussez le prestige des frères, ce prolétariat; plusieurs m'en ont fait spontanément la remarque, et Gérard Pelletier me rapportait hier qu'il l'entend souvent dire autour de lui.

Mais il y a le reste... et sans ce reste, le silence actuel du *Devoir*. Sans la conjoncture, j'ai la conviction qu'un article chez nous — surtout sous ma signature — vous desservirait. Ceci peut ressembler à de mauvaises excuses, et je n'aime pas l'écrire. Faites-moi néanmoins l'honneur de croire que j'y ai réfléchi, et que j'ai consulté, non des sages, mais des courageux, avant de conclure ainsi.

Que vous restez loin! Ce qu'il nous faudrait, c'est une bonne conversation de deux à trois heures, à coeur ouvert. Si vous voulez toute ma pensée: je crains pour vous la solitude où vous vous trouvez enfermé. Il faut faire appel à tout ce que vous avez de santé — chercher profondément en vous-même les sonas du courage tranquille. Êtes-vous comme moi? ce que je pardonne le plus difficilement, c'est un silence qu'on m'impose et dont, par certains côtés, je n'arrive pas à ne pas me mépriser un peu: vous avez beau, comme religieux, avoir une plus grande pratique de l'obéissance, et surtout en mieux reconnaître le sens, il doit vous rester quelque chose de ce sentiment-là.

Les événements arrivent comme une étrange confirmation de certains chapitres de votre livre. J'imagine que vous vous seriez bien passé de cette preuve, vraiment surérogatoire! — Mon Dieu que tout cela est bête. Comment ne comprend-on pas que votre livre n'est pas «dangereux», mais que ce qui peut l'être, c'est *leur* réaction devant votre livre. J'essaye de le faire savoir, par d'autres moyens que l'imprimé.

Je vous serre cordialement la main.

André Laurendeau.

———————

Le 28 septembre 1960

Cher Frère Untel,

Vos insolences sont d'excellents produits d'importation.

C'est pourquoi il m'est venu à l'esprit que vous seriez peut-être l'homme de nos rêves, celui que nous cherchons depuis si longtemps.

Nous voudrions introduire dans nos *Informations catholiques internationales* un «columnist». Le propre d'un «columnist» est de remplir comme il l'entend une surface déterminée et régulière d'un journal ou d'une publication.

Le «columnist» que nous cherchons est essentiellement un homme sain et saint qui ait un sens clair des possibilités qu'offre la liberté des enfants de Dieu pour servir et défendre l'Évangile. Un homme sensible qui ressente de la peine ou de la joie devant les échecs ou les avances de l'Évangile dans le monde, et qui sache le dire simplement, avec humour quand il convient, comme Frère Untel.

Je ne peux évidemment pas définir plus avant le «columnist» puisque ce qui le distingue des tâcherons du journalisme, c'est essentiellement que sa plume est libre. D'où l'importance de la confiance qu'il doit inspirer à l'éditeur!

Pour ma part, je serais disposé à vous accorder une confiance totale et à vous considérer comme apte à la tâche dans la mesure où, ce qu'il me semble, vous vous intéressez à d'autres affaires et situations que canadiennes.

Si ma proposition pouvait retenir votre attention, il faudrait sans doute, avant d'engager l'entreprise, faire quelques essais et nous rôder quelque peu. Et si nous pouvions nous convenir, il s'agirait alors pour nous de vous offrir une page dans chaque numéro, c'est-à-dire à peu près trois feuillets dactylographiés à double interligne. Libre à vous de remplir ces feuillets en traitant un sujet ou bien dix, en plaisantant le cardinal Ottaviani ou les électeurs américains, en méditant sur le dernier ouvrage de Guardini, en applaudissant à telle réforme ou en vous indignant contre les sanctions prises contre les prêtres basques en Espagne par leurs propres évêques, etc. Ce n'est pas la matière qui manque!

Comment vous dire combien je souhaite que nous nous entendions! Les années préparatoires au Concile sont une chance inespérée pour les chrétiens de cesser de ramper et de se mettre debout. Vous êtes un homme de Dieu; vous avez le sens de l'Église; vous paraissez avoir un solide bon sens et une solide formation doctrinale et culturelle. Que faut-il de plus?

Je vous écris tout ceci en supposant que vous connaissez les *Informations catholiques internationales*. Notre revue vend actuellement quelque vingt mille exemplaires. C'est peu. Mais elle atteint pratiquement toutes les personnalités catholiques influentes dans tous les pays du monde (y compris Rome). Elle est généralement bien considérée, sauf par les quelques maniaques qui voient partout des auxiliaires du communisme.

En revanche, je dois vous prévenir tout de suite que si vous étiez tenté d'accepter, ce devrait être davantage pour l'amour de Dieu et de l'Église que pour la trop modeste rémunération que nous pourrions vous accorder.

Avec le très vif espoir que vous voudrez bien considérer ma démarche avec tout le sérieux qu'elle mérite, je vous prie de croire, mon très cher frère, à mes biens respectueux sentiments.

> José De Broucker,
> rédacteur en chef
> *Informations catholiques*
> *internationales,*
> Paris.

Je viens de finir votre livre: vos *Insolences*! Commencé par des éclats de rire, j'avais des larmes à la dernière page. Quel sens de l'humain vous avez, et comme votre livre fait époque.

Ceux qui ne comprennent pas combien il faut aimer ses concitoyens et avoir souffert avec grandeur et dignité pour leur parler avec une telle lucidité font les pires ennemis de «Nous autres», comme vous dites, les Canadiens français.

Merci, merci, Frère Untel de cette bonne bouffée d'air pur. Parmi mes belles images, je garde ceux du petit garçon faisant ses devoirs à la lumière de la lampe à pétrole. En récitant mon *Pater*, au «donnez-nous aujourd'hui notre pain quotidien», j'ajoute, beaucoup de petits garçons comme Frère Untel.

P.S.: «Le silence est la plus grande des persécutions, jamais des saints ne se sont tus.» (Pascal)

Madame A. Paradis.

———

Éditorial d'André Laurendeau dans
Le Devoir **du 30 septembre 1960**

UN SUCCÈS DE LIBRAIRIE

LES INSOLENCES DU FRÈRE UNTEL

Les *Insolences du Frère Untel* atteignent le vingt-huitième mille en trois semaines. C'est un succès prodigieux, même pour les Éditions de l'Homme.

Sans doute, la technique de cette maison rend la diffusion plus rapide. Elle multiplie les points de vente et accroît le volume de la publicité; elle réussit à vendre ses livres un dollar, ce qui est un tour de force, et n'est possible que grâce aux gros tirages. Elle les a presque toujours obtenus. Mais elle devait ses succès les plus retentissants de l'an dernier à une utilisation intelligente de l'actualité.

Cette fois, il s'agit d'un religieux que personne ne connaissait l'an dernier à pareille date. Il est facile de connaître son nom, mais il écrit sous un pseudonyme. Il aborde des problèmes — la langue, l'éducation, la liberté — qui ont peu de rapport avec la politique, et sur lesquels il n'est pas facile de passionner l'opinion.

Il y parvient. Frère Untel a du talent. Il est, remarque un ami, un phénomène au Canada français: alors que nos polémistes sont souvent amers ou aigres, il pratique l'humour bon enfant. Il a le don de la formule. On le sent totalement engagé, mais sans aucune méchanceté.

Le titre parle d'*Insolences*. Cela aussi sans doute contribue au succès: on a le goût de connaître les insolences d'un petit frère. Pourtant la formule ne nous paraît pas exacte. Cet homme est vert, parfois dru, souvent familier: il n'a pas le ton de l'insolence. Il lui arrive d'utiliser des formules imprudentes: c'est qu'il cause avec abandon, il ne surveille pas sa langue, il bavarde; ainsi s'offre-t-il en victime à quiconque veut prendre ses formules au pied de la lettre. Cette innocence, ce laisser-aller témoignent d'une parfaite bonne foi.

C'est bien ainsi que son message est entendu, du moins si j'en juge par les réactions qui nous parviennent. On prend plaisir à ses malices, mais on se rend bien compte qu'il n'ébranle pas les colonnes du temple. Il est de chez nous, il est très canadien: car si les écrivains se durcissent et perdent un peu de leur naturel, le peuple chez nous aime et prend souvent ce ton narquois, direct, savoureux.

Ce frère — toujours d'après les lettres et appels téléphoniques — revalorise les frères au yeux de plusieurs. On est content que ces choses soient dites franchement par un éducateur, et qu'il sache formuler des vérités sur un mode plaisant. Les frères sont un peu devenus un prolétariat: on les prend pour acquis, on aime s'en servir comme d'une cible, on oublie l'importance de leur rôle, on se demande comment ils le jouent. Or voici que l'un d'entre eux parle.

Exprime-t-il l'opinion de tous? Non, bien sûr. Mais il est dans leurs rangs. Il a vécu, il vit leur existence. De certains aspects de la vie religieuse, il parle d'ailleurs — voir sa lettre à un Jeune-Frère — avec un accent qui nous émeut. Je doute que cette lettre suffise à former un religieux, mais sur divers thèmes il parle avec franchise et délicatesse. Il n'est pas indiscret: pourtant l'on perçoit l'écho d'expériences aussi douloureuses que nécessaires. De ces pages toutes simples se dégage une impression de grandeur. Le laïc, souvent gouailleur, comprend mieux le côté tragique et la solitude d'une vie entièrement donnée.

On sent un homme qui parle, et c'est ce qui nous rejoint. Des propos plus académiques et mieux surveillés laisseraient le lecteur indifférent. Lui nous devient vite très proche: c'est un don. Il éveille la sympathie. On l'aime.

On l'aime aussi à cause des vérités qu'il dit. Je n'ai pas à examiner s'il est le premier ou le dixième à les formuler: il les exprime avec un accent qui lui est propre. Ainsi, sur les questions de langue, il réussit à se faire lire par des gens pour qui le livre n'est pas une habitude, qui ont sans doute rarement réfléchi sur le problème, à qui il arrive peut-être de parler *joual*. Il rend populaires des critiques qu'on formulait en cercles fermés, et qui, souvent, faisaient bâiller: qu'il réussisse à bousculer de la sorte des habitudes, c'est un succès rare.

De même lorsqu'il parle de la peur. Il est vrai que nous avons peur — et nous ne sommes pas les seuls à subir passivement des situations ou des clichés auxquels nous ne croyons pas. Frère Untel rejoint ici des analyses plus systématiques, comme celle publiée au printemps dans *Cité Libre* par André Lussier. Presque tous les coups de sonde donnent des résultats convergents. Chacun explique à sa manière la sainte frousse dont les meilleurs d'entre nous se sentent par moments saisis; d'autres la canonisent. Frère Untel la dénonce; et ce qui compte, dans son geste, plus qu'une phrase ou qu'une formule heureuse, c'est le courage même de celui qui parle. Car les vertus, comme les vices, ont une puissance de contamination. Devant un homme qui ose, d'ordinaire, on tremble moins.

Voilà, il nous semble, comment s'explique le succès des *Insolences*. L'explication vaut ce qu'elle vaut; le succès est indiscutable. Il faut l'enregistrer aux annales de l'édition canadienne.

André Laurendeau.

Au Frère Untel

Le 1er octobre 1960

Voici une lettre qui aurait dû être écrite depuis bien longtemps, non pas que vous en ayez besoin, loin de là, mais pour la satisfaction de ma propre conscience.

Le général a besoin de se sentir épaulé par ses soldats et, nous, nous n'avions pas le droit de vous laisser lutter seul. Je viens donc réparer en vous disant ce soir l'admiration enthousiaste que j'ai à votre égard. Je sais que déjà il est trop tard pour le faire. Car vous savez maintenant que les soldats vous appuyaient. La rapidité avec laquelle s'enlèvent vos *Insolences* le prouve amplement.

Toutefois, laissez-moi vous dire pour mon propre plaisir combien vous êtes merveilleux. Si jadis je vous ai dit que vous étiez notre Gérard Filion (c'était un compliment, n'en doutez pas), devrais-je vous dire aujourd'hui que vous êtes notre Boris Pasternak. Examinez et vous verrez. Je me refuse d'énumérer les points de ressemblance, ils sont trop nombreux. Peu importe ici si le style diffère, je l'admets, et c'est à votre avantage, mais ressemblance quant au milieu, oui, oui, quant au moyen de faire garder silence. Ressemblance avec la vie même de l'auteur. Y aurait-il donc plusieurs Russies?

Je vous félicite, frère Pierre, vous en avez fait suffisamment maintenant. On s'inquiétera de votre silence. Vous avez lutté, vous avez «vargé» dans le tas. Tant mieux. L'étincelle est jetée, je devrais dire la bombe, mon Pierre.

Ici, à Val d'Or, les professeurs de l'école supérieure Mgr Desmarais (école Champagnat n° 2) vous connaissent très bien par vos écrits et vous admirent aussi. Nous parlons très souvent de vous avec enthousiasme, avec plaisir. Plusieurs ont acheté votre livre et maintes fois nous nous citons des passages devenus célèbres. Certains s'informent sur votre identité, plusieurs savaient malgré la distance, qui vous étiez, où vous étiez l'an passé, et ce que vous faisiez. Un même vous a été présenté lors d'une réunion, m'a-t-il dit. C'est un monsieur Matte.

Toutefois, un ombre au tableau: l'inspecteur régional d'ici. À la journée pédagogique, mercredi dernier, il est arrivé avec votre livre en main, nous conseillant de ne pas lire ça. On imagine le remous et aussi la publicité gratuite. J'aurais voulu ne pas être un «froussard». Mais vous comprendrez qu'il soit allergique à vos écrits, il doit sous peu être appelé à aller au Département. Ce ne sera sûrement pas le moindre dans la collection.

Pour ma part, j'ai passé vos *Insolences* à une jeune Nord-Africaine qui demeure à Val d'Or. Elle lit votre livre actuellement et m'affirme chaque jour qu'il est merveilleux, me priant aussi de vous transmettre ses félicitations.

Gérard Tremblay.

———————

Le 3 octobre 1960

Votre livre est lu par les ouvriers dans les usines de Montréal. Nous vous félicitons de tout ce que vous dites, vous avez raison à 100 p. 100. Il n'est un secret pour personne que les ouvriers, spécialisés ou non, ont été formés par des frères enseignants. Pas surprenant que le frère demeure l'ami de l'ouvrier, du salarié, du syndiqué. Ce sont les frères qui ont enseigné les premiers aux ouvriers le syndicalisme, la justice sociale, et surtout la belle et bonne doctrine sociale de notre sainte Mère l'Église. Les encycliques des papes Léon XIII et Pie XI, *Rerum Novarum*, et *Quadragesimo anno*. Oui, ce sont nos professeurs, nos frères enseignants, qui nous ont enseigné les premiers ces notions de justice sociale. Et les ouvriers des usines se souviennent de tout cela, ils en sont reconnaissants à leurs anciens professeurs, les frères. C'est de tout cela que parlent les ouvriers d'usine en lisant votre beau livre. Ce livre fait honneur à tous les frères enseignants, ce livre fait du bien, il est doux et agréable de le lire.

Les ouvriers vous en remercient de tout coeur.

P.S.: Sans doute que vous recevez de bonnes lettres. Pourquoi ne feriez-vous pas publier les lettres que vous recevez dans un autre livre, ou au commencement de votre livre actuel. Même les articles qui ont paru dans les journaux. Tout cela devrait être publié pour le bien de la cause et pour le bien de tous les frères. Il faut que le clergé sache que les frères sont les amis des ouvriers, et pour cause.

André-Louis Nolet,
ouvrier syndiqué.

Jean-Guy Savard et Jean Turgeon au révérend frère Charles-Raphael, Supérieur général des frères maristes (Rome).

Le 3 octobre 1960

Permettez à deux Québécois de vous faire part de leurs opinions au sujet du livre: *Les Insolences du Frère Untel,* publié aux Éditions de l'Homme, en septembre 1960.

Vous êtes sûrement intéressé à connaître les hommes qui vous écrivent. L'un, Jean-Guy Savard, est professeur de français en 11e année du cours secondaire public, c'est-à-dire qu'il enseigne à des élèves de seize à dix-neuf ans. L'autre, Jean Turgeon, est conseiller d'orientation. Il aide les élèves de 7e, 9e, 11e et 12e années à résoudre le problème de leur avenir. De par nos fonctions, nous sommes en contact quotidien avec des parents, des éducateurs, des élèves.

Après la parution du volume, nous avons voulu connaître les effets de ce livre. Ce sont les conclusions de cette petite enquête que nous aimerions vous communiquer.

D'abord, ce livre a-t-il été lu et apprécié en «hauts lieux»? Nous croyons que oui! Les journaux du 29 septembre rapportaient que le cardinal Léger, archevêque de Montréal, a proposé qu'un comité formé de «compétences» soit créé pour conseiller le Comité catholique (composé présentement des archevêques et évêques de la province de Québec, ainsi que d'un nombre égal de laïcs) du Conseil de l'instruction publique.

En second lieu, ce livre a provoqué un gros soupir de soulagement chez le personnel enseignant. «Enfin, s'exclament-ils, un des nôtres a exprimé publiquement ce que tous pensent privément.» Les professeurs étaient opprimés. Ils avaient des problèmes et voulaient en discuter; mais «on avait décidé que...».

Les *Insolences* ont créé un climat favorable entre le personnel enseignant et leurs supérieurs immédiats, qui se rendent compte que le contact quotidien avec les élèves ne correspond pas toujours à ce qui est prescrit dans les directives officielles. En outre, cette brochure a rendu les professeurs plus conscients de leur rôle: former et éduquer des jeunes pour qu'ils deviennent des hommes complets tant au point de vue spirituel et moral que physique, intellectuel et social.

En somme, nous avons posé à plusieurs personnes, prêtres, avocats, médecins, éducateurs, la question suivante: «Que pensez-vous des *Insolences*?» Tous ont reconnu les avantages de ce livre. On déplore uniquement qu'il n'ait pas été publié plus tôt.

À la suite de notre enquête, nous pouvons affirmer que ce volume est arrivé à point dans notre chère province de Québec. Voilà un volume écrit par un Québécois pour une population québécoise. Ses effets seront salutaires et permettront sûrement de perfectionner notre système d'enseignement pour le plus grand bien de nos jeunes.

Et sur ce point, nous partageons entièrement l'opinion du père d'Anjou, s.j., qui écrivait: «Qu'on recueille les diatribes du Frère Untel afin d'en constituer un dossier à étudier, à utiliser concrètement, puisqu'elles révèlent, chez leur auteur, une rare perspicacité, une étonnante ouverture d'esprit et une expérience pédagogique peu commune.» (*Relations*, août 1960, p. 212.)

Permettez-nous de féliciter la communauté des frères maristes de compter dans ses rangs le cher Frère Untel.

Jean-Guy Savard,
Jean Turgeon.

Lysiane Gagnon à André Laurendeau

Le 10 octobre 1960

(Monsieur André Laurendeau, voulez-vous avoir l'obligeance de publier la lettre suivante dans votre «Tribune libre»?)

Frère Untel,

Brave oizo qui nettoyez votre nid et qui aidez les autres à nettoyer le leur, merci. Les jeunes du Québec vous lisent, et sans vous connaître, ils vous aiment. Vous avez touché, avec vos *Insolences*, le noeud du problème, le point sensible. Cela fait mal. Cela fait mal de se faire dire: «Nous parlons joual, nous pensons joual, nous vivons joual»... l'expression même est choquante!

Mais le Québec entier avait besoin qu'on le lui crie, qu'on lui rappelle qu'il n'y a pas d'épanouissement possible au sein de la peur. Je m'arrête ici, je ne veux pas paraphraser votre livre. À quoi bon? Vous avez tout dit, et chacun d'entre nous a quantité d'exemples à apporter pour appuyer vos affirmations.

Je voulais seulement vous dire, avec tant d'autres, que vous avez des milliers d'amis, et que vous ne criez pas dans le désert. J'espère qu'on ne se contentera pas de refermer *Les Insolences du Frère Untel* en disant: «C'était bien», mais qu'on agira. Qu'on fera sa part, sa petite part, chacun d'entre nous, pour que les choses changent, au pays du Québec.

Frère Untel, si vous criiez dans le désert, alors là, vraiment, ce serait à désespérer de tout!

Lysiane Gagnon.

Au Frère Untel

Le 12 octobre 1960

Que vous nous faites plaisir et que vous allez faire du bien à notre Canada français. Je viens de parcourir votre bouquin, à la course un peu, je vous connaissais par vos lettres au *Devoir*. Ces papiers m'avaient emballé et je voulais vous envoyer un mot pour vous supplier de publier un livre, ou un pamphlet. Nous sommes comblés. Ou plutôt non, vous vous devez de publier encore, plus tard. Nous avions *un* frère cultivé, une tête, vraiment: Clément Lockquell. Maintenant, nous en avons deux.

Notre librairie de Saint-Boniface (Fides... hélas) avait commandé cent exemplaires. Enfin, on les a reçus, hier. Les quatre employés en ont emporté chacun un hier soir, moi j'avais celui de mon patron (qui n'a pas aimé le mot c... sous la plume d'un frère, soit dit en passant), et hier soir à 11 h nous en étions à peu près tous à la même page... Ce matin, j'ai lu la dernière partie, «Frère Untel ramollit», que je trouve la meilleure. Et votre lettre au petit Frère ne sera pas utile seulement à vos petits confrères, croyez-moi, c'est de la vitamine pour tout le monde.

Je vais vous dire un secret: la librairie Fides-Saint-Boniface attend la visite du Père directeur, de Montréal, cette semaine, et conséquemment, votre bouquin n'est pas encore mis en vente. On doute qu'il soit autorisé! On se base sur une piteuse critique parue dans la revue de Fides, *Lectures*, signée F.-A. A. Par certains côtés, nos minorités françaises de l'Ouest sont plus ouvertes, plus souples, plus habituées à la critique que la céleste province, mais, par d'autres, elles sont bien plus reculées et couvées et faussées. Songez qu'elles sont maintenues exclusivement, comme groupe ethnique, par un clergé recruté en partie parmi les restes de la céleste province, les vocations tardives ou inachevées. Je pourrais vous en dire, mais ceci ne veut être qu'un mot d'amitié et de solidarité. Je suis éperdument et maladivement Canadien français encore, après trois ou quatre ans dans l'Ouest, je lis *Le Devoir*, je suis très curieux de tout ce que produit la province de Québec, et je considère votre avènement comme une grande date. (Je suis un bleuet (beluet) du Lac-Saint-Jean.)

Rossel Vien,
Saint-Boniface.

––––––––––

Le 13 octobre 1960

J'ai lu avec plaisir et beaucoup de satisfaction *Les Insolences du Frère Untel* et je n'ai trouvé à ce livre qu'un seul défaut... c'est que la hache avec laquelle il a été écrit n'était pas (encore) assez tranchante!

Souhaitons que ce premier «essai» ne demeure pas un «cataplasme sur une jambe de bois», mais qu'il soit suivi par une phalange de supporteurs (Gérard Filion semble venir à votre rescousse) qui, animés par votre intrépidité, auront le courage d'affirmer où sont les vrais bobos de la province de Québec.

Des hommes comme vous, il en faudrait treize à la douzaine; vous êtes, quoique l'on dise, un de ceux qui sauveront le peuple canadien-français.

Qui aime bien châtie bien, nous dit le proverbe. Votre livre est donc un exemple «frappant» de correction.

Et maintenant, j'aurais une grande faveur à vous demander... celle de m'autographier de quelques mots *Les Insolences*. Je joins avec l'exemplaire quelques critiques de journaux à votre endroit. Si vous ne les possédez pas, je suis heureux de vous les donner... bien que j'y tienne beaucoup.

Luc-André Biron,
Service des archives,
Hôtel de Ville, Trois-Rivières.

Le 16 octobre 1960

Vous nous avez fait un très bon livre, nous en sommes très contents. Mes dix enfants le lisent, je leur en ai acheté à chacun un exemplaire. Tous mes enfants vont aux écoles et collèges. Mon mari est un ouvrier électricien qui travaille pour le C.N.R. depuis trente-cinq ans, il a apporté votre livre pour le faire circuler et lire à l'usine. Ses compagnons de travail sont contents du livre du Frère Untel.

N.U. Lagarde.

———————

Le 18 octobre 1960

J'accuse réception de la vôtre en date du 10 octobre, et je commence par la fin en vous disant que je ne suis pas communiste, car, eux, ils n'ont seulement pas le droit de critiquer leur «église»... et moi, j'aime aussi comme vous critiquer quand ça ne fait pas mon affaire ou celle de mes frères, et je veux bien garder mon droit de critiquer sans me faire zigouiller.

Le 36e mille est à l'impression, c'est la septième édition, je vous ferai parvenir deux volumes comme à l'ordinaire. On ne parle plus que du Frère Untel, c'est une vraie rage de dent. Vous allez en sortir un saint ou un pauvre laïc comme moi, la bataille des clercs recommence de plus belle, le cardinal fait des colères, en Gaspésie, les curés, du haut de la chaire, disent à leurs paroissiens:

«Si vous lisez *Les Insolences du Frère Untel,*
«Vous commettez un péché mortel.»

La rime boite, mais c'est vrai quand même, je ne sais même plus à quel saint me vouer... (le verbe «boite» vient de «boiteux»).

Je vous inclus une autre lettre, celle-là de Rome, ça commence à devenir important... À Paris, on ne fait que parler des Éditions de l'Homme et du Frère Untel, on a entendu parler d'éditer le livre en anglais au Canada et aux États, et peut-être aussi en français en Belgique et en France.

Ici, nous ne parvenons pas à satisfaire à la demande, ça sort à mesure qu'on les imprime. Malgré tout, nous sommes ici bien heureux du résultat, nous avons tous la certitude de travailler pour nos enfants. Au sujet de votre quarantaine, j'ai rencontré Doris Lussier qui m'a dit vouloir former un comité de cinquante personnalités au cas où ça s'aggraverait et qu'on voudrait vous faire du trouble. Comme vous voyez, vous n'êtes pas seul, ça bouge, et comment!

E. Lespérance,
Éditions de l'Homme.

———————

Le 19 octobre 1960

Êtes-vous encore de ce monde? J'accuse réception de votre réponse à ma lettre d'encouragement. J'aurais réellement envie de vous faire parvenir une réédition de ma lettre initiale de 4-6-12 pages, mais je n'ai pas le temps. Je m'applique à écrire à d'autres; ça sera plus utile, et quand même, à toutes fins pratiques, vous êtes un homme brûlé.

Je veux que vous sachiez que la porte que vous avez eu le courage d'enfoncer ne peut plus se fermer hermétiquement; si l'on continue à battre le fer pendant qu'il est chaud, il y a tout à gagner.

Mon cher frère, vous n'avez pas obtenu l'imprimatur (vous ne l'auriez jamais eu), et c'est tout ce qu'on vous reproche. Mais grâce à ce reproche qu'on peut vous faire, on se permet d'ignorer tout ce que vous avez dit. Venez à résipiscence et rentrez dans l'ombre: il y aura une relève, un tas de peureux à qui vous avez injecté un peu de votre courage. Je crois toujours à la relève à l'intérieur de l'Église. Je me soumets à ce qu'on appelle «l'autorité établie», en rechignant, en chialant, mais je m'y soumets parce que je sais que le Seigneur nous conseille de le faire. «Ils occupent la chaire de Moïse, faites ce qu'ils vous disent...» (Mais que c'est long, torrieu!)

Vous me parlez d'intervenir personnellement auprès de Mgr Roy. Vous êtes naïf, comme un bon p'tit frère. J'ai eu une expérience cuisante pendant la guerre: j'ai fait tenir au cardinal Villeneuve des dossiers certifiés (abrégeons) pour me faire dire que j'étais mal informé et que tout ça était de la fumée sans feu.

Mon cher frère, je crois sincèrement que votre oeuvre est terminée, mais je veux vous dire que vous avez réchauffé un coeur qui commençait à s'attiédir et à renoncer. Je serai toujours heureux d'entendre parler de vous, et comblé encore si j'apprends que mes pronostics sont erronés.

Mon nom et mes hommages ne veulent rien dire si vous ne savez rien de moi: moine bénédictin pendant cinq ans, médecin de campagne (pauvre), père de six enfants que je trouve beaux et intelligents, com-

missaire d'école pendant dix ans et président démissionnaire par épuisement (Cambronne dirait autrement), et c'est avec tous ces titres de gloire
que je vous salue cordialement, et que je trouve encore à me glorifier en
me déclarant votre humble serviteur.

Gustave G.-Lajoie, m.d.

Louise Miller-Légaré à André Laurendeau

Le 20 octobre 1960

Monsieur Laurendeau,

Mon nom est Louise Miller-Légaré. Si je vous demande de ne pas
publier celui de mon mari, c'est que je veux prendre seule la responsabilité de ce que j'écris et que je ne veux pas lui nuire.

Dans ma lettre, il n'y a ni adjectif, ni participe «s'accordant» car je
ne tiens pas non plus à ce qu'on sache que je suis une femme. Vous avez
déjà publié une lettre de moi le 25 avril dernier. Je vous remercie de votre
bienveillante attention.

Louise Miller-Légaré.

Au Frère Untel

Le curé Pierre Gravel de Boischatel s'est inscrit en faux contre certaines affirmations voulant que nous ne parlons pas tellement bien le français. «Les FUTURS DÉFROQUÉS qui affirment que nous parlons «joual» sont honteux et méprisables; nous n'avons rien à recevoir d'eux.» (*Le Soleil*, 17 octobre 1960.)

Quelle charité! On a l'impression que le distingué conférencier aimerait défroquer Frère Untel de ses propres mains... Et que de zèle, que de généralisation pour mettre au pluriel ce qui n'existe qu'au singulier, car je crois Frère Untel unique d'intelligence, de courage et d'équilibre. (Je ne saurais dire pourquoi, mais entre les lignes de son livre, j'ai aperçu souvent la silhouette du Poverello; pourtant, je ne vois ni double ni au pluriel...)

Si le Christ revenait sur terre, je sais, Il est partout, mais je parle du Christ en chair et en os, Celui des vendeurs du temple par exemple, je crois qu'Il userait plusieurs fouets, qu'Il démasquerait une multitude de pharisiens, qu'Il pulvériserait beaucoup de voitures de luxe, qu'Il raserait quelques presbytères à ascenseurs qui écrasent orgueilleusement les taudis voisins, pour ne parler que de ça!

Dire qu'Il est né dans une étable et que, plus tard, Il a dit: «Que celui qui m'aime Me suive.» Mais Bethléem, c'est de l'autre côté de la carte et puis, il y a si longtemps de ça. Ne vivons-nous pas au siècle du renversement des valeurs? Il y a aussi le Veau d'Or, mais c'est une tite bebite pas dangereuse pantoute de l'Ancien Testament, un fossible, quoi!

Les sentiers battus de notre province sont si bien entretenus que la moindre petite pousse rebelle, la moindre bestiole voulant s'élever un peu plus haut sont foulées impitoyablement. Il est tellement orthodoxe de lancer l'anathème ici: c'est aussi facile que d'arroser une mouche de DDT. Toutefois, avec les années, les mouches s'immunisent.

Mon petit Frère Untel, moi, j'ai reçu beaucoup de vous; je ne peux pas le proclamer à un banquet. Vous avez emprunté ces chemins de liberté que sont les colonnes du *Devoir*; je mets mes pas dans la trace des vôtres pour vous dire le plus beau compliment que je puisse vous faire: ce serait un des bonheurs de ma vie que de pouvoir vous confier l'éducation de mon fils.

Louise Miller.

René Jutras à André Laurendeau

M. André Laurendeau,

J'ai lu au complet les *Insolences du Frère Untel*. Voudriez-vous, s'il vous plaît, transmettre à ce religieux mes plus vives félicitations et aussi mes remerciements. Brave petit Frère Untel! Bon petit Frère Untel! Son exposé nous réconcilie avec nos frères enseignants que nous comprenons très mal et pour lesquels, avouons-le, nous avons été ingrats. Pour autant que les *Insolences* connaîtront une bonne diffusion, elles contribueront sûrement à redonner aux frères enseignants le respect et le prestige que notre société lui mesquine indubitablement et injustement. Quant au problème de la «culture jouale», il est exposé de façon très juste dans les *Insolences* et c'est très affligeant. Moi, je suis père de six enfants, bientôt sept... (j'ose donc m'attribuer le titre d'éducateur, c'est pour cela d'ailleurs que je sympathise bien avec Frère Untel) et bien que les deux aînés commencent à peine à fréquenter l'école, je puis vous dire que, depuis un an, la lutte contre le langage et la mentalité «jouale» est devenue un combat de tous les instants. Ce problème de la «culture jouale»: une génération inapte à son droit d'aînesse, engendrée pour un plat de lentilles. Pour peu qu'on soit vraiment père ou éducateur, on ne peut rester impassible devant un aussi dégradant phénomène culturel.

René Jutras, m.d.

Au Frère Untel

Le 28 octobre 1960

Ci-inclus, un billet où il est question de vous. En vous lisant, je constate une fois de plus qu'il y a moyen de tout dire, même en Laurentie, quand on a de l'esprit.

Vous avez pris un sacré risque; mais il paraît que, grâce à l'opinion publique, vous allez vous en tirer.

Celui qui vous écrit en ce moment connaît la joie du risque. Il a risqué sa vie et il a toujours gagné. Et ça prouve qu'il n'y a que la peur qui soit mortelle. Continuez… si vous le pouvez. On *peut* toujours quand on a du talent et une volonté.

Ce qui m'a impressionné, chez vous, c'est moins votre esprit, qui est étincelant, moins votre originalité de style, qui est réelle, que les chapitres où vous manifestez un sens philosophique et une aptitude à penser. C'est la denrée la plus rare et la plus précieuse au pays du Québec. Cultivez-la bien!

J'ignore si vous me connaissez. Notre héros national, Maurice Richard, que je rencontrais la semaine dernière, n'avait jamais entendu parler de moi. C'est bien son droit de patiner au large de nos «rings» littéraires. En écrivant avec ses pieds merveilleux, il a, plus que tout autre, mis le Québec sur la carte du monde. Quant à vous, il se peut que, dans votre adolescence, vous ayez eu mon nom en horreur. Et pourtant, aujourd'hui, je retrouve chez vous les idées qui me rendirent anathème au cours de mes neuf années de combat dans feu *Le Jour*. Ce sont de ces choses qui me font aimer la vie.

Jean-Charles Harvey.

———————

Le 7 novembre 1960

Je lis les journaux: *Le Devoir*, *La Presse*. Il n'y a pas un seul jour où on ne parle pas du Frère Untel ou des réformes que tu as suggérées. Je découpe tout ce que je vois. Je le garde précieusement, sauf les critiques que je brûle immédiatement. C'est visible que je n'ai pas la tête forte.

À présent, je sais que tu as beaucoup d'occupations; ne te dérange pas trop pour moi, juste un petit bout de lettre pour me dire le voyage que tu as fait. Si vraiment tu as été rencontré le cardinal Léger.

Je te quitte en t'assurant de mes meilleures prières. Bonne chance. Que Dieu et Sa Sainte Mère te bénisse comme un bon mariste.

Ta mère qui pense à toi le matin, le midi, le soir. C'est comme les bénédicité, et les grâces, trois fois par jour.

J'écris joual, parle joual. Que veux-tu… mon règne était de ces temps.

Ta mère.

Le 22 novembre 1960

À la suite de la double émission d'hier (radio et TV), au nom de tous mes vingt-deux confrères de la Procure et en mon nom personnel, je viens vous féliciter de tout coeur. Ce fut une joie pour nous tous, pour moi en particulier, de vous entendre et de vous voir le sourire aux lèvres, les yeux et l'esprit clairs, dans une belle simplicité d'homme lucide et digne promoteur de grandes causes.

Je pense que nul ne pourra dire que cette émission «était arrangée par le gars des vues», tellement elle fut spontanée, sereine, naturelle, sans faux-fuyants. Et elle aura montré à tous de quel bois franc vous vous chauffez. Très vrai ce que vous avez dit sur la rondeur des gens du Lac-Saint-Jean, et c'est à leur honneur.

J'imagine que vous avez dû, à certaines heures, vous sentir inquiet, fatigué, perplexe, car certains de ceux qui auraient dû vous appuyer ne l'ont pas fait ou n'ont pu le faire. C'est mon cas. Comme secrétaire des provinciaux, je ne pouvais parler en leur nom, car de sérieuses restrictions furent produites à leur assemblée du 22 septembre. Mais personnellement, je n'ai jamais manqué de confiance dans le succès final de votre oeuvre. Vous aurez REPLACÉ LES FRÈRES ÉDUCATEURS SUR LA CARTE DU QUÉBEC et bien loin aussi. Hier, le R.P. Adrien Malo m'écrivait d'Argentine: *Les Insolences du Frère Untel* sont rendues ici.» Un confrère de Louvain écrivait la même chose et disait que votre livre était d'une actualité criante en Belgique même.

Nous nous dirons bien des choses quand nous nous verrons. Je voudrais que cette lettre vous apporte l'expression de ce que des centaines de frères pensent dans leur coeur. Ils pourront penser plus haut encore depuis l'émission d'hier à la TV et les petits anticléricaux devront lâcher votre soutane.

Fr. M.-Cyrille, é.c.

Le 23 novembre 1960

Je me permets, à mon tour, de venir vous présenter mes félicitations pour le magnifique livre que vous avez offert à vos compatriotes.

Votre apparition à la télévision nous a révélé un Frère Untel qui a beaucoup de personnalité et qui fait honneur à la belle région du Lac-Saint-Jean. Le succès de votre ouvrage, mieux que mes paroles, montre jusqu'à quel point notre peuple du Québec avait besoin de votre message. Merci de votre témoignage et j'ose espérer que les autorités gouvernementales sauront comprendre qu'il est temps de décréter l'urgence-langue.

Notre langue, comme vous le disiez, est une part essentielle de notre patrimoine national et notre gouvernement a des devoirs impérieux dans ce domaine pour la sauvegarder et même en protéger la pureté. S'il ne prend pas des mesures radicales pour assurer au français la première place partout, surtout dans la vie économique, il est à craindre que notre français devienne de plus en plus déplorable. Il est anormal, à mon sens, que dans nos petites villes de province, le capitalisme anglo-américain qui tire profit de nos richesses, nous impose une langue qui n'est pas la nôtre.

Dr Jean-Charles Claveau, m.d.

———————

Le 29 novembre 1960

Merci frère Pierre-Jérôme du service que vous avez rendu à toute la Province en écrivant votre livre.

Votre livre, je l'ai relu une deuxième fois. La première fois, j'ai bien ri. La deuxième fois, j'ai moins ri. Vous semblez vous amuser de toutes nos lacunes, mais, en vous relisant, on y voit que vous semblez rire afin de ne pas en pleurer. Vous me faites penser à ma jeune sœur mariée, sur qui semblent tomber toutes les calamités possibles. Elle nous les raconte en riant, en riant beaucoup même; mais ça nous fait mal, on sent qu'elle rit afin de ne pas pleurer.

Vous êtes courageux, Frère Untel. Je vous admire. Je ne suis pas d'accord avec le révérend père Régis, dominicain, qui dit que l'on devrait dire les «Gamineries» du Frère Untel. Il veut nous leurrer, nous en faire croire. Votre sujet est trop sérieux pour s'appeler des gamineries.

J'ai prêté le livre à ceux qui ne pouvaient l'acheter. Si j'étais riche, j'en achèterais pour en donner à tous ceux qui ne l'ont pas. Il en faudrait un dans tous les foyers. J'aurais la conviction de rendre service à mes compatriotes.

Soyez indulgent quant à la composition, le style, les fautes. Il m'a fallu du cran pour vous écrire, vous l'auteur le plus lu actuellement.

Madame M. Quintal.

C'est vrai que je deviens prudent; aussi ne suis-je sous la menace d'aucune sanction, comme d'autres que je connais!

Le tout est de savoir qui attraper et à quel moment. S'attaquer en bloc à tout le Conseil de l'instruction publique, la bouchée est grosse. Vingt-deux évêques et un nombre égal d'anciens politiciens, c'est dur à diriger. Moi, je les prends un à un, je les exécute au détail.

Je vous en veux d'avoir un tel succès de librairie avec vos *Insolences*. Les modestes 17 000 des *Confidences* me rendent jaloux. Il faudra que je me fasse frère pour avoir du succès, et surtout, écrire sous un pseudonyme.

Continuez à enseigner la philosophie, c'est moins dangereux que d'écrire dans les gazettes et de publier des livres.

Gérard Filion,
directeur du *Devoir*.

———

Le 8 décembre 1960

Il y a un peu de férocité dans votre joie à m'expédier cette coupure de *Notre Temps*. Vous l'aviez deviné: je ne lis pas ce canard, et je suis très vexée de servir d'arme contre vous à ces «bons esprits».

En tout cas, malgré leur malice, ils n'ont pu égratigner que la forme. J'espère que vous fermerez l'oreille à ces critiques et ne donnerez pas dans l'élégant et le «serré» de vos amis Régis et Laurence. Ce que vous me dites au sujet du courrier reçu depuis votre émission ne m'étonne pas. Nous en entendons parler encore. Je suis devenue, grâce à vous, une sorte de personnage-témoin. Hier soir, dans un débat public, les gens me posaient des questions sur vous, avec avidité, comme si je vous connaissais depuis toujours. Certains suggéraient que vous soyez notre «Castro». (Tant pis pour vous; il ne fallait pas commencer.) Les gens ont l'air d'attendre que vous leur apportiez des lumières, que vous leur montriez la voie, et je ne sais trop quoi. J'ai l'impression que les Canadiens sont «mêlés». Ils ont des velléités de bouger: c'est confus... ils suivraient bien quelqu'un pour aller n'importe où.

Puisque vous vous levez à 5 h, vous ne pourrez voir *Premier Plan*, lundi prochain, sur la langue française. Les gens interrogés sur cette question sont sensibilisés au problème, un peu grâce à vous. Les mères de famille vous citent par coeur.

Aurez-vous l'occasion de venir à Montréal prochainement? Pendant les vacances de Noël ou à l'occasion de votre 100 000ᵉ enfant? (Tuyau des Éditions de l'Homme.) J'espère que vous nous ferez signe et que nous aurons l'occasion de bavarder un peu.

Judith Jasmin.

Le 14 décembre 1960

Je pense souvent à notre première rencontre du mois d'août qui devait donner lieu — en présence de ma fille Pascale un peu ennuyée! — à d'aussi heureux événements. André Laurendeau, avec qui j'ai mangé à midi, me disait qu'il y aurait un livre à écrire pour analyser le succès des *Insolences*. (Faudrait pas en parler à Michaud.) Comme vous vous en doutez, nous publierons bientôt le 100ᵉ mille. Ce sera un événement sans précédent, et il faudra bien marquer le coup par un grand «chiard» au Cercle universitaire. Tout le monde s'y attend et nous ne le ferions pas que cela paraîtrait suspect. De même, on s'attendra à ce que vous soyez là... au moins pendant une heure, à votre choix, entre 5 h et 7 h de l'après-midi le 17 janvier (mardi). Évidemment, il y aura des journalistes en masse et ça cause un petit problème. Est-il insoluble? Je ne crois pas. Trois fois déjà, nous avons lancé des livres écrits par des clercs et, chaque fois, les auteurs brillaient par leur absence: abbé Pierre, Dion-O'Neill, Frère Untel. Mais ils brillaient d'une façon qui, à mon sens, ne valait rien pour l'Église. Les journalistes ont spéculé à l'infini, surtout dans le cas Dion-O'Neill. C'était malsain. Surtout depuis l'émission à la télévision, il faudrait que les autorités, quelles qu'elles soient, jouent le jeu... et vous donnent la permission de faire acte de présence lors de cette manifestation. S'il ne s'agissait que d'assister, je croirais qu'une simple permission de vos supérieurs suffirait. Mais comment refuser de répondre aux questions que ne manqueraient pas de vous poser les journalistes? On peut facilement éviter le laïus officiel de l'auteur, si vous le préférez. Mais on ne pourra empêcher les journalistes, individuellement, de vous poser des questions. Sera-t-il possible d'avoir cette permission-là? Je vous demande d'y réfléchir et de pressentir vos supérieurs en faisant valoir le pour et le contre. Autant je n'insistai pas pour l'affaire de Dupuis Frères, dont le caractère commercial avait quelque chose de gênant dans le contexte, autant j'insisterai pour la fête du 17 janvier. Si elle se faisait sans vous, je crois que ce serait une victoire pour tous les paranoïaques anticléricaux de la bourgade québécoise. Si mon intervention personnelle pouvait être de quelque utilité, je me ferais un devoir (et un plaisir) de me faire catapulter à Alma, voire à Chibougamau!

J'attends de vos nouvelles bientôt et, si je vous souhaite un joyeux Noël tout de suite, ce n'est certes pas parce que je n'attends pas votre lettre d'ici là.

Jacques Hébert.

———

Le 21 décembre 1960

Un voyage m'a empêché d'accuser plus tôt réception de votre gentille lettre du 25 novembre au sujet des quelques remarques que j'ai consacrées aux *Insolences* dans le numéro 11 de *Liberté 60*.

Je sais bien qu'ici personne ne risque la prison. On peut risquer tout au plus son «job», encore que bien peu soient prêts à le faire. Et pourtant! Il faudrait que nous finissions par nous y prêter à ce petit risque-là. C'est là votre mérite. D'autres vous suivront. Car il y a des choses à dire, à répéter, des actions à commettre.

Or, c'est ici précisément que votre position (telle qu'exprimée dans votre lettre) me semble difficile. Car s'il est vrai que «nous sommes plus libres que nous ne le croyons», il faut bien admettre que cela doit valoir pour tous, pour vous comme pour celui-là qui veut «expliquer soigneusement comment (il) est anti-chrétien» (je vous cite). Je suis d'autant plus aise d'en parler que je suis catholique (un fort mauvais catholique, il est vrai) et de la maison et que j'espère un jour recevoir ma part de l'héritage. Mais voici: il m'apparaît que la plupart des écrivains, des artistes, des hommes de science canadiens-français sont en train de perdre la foi s'ils ne l'ont déjà perdue. Ils réclameront bientôt — c'est déjà commencé — la liberté d'écrire leurs «Insolences».

On ne sort pas de cela. Il faudra accepter le dialogue. Il n'y a pas ici d'accommodement, de faux-fuyant possibles: la liberté existe ou elle n'existe pas.

Vous voudrez bien me pardonner ces réflexions décousues. J'ai fort aimé votre livre, mes camarades aussi. Cependant, retenez ceci: pour plusieurs d'entre nous, votre livre n'est qu'un point de départ. Et la liberté que vous avez laissée échapper de la cage où on la tenait prisonnière

mordra la main de ceux qui portent votre habit. Je le prévois, sans le souhaiter.

André Belleau.

Le 31 décembre 1960

Cher ami Frère Untel, Bonne Année.

J'ai lu votre livre quatre fois et je suis enchanté de constater qu'un frère écrit des choses si belles et pleines de bon sens. Nous, petits ouvriers d'usine, nous vous admirons beaucoup pour votre courage. Nous vous considérons comme un de nos amis, parce que nous considérons que vous défendez les grands principes de démocratie et de liberté.

Nous vous aimons et admirons.

M. Auger, ouvrier et
père de huit enfants.

J'ai lu votre livre avec joie. Je vous aime beaucoup. Merci d'avoir écrit un si beau livre.

Jean-Paul Chrétien, ouvrier et
père de six beaux petits enfants.

J'ai lu votre beau livre trois fois.

Laurent Dupont, ouvrier et
père de famille.

À mon tour de vous dire combien je vous remercie. Votre lettre m'est parvenue à une époque où précisément je commençais à douter de l'efficacité de ce combat presque à la Don Quichotte que je mène depuis sept ans contre la médiocrité érigée en principe chez nous. Je profite de cette occasion pour vous féliciter d'avoir franchi le cap du 100 000... C'est une date chez nous... mais une date qui m'inquiète. Il me semble que de plus en plus on déforme vos propos et que l'on fera d'eux un peu ce que l'on fit des accusations Dion et O'Neill. J'aimerais penser que vous pourriez parler si on vous le demandait, et Dieu sait que je voudrais oser vous le demander. D'autre part, votre silence est une si forte mise en accusation de nos bonnes moeurs censées moralisatrices que je ne sais plus bien où va l'équilibre. Dans votre prise de position concernant le gauchissement, non au sens politique mais moral de vos proses, ou le mutisme que vous devez observer, vous devez avoir beaucoup de mal certains jours... Parler haut chez nous, c'est presque toujours se faire piétiner le coeur, l'âme, la foi. Comptez, je vous prie, sur ma sincère amitié... elle est là et tellement compréhensive. Mais vous gagnez une bataille; celle de la dignité. Et ce fameux loup dont a parlé Vigny a quelque chose de profondément bouleversant. Peut-être ceux qui vous font taire ne mesurent-ils pas le mépris qu'ils soulèvent. Votre force tient sans doute à votre silence. Acceptez-le librement et vous serez plus fort que nos savants docteurs en loi et en foi.

N'y a-t-il pas tout de même moyen d'interdire le plagiat et la piraterie dont votre livre est victime? Disques, revues, joual ici et là ne sont pas de bonne santé. On risque ainsi de donner droit de cité et légion de gloire à tous nos défauts.

Pourquoi grands dieux sommes-nous si légers en amour, en simplicité, en dignité?

Acceptez ma vive admiration; et lorsque vous en aurez envie, écrivez-moi.

Solange Chaput Rolland.

Line René aux Éditions de l'Homme

Le 9 janvier 1961

Éditions de l'Homme
Montréal

À l'auteur du livre *Les Insolences du Frère Untel*, P.Q. (sic)

Je viens vous demander un exemplaire de votre livre (*Les Insolences du Frère Untel*). Je suis malade depuis des années, ayant été atteinte de tuberculose. Je ne puis travailler, ni me distraire comme tout le monde, c'est-à-dire que je ne puis sortir beaucoup, et parfois cette solitude forcée me pèse énormément. C'est pour cette raison que parfois je me mets en quête de quelques distractions. La lecture en est une (distraction), mais je n'ai pas les moyens de me payer bien des livres. C'est la raison pour laquelle je vous demande à titre gracieux un exemplaire de votre livre. J'espère bien que vous ne me le refuserez pas et que vous comprendrez ma situation.

Sincèrement,

Line René.

_____

Au Frère Untel

Le 29 janvier 1961

Pour la énième fois je viens de terminer une fin de semaine dont je voulais vous consacrer une partie substantielle, et où je ne vous ai pas écrit. Mes fins de semaine sont le lieu d'une liberté de plus en plus sphérique: les loisirs sont mangés par cent choses qu'il faut faire pour gagner sa vie, ou parce qu'on les a promises.

Il m'en reste ce soir un tout petit bout. J'ai commencé par me dire: ça ne vaut pas la peine, je n'aurai pas le temps de lui écrire. Comme c'est ainsi que le temps passe sans que je vous adresse seulement un mot d'amitié, je me ressaisis. Je vous donne... ce qui reste.

J'ai appris le second papier romain* par J. Hébert, il y a une quin-

_____

* Il s'agit de la lettre de la Sacrée Congrégation des Religieux (voir à la page 175). Quant au premier «papier romain», voir à la page 161. (*Note de l'Éditeur*)

zaine. J'en ai été estomaqué. Je n'en reviens pas encore. Est-ce maladroit de vous l'écrire? est-ce jeter de l'huile sur le feu qui doit vous cuire? L'amitié est impossible sans ce genre de franchise. Je vous dis donc mon scandale aussi vif qu'au premier moment. Que de pareilles choses surgissent à l'intérieur d'un évêché de province, on ne s'en surprendrait pas: mais que la mesquinerie s'insinue jusqu'au centre, c'est une surprise, un dégoût.

La seule explication un peu valable qu'on m'ait donnée (d'avance) là-dessus, je crois vous l'avoir répétée, et je la tiens des personnes que vous savez. Il y aurait à l'heure actuelle, dans plusieurs pays, des tendances réelles à l'anarchie, qui se manifesteraient dans plusieurs communautés. On a cru reconnaître dans quelques pages de votre livre la même volonté d'une «libération» qui ne convient pas à des religieux. J'ai la brutalité de la réaction officielle.

J'ajoute qu'à côté de cela, le Père Untel de *La Presse*, ou le curé du *Nouvelliste** — que nous avions déjà eu sur les bras lors du livre Dion-O'Neill, *Notre Temps***: c'est de la bien petite bière, c'est douloureux pour vous, qui êtes condamné au silence. Mais c'est si bête qu'il n'y a qu'à retrouver son sang-froid et à hausser les épaules. Les hommes d'action, mon cher enfant — car ici je me sens confesseur laïque —, tous les hommes d'action m'attrapent du même genre à coeur de semaine. Ayant, comme vous, la peau sensible, je lis ces choses le moins que je puis: ainsi, ma parfaite sérénité devant *Notre Temps* vient de ce que je ne le lis jamais.

Mais revenons au principal. Humainement, ça ne s'accepte pas. Ça ne peut avoir de sens que spirituel. Les événements interrogent avec férocité le religieux que vous êtes; la réforme ne peut venir que de vous. C'est le moment où l'on doit se sentir aussi seul que devant la mort. En y pensant, il ne s'agit pas de trouver une position de repli, il faut que vous vous sentiez dans la vie, sans diminution, sans amputation, malgré ce qu'on vous prend.

Je dis tout ceci parce que j'essaie de me mettre dans votre peau. Mais ne me croyez pas aussi pessimiste: si vous passez à travers un long moment difficile, j'ai la conviction que ces sévérités n'auront qu'un temps, qu'on saura vous redécouvrir, que les avaries d'aujourd'hui sont temporaires. Vous êtes entré dans un tunnel qui aura une fin — mais en attendant, *y peut faire noir en maudit.*

---

* Allusions à des critiques adressées contre le Frère Untel. (*Note de l'Éditeur*)
** *Notre Temps*: journal de l'époque à tendance ultraconservatrice. (*Note de l'Éditeur*)

Comment le corps résiste-t-il à cette tension? Continuez-vous d'aimer votre travail? C'est, humainement, le meilleur viatique.

...Non, pas de condamnation même indirecte contre *Le Devoir*. Je ne sens pas que l'atmosphère soit tendue. On vous discute, mais tant de gens vous aiment aujourd'hui — via le Frère Untel; et je parle aussi bien de petites gens, à qui vous avez fait lire leur premier livre, et qui parlent de vous avec tendresse, que des messieurs plus huppés, lesquels peuvent aussi être sincères.

Oui, vous m'avez suggéré mes deux articles récents sur le joual. C'était pour «clarifier»; et savez-vous ce qui est arrivé? Une quinzaine de lettres et de téléphones, m'accusant d'avoir trahi la langue et le Frère Untel. Je ne croyais pas si bien dire en parlant des jansénistes de la langue: ils réagissent comme des Lacordaire ou comme les moralistes de la censure. Il y a d'ailleurs parmi eux des gens intelligents. Intelligents, mais crispés. Ça prouve que nous ne pouvons pas faire de miracle.

Sauf vos 100 000, qui en sont un.

...On me réclame depuis dix minutes. Le petit bout est déjà fini. — J'aimerais bien, si je pouvais laisser, aller passer quelque temps dans votre patelin: Odile Lauzon en est revenue emballée. Ça fait partie des choses impossibles.

Je vous serre cordialement la main.

André Laurendeau.

A tout joual tout honneur !

—Nos amis insistent beaucoup pour un Ministère de l'Instruction Publique et l'enseignement laïque. C'est bien beau tout ça, mais où trouverions-nous le ministre ?

René Lévesque:—Le Frère Untel me semble l'homme tout désigné !

A1.
Le Joual.

Je voulais te dire un mot au sujet des articles de *Concorde*. Mais le temps a passé si vite que j'ai oublié. Ces articles sont sympathiques. Pour moi, la signification que j'y trouve, c'est que le «phénomène Frère Untel» correspond tellement à un besoin ressenti de notre population que déjà il est objet de folklore. Ce n'est pas peu dire. Voilà pourquoi il faut le cultiver, le développer, lui faire porter de bons fruits. Aussi, il est important que, dès maintenant, tu songes à un autre message à donner à notre peuple, que tu te prépares au moment où tu seras débloqué, car tu le seras sûrement un jour ou l'autre. Et ce message, il faut qu'il soit à la hauteur du premier. L'Église et notre peuple sont en droit d'attendre quelque chose de formidable et de ne pas être déçus. Actuellement, autour de toi, encore plus qu'autour de «Dion-O'Neill», il s'est créé un mythe, un mythe bienfaisant. Tu pourrais, pour le reste de ta vie, le laisser à lui-même. Mais ce n'est pas suffisant. Le Seigneur t'a trop comblé de ses dons pour que tu ne les fasses pas fructifier, comme Il le veut, Lui. S'Il s'exprime par la volonté de tes supérieurs — tant dans ta communauté que par la Hiérarchie —, Il s'exprime *aussi* par les circonstances, les événements. Tu n'as pas le droit de rester passif, de te délecter dans le «martyre» —, tu sais, il peut y avoir des satisfactions à être martyr, satisfactions parfois inconscientes qui poussent inconsciemment à poser des gestes qui sont de nature à entretenir le martyre. Comme je te l'ai dit, je crois que tu dois entrer en relation avec le cardinal Léger pendant qu'il est à Rome. Ta lettre à Mgr Roy était bonne. Adresse donc au cardinal une lettre du même genre, reprenant les mêmes points centraux, lui montrant comment par l'action de certains clercs et l'omission de certains autres, on est en train de justifier *a posteriori* non seulement les critiques que tu as faites, mais celles que les anticléricaux «pure laine» adressent à l'Église. Le cardinal est bien disposé (lui aussi par les événements); il ne s'agit pas de le flagorner mais de l'aider à travailler pour le bien de l'Église canadienne. Conditionne-le en l'informant des réactions de la population. Il a besoin, surtout à Rome, de conserver constamment à l'esprit le climat qui existe au Canada français. Je m'aperçois que je suis en train de te donner des conseils... Je ne suis pourtant pas rendu à cet âge et il n'y a pas de liens «juridiques» entre nous. Mais l'amitié et la poursuite du même idéal, ça vaut bien tout le reste...

Bonjour, garde la foi, l'espérance et l'Amour.

Gérard Dion.

Le 28 février 1961

Vous ne connaissez pas l'archevêque Duke de Vancouver, surnommé Iron Duke, à cause de son tempérament assez rigide et de son comportement violent en certaines circonstances. Par ailleurs, il a certaines qualités qui le rachètent aux yeux de ses prêtres et de son peuple en général. En particulier, il ne se prend pas trop au sérieux. C'est aussi l'archevêque qui servira... lorsqu'il manque un servant au salut du dimanche soir à la cathédrale. C'est aussi le bonhomme qui laisse publier la lettre ci-jointe *and gets a great kick out of it*. Il serait peut-être le phénomène dont vous souhaitez l'existence, à la page 36* des *Insolences*. Il faut avouer qu'il ne se fabrique pas en série, surtout dans la province de Québec.

Les avatars de ma vie sacerdotale m'ont promené en quelques diocèses du Canada, de l'est à l'ouest. Dernièrement, les loisirs d'une retraite prématurée (thrombose coronaire) m'ont permis de descendre la côte du Pacifique jusqu'à Mexico. Votre bouquin fait le sujet des conversations partout où il se rencontre deux Canadiens français en mal de ressasser de vieux souvenirs de la province de Québec. Je me suis laissé subtiliser une bonne douzaine d'exemplaires au profit de bonnes soeurs ou de religieux (on trouve des Canadiens français partout) à qui la sainte pauvreté ou la timidité ne permettait pas une telle dépense.

J'ai passé la plus grande partie de ma vie sacerdotale en Alberta et par la force des choses, j'ai été mêlé à bien des questions et dû rencontrer quantité de gens qui n'étaient ni de notre religion ni de notre nationalité, ce qui m'a parfois mis dans des situations embarrassantes.

Mais je puis vous dire ceci: depuis quelque temps, on a beaucoup moins honte de dire qu'on vient de la province de Québec. Je pense que vous y êtes pour quelque chose. Soyez-en remercié au nom de tous nous autres.

J'espère que vous n'êtes pas au bout de votre filon et que vous nous donnerez d'autres écrits de la même veine.

Paul Mailloux.

---

* Page 43 de la présente édition. (*Note de l'Éditeur*)

UN INÉDIT DU FRÈRE UNTEL

Le 6 août 1960, paraissait dans *Le Devoir* un article signé par «L'Équipe» qui m'avait indigné. J'avais donc envoyé une réplique au *Devoir*. Cette réplique n'a pas été publiée parce qu'entretemps j'avais reçu l'ordre de ne plus rien publier dans les journaux. J'avais donc demandé à monsieur Gérard Filion de retenir ce texte. Il m'avait répondu qu'il avait déjà décidé de ne pas le publier. Il le trouvait amer. Il avait peut-être d'autres raisons... Et c'est ainsi que ma dernière lettre au *Devoir* est demeurée inédite. Voici la lettre de «L'Équipe» suivie de ma réponse.

IL NOUS FAUT DES TÉMOINS DE SAINTETÉ

Ma soeur «UNE TELLE»,

Vous avez, en effet, ma soeur, attiré notre attention sur les communautés religieuses de femmes qui résident dans notre GRAND MONTRÉAL, et nous avons causé de l'esprit qui les anime, de l'oeuvre incomparable qu'elles accomplissent, et je veux vous transmettre «par la même voix» les solutions apportées par l'équipe que nous formions hier. Appelez-la comme vous voulez: forum, panel, séminaire ou baptisez-la autrement. (Nous étions cinq.)

Nous, les hommes, nous regardons plutôt les faits, les oeuvres, l'envergure de vos communautés, le travail gigantesque accompli depuis toujours et qui se poursuit plus intense que jamais à l'époque actuelle.

Ces édifices majestueux, défiant toute comparaison avec nos plus solides industries, où se forme la jeunesse, cours classiques, pédagogiques, commerciaux, familiaux, etc., conçus, réalisés par vos supérieures, ma soeur, nous parlent éloquemment, à nous les profanes. Nous croyons — serions-nous naïfs — que telles congrégations, sinon toutes, répondent adéquatement à ce que l'Église, le pays, la ville de Montréal particulièrement, attendent d'elles. Elles n'ont pas peur, vos supérieures, de contracter des dettes fabuleuses qui ne s'éteindront peut-être que dans cent ou même deux cents ans, pour assurer l'éducation de la jeunesse qui monte.

Vos communautés, croyons-nous, sont ouvertes à toutes les grandes causes et en tout temps, et je note que même on admet les messieurs dans vos cloîtres (maisons d'éducation, j'entends) pour les convertir... les marialiser, quoi? Et oui, j'en connais un qui vient de faire une retraite dans un grand couvent des soeurs. (Pour des supérieures ombrageuses et peureuses et mesquines, ce n'est pas si mal). Le contact, la seule présence d'une religieuse authentique nous est une purification, c'est ce que nous puisons dans vos couvents.

Et les études que vous avez l'avantage de poursuivre à l'université ou dans des écoles spécialisées? Elles y sont nombreuses, les soeurs, on en voit de «toutes cornettes» *seules* ou *accompagnées* (je vous suppose un spécimen «hors série» et voilà pourquoi on ne vous lâche jamais seule).

Les détails que vous mentionnez, ma soeur, disent que vous n'êtes pas parfaitement heureuse; pour nous, ce ne sont que de «petites verrues» sur le cou d'une belle femme.

Nous croyons aussi que les supérieures d'une communauté ont le droit, surtout le devoir, de faire observer la Règle... si tout doit crouler, à quoi tiennent donc les promesses que vous avez faites au pied des autels?

Ma soeur, l'âge, la fatigue, l'enseignement si épuisant — et ici vous avez toute notre sympathie — émoussent l'idéal de perfection rêvé dans votre jeunesse; la «sainte retraite annuelle» vous obtiendra-t-elle de donner à votre Règle tout son poids religieux d'exigence, nous le souhaitons. Il nous faut, nous laïques, être épaulés par vous; il nous faut, dis-je, des religieux et des religieuses compétents, oui; savants, oui encore (les livres... en attendant la TV que vous ne devriez pas trop regretter); mais il nous faut surtout des témoins de charité, de modestie, de sainteté!

À défaut d'esprit surnaturel, l'esprit humain affiche ses prétentions et mène à une obéissance critique (*intelligenti pauca*).

Dans le même numéro du *Devoir* (18 juillet 1960, p. 7), lisez donc, ma soeur, «Il s'agit d'aimer» signé par *Moi, le mari*. Vraie psychologie féminine sans malice.

Il me revient en mémoire cet avis de saint Alphonse de Liguori, adressé par un R. P. (un rédemptoriste probablement) à un mari patient et vertueux: «Courage, mon fils; moi qui pendant de longues années ai entendu les confessions de tant de femmes de tous les rangs et de toutes les conditions, il ne me souvient pas d'en avoir rencontré une qui fût contente de son sort.»

Voilà ce qu'a voulu vous dire

L'Équipe
par G. Oui.

ON VEUT DES SAINTS...

Après l'immense Bernanos, et bien conscient de la distance qui m'en sépare, il me plaît de répéter que le démon de mon coeur s'appelle À-Quoi-Bon? On n'en finit plus de moucher les imbéciles; on n'en finit plus de dissiper les malentendus, de crever les sophismes, d'établir les distinctions les plus élémentaires. Il faudrait disposer à soi seul de toute la page éditoriale du *Devoir*.

Le mal est partout répandu, comme une peste. On finira bien par s'en rendre compte, le mal dont nous souffrons est doctrinal; il n'est pas d'ordre moral, il est d'ordre doctrinal. Après plusieurs générations de prédication facile et strictement crétinisée, après plusieurs générations du petit-air-de-tripes, on finira bien par se rendre compte qu'il n'y a plus de doctrine chez nous; que nos gens ignorent systématiquement le christianisme, parce que le christianisme ne leur a jamais été prêché. On nous a enseigné une petite morale naturelle: sacrez pas; couchez pas; payez vos dîmes. Aucune doctrine. Songez à la petite sortie du père aumônier (*Le Devoir,* 3 août 1960): le bonhomme a quarante-trois ans de sacerdoce et trente-cinq d'aumônerie chez les frères et les soeurs. Et tout ce qu'il trouve à dire touchant les problèmes que j'ai débattus ici, c'est que je suis un névrosé et un orgueilleux, la croix de ma communauté. *Rien que ça.* Sacré bonhomme!

Et dans *Le Devoir* du 6 août 1960, c'est au tour de *L'Équipe* à entrer dans la ronde. Je ne sais pas qui ils sont. Ils sont cinq, en tout cas; et voici ce qu'ils ont trouvé à cinq:

   a) *que les communautés ont bâti d'immenses édifices;*
   b) *qu'il y a beaucoup de soeurs aux cours d'été à l'université;*
   c) *que les supérieurs sont les gardiens de la Règle;*
   d) *que Soeur Une Telle est probablement fatiguée et que sa fatigue explique son mécontentement;*
   e) *que les laïcs ont besoin du témoignage de la sainteté des religieuses.*

Suivez-moi encore une fois, s'il vous plaît. Je n'en ai plus pour bien longtemps à vous casser les oreilles avec mes histoires de bavettes et de cornettes. Suivez-moi encore une petite fois. Le problème est tout de même important. Encore une petite fois, suivez-moi, s'il vous plaît. Je relève, point par point, l'argumentation de *L'Équipe:*

a) Les communautés ont bâti d'immenses édifices. Fort bien. Je dirai d'abord que ce n'était pas tellement aux communautés à faire ce travail. C'est par la démission de l'État québécois, qui y trouvait son compte, que les communautés ont été amenées à couvrir la Province de leurs institutions.

Vous dites que les communautés ont pris ainsi des risques et, donc, que les supérieurs ne sont pas des peureux. Pardon. Les risques de bâtir ne sont pas de vrais risques; en tout cas, ce ne sont pas des risques apostoliques. Ce sont de bons vieux risques capitalistes, courus selon toutes les lois du genre. Administrer selon les règles du capitalisme, ce n'est pas risquer. N'appelez pas risque un calcul d'économe. Ou alors, dites que Coca-Cola prend des risques admirables.

Il est d'autres risques qu'il aurait fallu courir. On ne les a pas courus. Les risques de l'adaptation au contexte industriel et culturel d'Amérique, on ne les a pas courus; on les a endossés, à reculons, quand on n'a pas pu faire autrement, et toujours avec un tel retard que toute concession arrivait au moment où elle était déjà dépassée, rendue inutile, et où il en fallait une autre. Nous vivons avec un décalage régulier par rapport au contexte d'ici. Voilà les risques qu'il fallait prendre, et qu'on n'a pas pris. On bâtissait des maisons, mais on refusait de bâtir les hommes qu'il fallait y mettre. On continuait de fabriquer en série, selon un moule directement importé de la France de 1800, les hommes qu'on entassait dans ces immenses édifices. Heureusement, la vie est plus souple que les textes. Les hommes, parce qu'ils étaient vivants et généreux comme des Canadiens français, finissaient toujours tant mal que bien à ruser suffisamment avec les textes pour se rendre utiles par ici. C'est eux qui couraient les risques, tous les risques, y compris le risque de ruiner leur santé et leur équilibre, pour ensuite assumer le dernier risque, celui de se faire traiter de névrosés. Et ainsi, ceux qui ont mérité le droit de parler ont perdu le pouvoir de le faire.

b) Que beaucoup de sœurs suivent les cours d'été à l'université, cela n'infirme pas l'argumentation de Sœur Une Telle. Relisez sa lettre et répondez-y; ne répondez pas à côté. Et n'allez pas faire semblant de prendre un exemple pour un argument. L'exemple ruiné, l'argumentation demeure. Sœur Une Telle ne disait pas cinquante choses; elle disait une seule petite chose, que je défie quiconque de réfuter. Elle disait, Sœur Une Telle, que l'on impose aux religieuses, et aux religieux, mais à un degré moindre, sous le nom de tradition, des mesquineries, des anachronismes, des routines. Elle disait, la chère petite, la chère courageuse petite sœur, que l'on a confondu routine et tradition.

Je suis pour la tradition, *moi aussi*; mais je suis contre les routines. Une tradition, c'est vivant; une routine, c'est sec et c'est mort. Et ensuite, par habileté, par ruse, on confond ceux qui en veulent aux routines avec ceux qui en veulent aux traditions.

c) Que les supérieurs soient gardiens de la Règle, j'en suis. Trois hommes ensemble ne peuvent même pas se préparer à déjeuner sans se nommer un chef. Bien sûr qu'il faut des règles. La Règle est une grande chose. Mais la Règle n'est pas l'horaire. La Règle, c'est l'Évangile monnayé; mais où voyez-vous, dans l'Évangile, qu'il faille s'appeler Marie-du-Grand-Pouvoir, porter cornette, aller en groupe, comme les oies et les événements, faire de la piété à la ligne et à la page, etc.? Cf. la lettre de Soeur Une Telle.

d) Là où *L'Équipe* est proprement abjecte, papelarde et abjecte, c'est quand elle fait la chattemite, la petite garde-malade de mon coeur: vous êtes fatiguée, ma soeur, on vous comprend; mais enfin, ce n'est que de la bonne vieille fatigue de tout le monde. Un peu de repos, un peu de filet mignon, du bon café, et ça y est. Plus de problème; envolés, les litiges. La mystique du steak haché. Problème égale fatigue; mystère égale fatigue; solution égale repos. La solution sur le matelas. Mystique de matelas.

On ne répond pas à ça. Ici, on renonce. Une bonne petite épée à travers la bedaine; pas d'argumentation à ce niveau-là: une bonne petite épée à travers la bonne grosse bedaine. Et salut bien! Saint Louis, roi de France, disait que dans une discussion, il fallait ou bien suivre l'adversaire sur son terrain, ou bien lui enfoncer son épée à travers le ventre. Je refuse à lui passer mentalement mon épée à travers le ventre. Péché mortel de désir.

e) Il paraît que les laïcs ont besoin de témoins de sainteté. Bien sûr. J'en suis. La sainteté des autres.

Ou plutôt, je n'en suis pas du tout. Il y a quelque chose d'abject encore dans cette inflation verbale pieuse. On veut des *saints*. Rien que ça. Amenez-nous des saints. Sacrés farceurs. Croyez-vous donc que la sainteté, vous vous en accommoderiez? Vous ne sauriez pas quoi en faire, de la sainteté des *soeurs*. La sainteté vous ferait éclater. Vous en mourriez, de la sainteté. Savez-vous ce que vous dites? Vous jouez avec de la dynamite. On veut des saints. Aussi bien dire: on veut une petite révolution pépère. Et après? Croyez-vous donc qu'on se propose la sainteté comme un pique-nique? La sainteté n'est pas un objectif de vente. On ne décide pas la sainteté (pas la sainteté des autres, en tout cas) en forum. On ne décide pas la sainteté en conseil d'administration. Cette année, il nous faut trente-trois saints. Sacrés farceurs. Un objectif du conseil d'administration: tant de saints au mille carré. Comme on place des tracteurs ou des aspirateurs électriques. Avez-vous remarqué qu'un aspirateur électrique, ça ressemble à un éléphant?

Personne n'a renoncé à la sainteté. Seulement, la pudeur, même la pudeur à l'égard de soi-même; la pudeur, même dans le secret de son coeur, empêche d'en parler. Sainte Thérèse n'a jamais voulu être une sainte. Elle a vécu sa sainteté, et elle en est morte. Elle n'en a pas parlé. Elle ne l'a pas engagée au mont-de-piété contre un peu de prestige, un peu de considération sociale. Comment voulez-vous que l'on promène sa sainteté? Comme un caniche?

Renvoyer les autres à la sainteté, une bonne petite sainteté tranquille, c'est une manière de les bloquer dans la sacristie pendant que l'on tripote ailleurs; c'est une façon de se débarrasser. On n'aime pas que les gens nous lancent leur misère dans la face, qu'il s'agisse des pauvres, des malades, des Noirs, des prolétaires ou des frères et des soeurs. On voudrait ne pas savoir qu'il y a de la misère, faire semblant de ne pas le savoir: ça trouble la bonne conscience, le spectacle de la misère, quelle qu'elle soit. On renvoie les pauvres à l'assistance publique, les malades au sanatorium, les prolétaires dans les faubourgs, les Noirs dans les quartiers réservés, et les frères et les soeurs à la sainteté. Et fatiguez-nous pas avec vos problèmes. Sanctifiez-vous, mes petits potes, et fatiguez-nous pas.

Frère Untel.

"Ouatchez-vous les boys; v'la l'frère Untel

La Presse, 27 juin 1961.
© 1988, Robert LaPalme, SODAAV.

TABLE DES MATIÈRES

Cet ouvrage a été lithographié par les presses
de l'Imprimerie Gagné à l'occasion du 30e anniversaire
des Éditions de l'Homme.

◆

Cette édition de luxe a été imprimée sur papier
La Scala, blanc Soprano et Ténor, vergé, fabriqué
par Rolland inc., division des papiers fins,
et distribué par Lauzier Little inc.

◆

Achevé d'imprimer le sept novembre
mille neuf cent quatre-vingt-huit
par les presses de l'Imprimerie Gagné ltée,
à Louiseville, Québec, Canada.